大连外国语大学 2013 年科研专著基金项目资助
大连外国语大学 2014 年科研创新团队项目资助

STUDY ON THE PARALLEL PROCEEDINGS

INTERNATIONAL

CIVIL AND COMMERCIAL LITIGATION

国际民商事诉讼竞合问题研究

刘乃忠　顾崧　著

社会科学文献出版社
SOCIAL SCIENCES ACADEMIC PRESS (CHINA)

前　言

　　在当今国际社会，由于经济全球化和市场国际化进程的加快，各国之间的经贸往来和其他民事交往日渐增多，产生了大量的国际民商事案件。在我国加入世界贸易组织（WTO）之后，跨国民商事活动也大量发生，伴随着这些跨国民商事活动，形成一定量的涉外民商事案件。国际民商事诉讼竞合问题就在这种条件下逐步展现在国人面前。面对这一情况，为保证市场经济的健康发展，合法保护中外当事人的利益，实现公平、效率的司法主题，最高人民法院决定，在我国改革开放的前沿城市及一些省会城市设立涉外民商事案件的审判庭，旨在集中专业力量解决现实审判活动中出现的新问题。

　　但仅仅设置一个应急的平台还是不够的。各国政治、经济、文化背景的差异，以及两大法系在规定上和诉讼观念上的不同，给现实审判工作带来了比较大的困难，也给当事人的诉讼活动带来诸多不便。由于这些问题属改革开放以后出现的新情况，我国当前行为超前与立法滞后的矛盾又比较突出，法律规定的触角无法涉及经济领域的每一个角落，一些问题即使有所涉及，因受我国传统观念的影响和法律现代化手段的制约，制度规定上也不尽合理。最高人民法院受审判力量和其他一些深层次问题的影响，也无法作到对审判实践中所遇到的每一个具体问题都作出明确的司法解释，供我国各级人民法院涉外民商事案件的审判人员遵循。如何在现有法律规定的前提下，通过司法救济途径，依法维护我国当事人的合法权益，保障和促进国际经济交往和各国之间经济合作的正常运行，就成为我国法律界涉外民商事法律研究的重要课题。诉讼作为解决国际民商事纠纷的有效途径之一，将会成为当事人选择的主要方式。然而，由于各国的民事诉讼法规定的管辖权都不相同，行使管辖权的原因也多种多样，这种多元化规定和管辖原因导致诉讼竞合现象不可避免地发生。我国相关立法和这种诉讼竞合现象不断增多的趋势显然存在不相适应的地方，在相关方面的法律运行中已有所欠缺。因此，我国规制国际民商事诉讼竞合的立法选择在一定程度上影响着我国能否有效解决这一问题。规制国际民商事诉讼竞合，对减轻当事人的经济负担、减少司法资源的浪费和避免矛盾的判决都具有十分重要的意义。

国际民商事诉讼竞合问题是国际诉讼法中的一个重要问题，是国际民商事诉讼管辖权积极冲突状态下产生的一个结果。这种结果的产生既有着复杂的经济利益原因，也是国际经济发展的一个必然结果。而在一国国内，受管辖权强制性规定的影响，普通民商事案件（这里是指不含涉外因素的民商事案件）不存在诉讼竞合的问题。如德国《民事诉讼法》第 261 条关于禁止双重诉讼的规定，要求诉讼至法院的案件，当事人不得再提起诉讼。我国《民事诉讼法》第 35 条规定，两个以上人民法院都有管辖权的诉讼，原告可以向其中一个人民法院起诉；原告向两个以上有管辖权的人民法院起诉，由最先立案的人民法院管辖。而在国际民商事诉讼中，由于国际社会不能形成一个统一的关于民商事诉讼管辖权的规定，各国立法规定又存在着重大的差别，诉讼竞合问题在现实情况下不可避免。

因此，承认国际诉讼竞合的存在，着力解决诉讼竞合带来的问题，利用诉讼竞合机制有效保护我国当事人的利益和国家利益，便成为当前致力于研究国际私法人员的一个重要课题。通过这个课题的研究和解决，达到防止滥诉、减少国家间尤其是存在司法协助关系的国家间的矛盾判决、杜绝一方当事人的恶意诉讼、减少司法资源浪费的目的。已有中外学者，比如我国的李旺、张茂、徐卉，日本的吉田启昌、道垣内乙义等，对此问题有过专门的论述，我国著名国际私法学家李双元也在自己的关于国际私法的著作中进行过相关研究和讨论。目前，对国际民商事诉讼竞合的规制，国际上基本有三种不同类型的方法：意大利采取的无限制说、英国和美国采取的比较衡量说、德国和瑞士采取的承认可能性预测说。美国对诉讼竞合的规制，主要适用不方便法院地原则、国际礼让原则、未决诉讼和诉讼禁令，美国法院的这几种制度对规制其本国区际民商事诉讼竞合和国际民商事诉讼竞合都起到了非常重要的作用，值得我国研究和探索，从而为完善我国规制国际诉讼竞合的立法选择提供理论依据。英国规制国际民商事诉讼竞合的方法主要有由法院裁量决定中止或驳回在英国的诉讼、以禁诉令的方式禁止外国法院诉讼的进行、适用意思自治原则让当事人自己选择法院，同时英国法院将正义作为其自由裁量权的最根本的原则。而大陆法系的国家主要采取规制本国诉讼的方法，并不存在规制外国法院的诉讼，也就是说并不向外国法院发布停止诉讼的命令，只是规制其本国诉讼。在国际条约中，规制国际民商事诉讼竞合的法律制度主要有《关于承认和执行外国民事和商事判决的公约》（1971年海牙公约）、《协议选择法院公约》、《关于民商事案件的管辖权及判决执行公约》等。但是，这些公约并不能有效解决国际民商事诉讼竞合，有些条约也只有少数国家签订，目前国际上也不存在有效的协调机制。这一问题的解决还有待于各国共同努力。

我国对国际民商事诉讼竞合长期以来都采取放任主义的态度，而且在大多数情况下容许一事两诉的发生。只要涉外民商事诉讼和我国有关系，都会尽可能地让我国法院来管辖，即使这个纠纷在外国法院已经提起诉讼或者作出了判决。但是随着涉外民商事案件的不断增加，我国也逐渐意识到了这个问题，所以在立法上也作出了相应的改善，比如在《民事诉讼法》中规定了协议管辖制度。我国先后与许多国家签订了双边司法协助条约，比如我国与法国在1987年签订的《中华人民共和国和法兰西共和国关于民事、商事司法协助的协定》。此外，我国还与乌克兰、哈萨克斯坦、意大利、西班牙、蒙古、塞浦路斯等国签订了双边司法协助条约。这些条约的存在并不能有效地解决国际民商事诉讼竞合，因为我国坚持的是国内判决和诉讼优先的原则。没有与我国签订司法协助条约的国家，其法院作出的判决通常得不到我国法院的承认和执行。

我国在规制国际民商事诉讼竞合时，应当以国际礼让为原则，树立国际司法协助精神，不要过分地强调国家主权。同时，应当以经济诉讼、防止滥诉、防止相矛盾判决的出现、外国法院判决的承认与执行均衡为规制国际民商事诉讼竞合的根据，吸收和借鉴外国的法律制度，以法律移植的方式对此问题在立法上作出相应的规定。预期承认和可能性预测原则、不方便法院原则、先受诉法院管辖原则、未决诉讼、诉讼禁令等都可以在合理借鉴的基础上为我国法院所适用，最好能在我国的民事诉讼法中作出明确规定，使其具有法律效力。此外，我国应当扩大协议管辖的范围，以意思自治为主，给当事人更多的自由以便双方自主地选择法院。在国际条约方面，仍有许多需要改进之处，比如关于此问题我国缔结或参加的国际条约太少，而且已有的条约也存在缺陷。但是，随着我国与各国交往的日益频繁以及我国立法的不断完善，规制国际民商事诉讼竞合问题一定会有所改善。

本书将从司法的视角，从界定国际诉讼竞合的概念入手，分析研究其产生的根源，评述大陆法系和普通法系各国诉讼竞合法律规制的理论与实践、法律规定与处置方法，考察国际条约关于诉讼竞合问题的现行规定、解决途径和解决办法，综合分析我国关于国际诉讼竞合立法与司法实践。希望通过对国际诉讼竞合问题进行整体剖析和研究，在国际社会现行的诉讼法框架下，利用好国际社会普遍认可的规则，完善我国的相关规定，保护本国涉外民商事诉讼当事人的合法权益及国家利益。

目　录

第一章　国际民商事诉讼竞合概述 ⋯⋯⋯⋯⋯⋯⋯⋯ 001
　第一节　国际民商事诉讼竞合的概念 ⋯⋯⋯⋯⋯⋯ 001
　第二节　国际民商事诉讼竞合的类型 ⋯⋯⋯⋯⋯⋯ 004
　第三节　国际民商事诉讼竞合法律规制方法的不同
　　　　　学说 ⋯⋯⋯⋯⋯⋯⋯⋯⋯⋯⋯⋯⋯⋯⋯⋯ 006
　第四节　国际民商事诉讼竞合的认定 ⋯⋯⋯⋯⋯⋯ 007
　第五节　国际民商事诉讼竞合产生的原因 ⋯⋯⋯⋯ 011
　第六节　国际民商事诉讼管辖权竞合的后果 ⋯⋯⋯ 023
　第七节　对国际民商事诉讼竞合现象的法律思考 ⋯ 025

第二章　各国关于国际民商事诉讼竞合的法律规制及判例 ⋯ 030
　第一节　英美法系国家之一——美国 ⋯⋯⋯⋯⋯⋯ 030
　第二节　英美法系国家之二——英国 ⋯⋯⋯⋯⋯⋯ 053
　第三节　大陆法系国家之一——日本 ⋯⋯⋯⋯⋯⋯ 070
　第四节　大陆法系其他国家 ⋯⋯⋯⋯⋯⋯⋯⋯⋯⋯ 078
　第五节　规制国际民商事诉讼竞合的不同法律制度 ⋯ 085

第三章　国际民商事诉讼竞合的国际法律规制 ⋯⋯⋯⋯ 095
　第一节　布鲁塞尔公约 ⋯⋯⋯⋯⋯⋯⋯⋯⋯⋯⋯⋯ 095
　第二节　《卢加诺公约》 ⋯⋯⋯⋯⋯⋯⋯⋯⋯⋯⋯ 101
　第三节　《民商事管辖权及判决承认与执行条例》（《布鲁塞尔
　　　　　条例》） ⋯⋯⋯⋯⋯⋯⋯⋯⋯⋯⋯⋯⋯⋯ 102

第四节　《民商案件外国判决的承认和执行公约》（海牙公约） ………………………………………………… 103
　　第五节　《统一船舶碰撞中关于民事管辖权、法律选择、判决承认和执行方面若干规则公约》 ………… 112
　　第六节　《汉堡规则》 ……………………………………… 113
　　第七节　《协议选择法院公约》 …………………………… 114
　　第八节　《承认离婚和分居公约》 ………………………… 115
　　第九节　《管辖权冲突示范法》 …………………………… 115

第四章　我国国际民商事诉讼竞合的法律规制及司法实践 … 117
　　第一节　我国的国内立法及相关法律规定评述 ………… 117
　　第二节　我国缔结的双边国际条约中关于国际民商事诉讼竞合问题的规定 ……………………………… 122
　　第三节　我国学者关于国际民商事诉讼竞合的观点 …… 127
　　第四节　我国国际民商事诉讼竞合规制方法的不足之处 … 130
　　第五节　我国关于国际民商事诉讼竞合的司法实践 …… 133

第五章　国际民商事诉讼竞合规制的法律体系设置和实现途径构想 ………………………………………………… 138
　　第一节　关于规制国际民商事诉讼竞合法律体系设置 … 141
　　第二节　解决国际民商事诉讼竞合的法律途径 ………… 148

第六章　我国区际诉讼竞合的法律规制 …………………… 172
　　第一节　我国区际诉讼竞合产生的原因 ………………… 174
　　第二节　我国四法域涉外民商事管辖制度 ……………… 181
　　第三节　我国区际诉讼竞合的法律规制 ………………… 190

第七章　我国规制国际民商事诉讼竞合的立法选择 ……… 200
　　第一节　遵循国际民事诉讼法的基本原则 ……………… 200
　　第二节　以国际民商事诉讼竞合的规制根据作为出发点 … 201

第三节 坚持涉外民商事诉讼管辖权的国际协调，合理确定
    国际民商事诉讼管辖权的标准 …………………… 203
第四节 建立最密切联系原则 ………………………………… 206
第五节 采用国际礼让原则 …………………………………… 208
第六节 将可能性预测与先受诉法院原则相结合，确立先受
    诉法院原则和未决诉讼命令制度 …………………… 209
第七节 适用"不方便法院原则" ……………………………… 211
第八节 规范协议管辖 ………………………………………… 216
第九节 强化国际司法协助 …………………………………… 221

结　论 ……………………………………………………………… 222

参考文献 …………………………………………………………… 223

第一章 国际民商事诉讼竞合概述

第一节 国际民商事诉讼竞合的概念

研究国际民商事诉讼竞合,首先应当对国际民商事诉讼竞合的概念及其相关内容作出界定。

国际民商事诉讼竞合也被称为双重诉讼、平行诉讼、未决诉讼,是指同一纠纷产生的诉讼同时在两个国家进行的一种状态。也有的学者将其定义为相同当事人就同一争议基于相同的事实及相同的目的同时在两个或两个以上国家的法院进行诉讼的现象。[①] 还有学者将其定义为相同当事人就同一争议事实以及相同诉因同时在两个或两个以上国家的法院进行诉讼的情形。[②] 1968 年欧共体《关于民商事案件的管辖权及判决执行公约》(*European Community Convention on Jurisdiction and Enforcement of Judgment in Civil and Commercial Matters*,又称布鲁塞尔公约) 和 1988 年《卢加诺公约》规定:未决诉讼是相同当事人就相同诉因在不同缔约国法院提起诉讼。1971 年海牙公约规定:两诉竞合是同一当事人之间,基于同样事实以及同一标的在不同国家的法院诉讼。在这里,之所以会出现名称上的不同,主要是源于两大法系的不同:英美国家习惯称之为未决诉讼(拉丁文为 lis alibi pendens 或 lis pendens)或平行诉讼(parallel proceedings),

---

① 屈广清、欧福永:《国际民商诉讼程序导论》,人民法院出版社,2004,第 174 页。
② 李双元:《中国国际私法通论》,法律出版社,1996,第 573 页。

大陆法系国家习惯称之为一事两诉或诉讼竞合，有关国际公约或者采用未决诉讼或者采用诉讼竞合。有的学者认为名称上的不同，在于一些国家立法者认识上的差异，认为采用平行诉讼、一事两诉或诉讼竞合等词者，是从当事人的角度来认识；而采用未决诉讼一词者则是站在法院的立场上侧重管辖权的重新分配。[①] 不论如何阐述国际民商事诉讼竞合概念，就国际民商事诉讼竞合的自身而言，其具有如下特征。第一，同时进行的两个诉讼的当事人相同。在国际诉讼竞合中，相同当事人的情况有三种：一是相同原告和相同被告在两个以上国家提起的诉讼；二是一国诉讼的原告是另一国诉讼的被告，一国诉讼的被告是另一国诉讼的原告，即两个诉讼中当事人的位置发生互换；三是在两个诉讼中，如果只有部分当事人相同，另外还有一部分当事人不相同，两个诉讼的当事人仍然具有同一性。第二，基于相同的事实提起的两个或两个以上的诉讼。相同的争议事实是平行诉讼产生的根源。同时存在的两个诉讼应该具有相同的事实背景。相同事实的两个诉讼或多个诉讼，考虑的重点为是否会产生相互矛盾判决。如果出现矛盾判决，将会妨碍当事人权益的实现。第三，诉讼在两个以上有管辖权的不同国家进行。两个以上国家的法院对案件都具有管辖权是国际诉讼竞合产生的前提。如果不存在两个或两个以上的不同国家法院对同一涉外民商事诉讼具有管辖权，那就不会产生国际民商事管辖权的积极冲突，当然，也就不会产生诉讼竞合的问题。由于国际社会没有一套公认的关于国际民商事诉讼管辖权的规则，各国依据各自的国内法来确定管辖权。在这种情况下，当两国或多国竞相对同一案件行使管辖权时，国际诉讼竞合也就产生了。

管辖权此种状态是基于国际民商事诉讼管辖权冲突产生的，是与平行管辖密切联系在一起的。对于此类案件，有关国家在本

---

① 肖凯：《国际民事诉讼中未决诉讼问题比较研究》，载《中国国际私法与比较法年刊》第4卷，法律出版社，2001，第470页。

国法院具有管辖权的同时,并不否认外国法院对其享有管辖权。根据欧共体1968年《关于民商事案件管辖权及判决执行公约》和1971年海牙《关于承认和执行外国民事和商事判决的公约》的规定,国际民商事诉讼管辖权是指一国法院对具有涉外因素的民商事案件实现裁判的权力或权限。[①] 根据国家主权原则,每一个国家都有属地管辖权和属人管辖权。根据属地管辖权,国家有权管辖其领域内的一切人和物以及该国领域内发生的行为;根据属人管辖权,国家有权管辖无论位于何地的本国公民。[②] 所谓涉外因素,最高人民法院《关于适用〈中华人民共和国民事诉讼法〉若干问题的意见》第304条规定,"当事人一方或双方是外国人、无国籍人、外国企业或组织,或者当事人之间民事法律关系的设立、变更、终止的法律事实发生在外国,或者诉讼标的物在外国的民事案件,为涉外民事案件"。

这种直接的国际民商事管辖权的冲突(conflict of jurisdictional competences)可分为两种,即管辖权的消极冲突和积极冲突。

所谓消极冲突是指对某一纠纷各国法院都拒绝行使管辖权。其结果是当事人的权利得不到司法保护。为避免司法拒绝现象的出现,使当事人的合法权益得到保护,一些国家在本国的民事诉讼法或其他相关法律涉外篇中进行了有针对性的特别规定,设立

[①] 布鲁塞尔公约作为欧盟国家为加强司法领域的合作以保护共同体居民合法权益而共同努力的结果,是目前国际社会在涉外民商事案件管辖权方面规定得最为详细、完整,也是适用最为广泛的一个国际公约。布鲁塞尔公约的影响,使得该公约所限定的"民商事"术语和概念已为世界各国的学者所熟谙,成为一个通用的术语。海牙公约关于民商事案件的范围与布鲁塞尔公约的规定在相当程度上保持一致。根据布鲁塞尔公约和海牙公约的有关规定,民商事案件的范围不包括:①自然人能力或家庭法方面的问题,包括父母子女或夫妻之间的人身或财产权利义务及抚养义务,遗嘱或继承问题;②法人的存在或组成,或高级职员的权力;③破产、清偿协议或类似程序方面的问题,包括由此引起的,并且涉及债务人行为有效性的裁决;④保障方面的问题;⑤涉及核物质引起的损害或者伤害问题。参见布鲁塞尔公约和海牙公约第1条。

[②] 李双元、金彭年、张茂、欧福永:《中国国际私法通论》,法律出版社,2003,第513~514页。

紧急管辖制度。比如瑞士《国际私法》第3条规定："在瑞士法院无管辖权，并且诉讼在外国法院也不可能被管辖时，由瑞士法院或行政机关管辖。"另外一些国家虽无成文的规定，但其国际私法学者主张紧急管辖。

所谓积极冲突是指对实质上的同一纠纷，数个国家都主张具有管辖权。也就是说各国依其本国民事诉讼法的规定，对同一纠纷具有管辖权。当发生管辖权的积极冲突时，当事人各方在数个国家的法院起诉，这种状态就有可能产生内容相矛盾的判决。尤其是一些国家规定的国际民商事诉讼管辖权的范围过宽，往往易出现管辖权的积极冲突。在管辖权积极冲突的状态下，往往就会导致诉讼竞合的产生。

第二节　国际民商事诉讼竞合的类型

关于国际民商事诉讼竞合的类型，学者们的观点基本上是一致的，一般将其归结为两种：原告、被告相同型和原告、被告逆转型。

一　原告、被告相同型（重复诉讼）

重复诉讼是指，作为原告的一方当事人在一国法院起诉后，又对同一被告就同一纠纷事实向有管辖权的其他国家法院再行诉讼。在重复诉讼中，平行两诉的诉讼当事人完全相同。而且，通常情况下，两诉的诉讼请求也相同。不过在某些场合，特别是在给付之诉中，原告也会根据同一事件，提出不同的诉讼请求。比如，针对同一国际货物买卖合同纠纷，原告可能基于合同不成立，在一诉中请求返还标的物，而在另一诉讼中基于合同成立，请求支付货款。此外，原告也可能基于不同的法律提出同一请求。再比如损害赔偿请求，提起诉讼的一方当事人可能在一国法院根据契约关系提出，而在另一国法院依据侵权行为提出。但不管怎样，无论两诉的诉讼请求是否相同,两个平行存在的诉讼都是基于相同的事实提出的,这就是重复诉讼的特点。比如旅美华侨张雪芬重复起诉离婚案①就是此种诉讼竞合的典型例证。旅居美国的中国公民张雪芬,为与居住在中国上海市的中国公民贺安廷离婚,向中国上海市中级人民法院起诉,同时也向其居住地的美国法院起诉。中国法院受理后审结前,美国法院已就同一案件作出了判决。就此情况下中国受诉法院是否还应作出判决的问题,上海市高级人民法院向最高人民法院请示。最高人民法院于1985年9月18日作出批复指出,在张雪芬未撤回向中国法院起诉的情况下,按《民事诉讼法(试行)》第30条第1款规定,中国受诉法院得依法作出裁决,不受外国法院受理同一案件是否作出裁决的影响。1962年法国最高法院的一个判例,②也是原告、被告相同型(重复诉讼)一起典型的诉讼竞合案件。此案的原告为法国人,被告也是法国人。原告在法国法院提起了离婚诉讼。在这之后,原告又在被告居住地——美国加利福尼亚州法院提起了同样的诉讼。原告在美国法院提起诉讼之后想撤回法国诉讼,但是由于没有得到被告的同意,法国法院的诉讼与美国法院的诉讼同时进行。

二 原告、被告逆转型(对抗诉讼)

对抗诉讼是指,在一国法院诉讼的原告,在另一国法院因相同的事实和诉因而成为被告,即第一个诉讼的被告依据同一事实以第一个诉讼的原告为被告向其他有管辖权的国家法院提起诉讼。此与重复诉讼不同的是,对抗诉讼中平行存在的两诉的双方当事人虽然相同,但诉讼双方的原、被告的地位发生了转换。在一国的国内民商事诉讼当中,被告针对原告所提出的对抗性请求,由于存在着事实上或法律上的牵连关系,在司法救济时应尽可能在一案中全面地加以解决,避免进行多重诉讼。而在国际民商事诉

---

① 林准主编《国际私法案例选编》,法律出版社,1996,第118页。
② 李旺:《国际诉讼竞合》,中国政法大学出版社,2002,第138~139页。

讼当中，由于涉外管辖权是由不同国家自行决定的，法律的独立性导致国家之间不存在法律约束力上的相互制约。因此，第一个诉讼中的被告可以通过直接向其他法院起诉的方式达到对抗原告的目的。对抗诉讼主要存在于国际经济交往中，比如国际货物买卖合同纠纷，由于世界相关国家对国际货物买卖合同效力认定上的差别，往往可见发生国际货物买卖行为的一方当事人在有管辖权的一国法院按照合同有效的原则，提起给付之诉，而对方当事人则在另一国法院提起有针对性的合同无效的返还之诉。[①] 但是，其他诉讼也会存在这种情况。比如中国公民忻清菊与美国公民曹信宝的互诉离婚案。[②] 美国公民曹信宝与中国公民忻清菊1944年在中国结婚，1990年，曹信宝在美国密苏里州杰克逊巡回法庭起诉离婚，并取得了与忻清菊的离婚判决书，此人1990年3月来到中国，在宁波市民政局涉外婚姻登记处办理了与他人的结婚登记（被撤销），中国公民忻清菊则于1991年12月14日向宁波市中级人民法院提出离婚诉讼，经调解，双方达成离婚协议。

第三节 国际民商事诉讼竞合法律规制方法的不同学说

世界各国有三种处理国际民商事诉讼竞合的方法。

一 英国、美国采取的比较衡量说

这种方法主张，受理案件的法院对涉外民商事案件进行全面分析，比较衡量本国法院和国外法院管辖的优劣决定由谁审理。这种做法的优点是考量案件的综合情况，可以就案件作出最优化判断，具有一定的灵活性。但是，比较衡量说的缺点是赋予法官

---

① 徐卉：《国际民商事平行诉讼研究》，载《诉讼法论丛》第1卷，法律出版社，1998，第308页。
② 林准主编《国际私法案例选编》，法律出版社，1996，第112页。

过大的自由裁量权，基于法官的个人比较衡量来裁定涉外案件的管辖权归属很可能同时出现本国诉讼和外国诉讼，因而发生判决冲突。

此外，当大陆法系国家与英国、美国之间发生国际民商事诉讼竞合时，英国、美国主要采取法官衡量裁量中止或驳回本国诉讼，并发出停止命令以禁止外国法院诉讼的进行。但是，大陆法系国家本国诉讼法对国外法院判决的承认与执行的条件有明确的规定，并且没有禁止外国法院诉讼进行的法律制度。

二 瑞士、德国采取的承认可能性预测说

即主张当事人先在外国法院起诉，之后又在本国法院起诉的，后受诉法院以外国法院的判决将来能够得到承认与执行为要件来决定是否限制本国法院的诉讼。外国法院的判决只要能够满足承认的条件，能够得到承认与执行，就使其处于优先的地位。这种方法的缺点是预测外国法院判决承认的可能性非常困难，另外，仅仅规制本国法院的诉讼而没有对外国法院的诉讼作出要求和限制。

三 意大利采取的无限制说

即主张各个国家都坚持本国判决的效力。显然，无限制说只坚持本国主权的思想，这对当事人来说是不足取的，同时这种方法也很容易产生国内外判决的冲突。由此可见，无限制说缺乏国际协调的精神，对于当今国际社会的发展也是极其不利的。

第四节 国际民商事诉讼竞合的认定

一 国际民商事诉讼的认定标准

在国际民商事诉讼竞合认定问题上，现今主要有两大主张：三同一异标准和两同一异标准。其中，两同一异标准中的"两同"

是指相同当事人、相同诉因,"一异"是指不同诉讼地(不同起诉法院);而三同一异标准还要求都是国际民商事诉讼领域。对此,笔者赞同采用两同一异标准,理由如下所述。

首先,从若干判例实践可以看出,两同一异作为国际民商事诉讼竞合的认定标准已被慢慢接受。从上文可以看到,各个国家持有的观点不同,所作出的判决也不相同,甚至同一国家先后作出的判决也不相同。但是从这些判例的发展显示,持有三同一异标准的国家对国际民商事诉讼竞合认定标准有向两同一异标准转化的趋势。

其次,布鲁塞尔公约将缔约国对国际民商事诉讼竞合的认定标准统一为两同一异标准。不论是1968年的布鲁塞尔公约还是1988年的《卢加诺公约》都采用两同一异标准。并且,到1988年年底,这两大公约的缔约国已经有18个,包括了欧洲大陆的大多数国家。公约的规定对所有缔约国都有约束力。因此,两大公约的所有缔约国在国际民商事诉讼竞合认定上都应该采用与公约相同的标准:两同一异。欧共体法院的解释对所有的缔约国都有约束力。

最后,1999年海牙公约草案表明了国际民商事诉讼竞合认定标准的未来走向应该是两同一异标准。1999年的海牙公约草案虽因各国意见分歧尚未通过,但该公约是当前世界上唯一具有全球意义的关于民商事案件管辖权和判决执行的公约。公约的规定是在融合了当前世界各国意见的基础上拟订的。可以说,1999年海牙公约草案的规定揭示了未来管辖权立法的发展趋势。而公约对于国际民商事诉讼竞合的认定采用的是两同一异标准,体现了未来立法和司法实践中国际民商事诉讼竞合认定的发展趋势。

因此,笔者认为国际民商事诉讼竞合指的是在国际民商事诉讼中,相同当事人之间就相同诉因在两个或两个以上国家的法院提起诉讼的现象。在国际民商事诉讼竞合认定的标准上,中国学术界普遍赞同的是三同一异标准。但2000年中国国际私法研究会起草的《中华人民共和国国际私法示范法》第 54 条规定:"在外国对相同当事人之间就同一诉讼标的进行的诉讼已经作出判决或者正在进行审理的情况下……。"该示范法对于国际民商事诉讼竞合的认定放弃了三同一异标准,采用了两同一异标准:相同当事人,相同标的,不同国家法院。示范法的规定是符合当前立法的发展趋势的。

二 认定国际民商事诉讼竞合应注意的问题

在认定国际民商事诉讼竞合时,应当注意以下几个问题。

1. 相同当事人(the same parties)

相同当事人指两个诉讼的当事人之间具有同一性。一般而言,当前后两个诉讼中的原告和被告分别对应吻合时,两个诉讼的当事人具有同一性。如 x 在甲国起诉 y,然后,x 又根据相同诉因在乙国起诉 y,此时,前后两诉的当事人具有同一性。但是,由于实践情况各异,相同当事人的认定又引起了许多问题。

(1) 如果双方当事人在不同国家的法院互诉对方,即如 x 在甲国起诉 y,然后,y 又根据相同诉因在乙国起诉 x,前后两诉中当事人的位置互换,此时,这两个诉讼的当事人是否具有同一性。这种情况也被称为对抗诉讼。对于该问题,欧共体法院在 1994 年一项判决中明确宣布,两个诉讼中的当事人仍具有同一性,前诉中的被告可以作为反诉中的原告,反之亦然。多数国家对此也持相同意见。

(2) 如果两个诉讼中的当事人只有部分相同时,如何认定相同当事人。例如,A 在甲国对合伙人中的 x、y 提起诉讼,然后,A 又基于相同的诉因在乙国对所有合伙人 x、y 和 z 提起诉讼,那么前后两个诉讼中的当事人是否具有同一性呢?对于这一问题,有两种观点,一种观点认为两个诉讼中的当事人相同;另一种观点认为两个诉讼中只有部分当事人相同,就相同部分认定为国际诉讼竞合,涉及不相同当事人(如前例中的 z)部分不认定为国际诉讼竞合。显然,第二种观点更为可行,因为如果根据第一种观点将两个案件完全认定为国际诉讼竞合,将损害后受诉法院的管辖权。相反,根据第二种观点,将具体案件的审理分割为两个部分,涉及相同当事人部分依照国际诉讼竞合的规定处理,涉及不相同当事人部分,第二国法院仍然行使管辖权对案件进行审理。欧共体法院也肯定了第二种意见。法院认为,在这种情况下的相同当事人之间仍然存在着诉讼竞合,在此范围内,后受诉法院应依布鲁塞尔公约第21条的规定放弃管辖。如此一来,原来的诉讼便被分割开。后受诉法院一方面在相同当事人之间放弃了对案件的管辖,另一方面又在不相同的当事人之间继续审理案件。欧共体法院并未否认这一点,但同时又认为后受诉法院可依照布鲁塞尔公约第22条关于关联诉讼的规定进行处理。

(3) 如果前后两个诉讼中行使起诉权的两个当事人不相同,但该当事人所代表的其他当事人一致,是否认定为相同当事人。如 x 在第一个法院代表 x、y、z 提起诉讼,y 在第二个法院代表 x、y、z 根据相同的案由起诉同一个被告,那么,这两个诉讼的当事人是否属于相同当事人?目前的观点认为两个诉讼的当事人是相同当事人,因为各国法律和国际条约对国际诉讼竞合进行规范的目的在于防止由国际诉讼竞合引起的两国判决的冲突。在此类案件中,前后两诉的原告和被告都是相同的,只不过是其代表诉讼的代表人不同,如果不认定为相同当事人,一旦两国法院对基于同一诉因提起的诉讼作出的判决完全相反,而原告和被告又分别要求第三国执行不同的判决时,将引起冲突。

因此,对于相同当事人的认定,国际上的态度趋向于宽松,只要诉因相同,不论当事人是部分相同,还是全部相同,就相同当事人部分可认定为国际诉讼竞合,即使需要将诉讼分割开。

2. 相同诉因 (the same cause of action)

在认定相同诉因时也可能产生类似的问题。对于相同诉因的认定,国际上的态度也趋向于宽松。欧共体法院认为只要诉讼请求同一即可认定为相同诉因。而且,欧共体法院对于诉讼请求同一采用了宽泛的界定，认为履行合同的诉讼请求和解除合同的诉讼请求属于同一诉讼请求。1999 年海牙公约草案对诉因一词采用广义理解，即诉讼的标的是指由特定合同或意外引起的纠纷，而不是指所寻求救济的特定形式。

3. 诉讼在不同国家法院提起

在这里，所谓的国家与国际公法意义上的主权国家并不完全一致。严格地说，这是指国际私法上的法域，也就是具有独特法律制度的地区。因此，国际民商事诉讼竞合也可以发生在同一国家内不同法域之间。另外，在不同国家法院提起的两个诉讼必须都尚未作出判决，如果在后诉提起之前，前诉已经作出判决，这不构成国际民商事诉讼竞合。

4. 国际民商事诉讼领域

国际民商事诉讼竞合是指国际民商事诉讼领域中的诉讼竞合，即所涉及的这两个诉讼必须都是民商事诉讼。如果相同当事人之间就同一诉因先提起刑事诉讼，后又在另一国法院提起民商事诉讼，如 x 在甲国起诉 y 犯杀人罪，然后 x 又在乙国起诉 y，要求给予损害赔偿。一般而言，这种情况不会有太多的争议，因为在很多国家的法院中，可能是中止民商事诉讼的进行，等待刑事诉讼的判决结果。但是在西方某些国家中，由于对刑事案件的证据要求和对民商事案件的证据要求宽松程度不一致（刑事证据要求绝对，民商事证据要求占大多数），所以在刑事诉讼中可能被无罪释放的犯罪嫌疑人，可能在相关的民商事诉讼中被认定为犯罪应该给予损害赔偿，如辛普森案。因此，对同一诉因会出现刑事诉讼与民商事诉讼同时分别进行的情况，此时由于诉讼的性质不一样，也不能认定为国际民商事诉讼竞合。

第五节　国际民商事诉讼竞合产生的原因

从外部表现形式上讲，国际民商事诉讼竞合是管辖权的积极冲突造成的。从法律制度的角度看,国际民商事诉讼竞合产生的原因是世界各国诉讼法所规定的国际诉讼管辖权的不同和管辖原因的多样化。从根源上看,国际民商事诉讼竞合是各国经济交往紧密和全球经济一体化产生作用的结果。从本质上看,国际民商事诉讼竞合是当事人利益驱动的结果。归结起来,主要有以下几点。

一 各国立法的差异而形成的管辖权的不同和各国竞相主张管辖权而产生的积极冲突是形成国际民商事诉讼竞合的法律原因

在现今国际社会,各国的立法和司法涉及国家主权问题。因此,除了依法享有司法豁免权的组织和人员外,尽管存在着国际私法立法趋同化的问题,但没有一部完整的国际民事诉讼法对国际民商事诉讼活动进行强制规范。国际条约或国际习惯法并没有对各国作出管辖权的具有法律强制力的分配,至今也没有国际社会普遍认可的确定国际民商事诉讼管辖权的根据可供世界各国遵循。出于主权的考虑,各个国家都可以确定自己的国内立法并根据国内法的规定自由决定对民商事案件的管辖权。在这种状态下,世界各国依据本国国情和民族习惯,从有利于保护本国和本国公民的利益的角度出发,自由决定本国立法,形成了现存的各个国家各不相同的管辖权制度。而且,即使在某些国家之间缔结了一些多边或双边条约来统一规定涉外民商事诉讼管辖权,但由于条约的数量及适用范围上的限制,也未能形成具有普遍约束意义的国际法规定。这样一来,一起涉外案件处于相关国家都有管辖权的情况下,诉讼竞合的情况也就有了产生的基础。如英美法系国家的立法都是基于"有效控制原则",以对人诉讼中的被告在本国出现能收到有关诉讼的传票,或对物诉讼中的标的物处于一国境内这样的法律事实,来分别确定本国法院的涉外民商事诉讼管辖权。以法国为代表的大陆法系国家则主要是以有关诉讼当事人具有内国国籍的法律事实作为本国法院对有关涉外民商事案件行使管辖权的根据。而其他的大陆法系国家如德国，其立法中一般都是以被告一方在内国有住所或经常居住地或诉讼标的物处于内国境内这样的事实来确定内国法院涉外民商事诉讼管辖权。

不仅不同法系国家在涉外民商事诉讼管辖权的立法规定上存在着很大的差异，即使是处在同一法系，拥有同一类型的涉外民商事诉讼管辖权制度的不同国家间，其具体的管辖权制度也不尽相同。而且，就某一具体案件而言，各国的有关立法和各国法院的司法实践对内国法院行使涉外民商商事案件管辖权所依据的法律事实的理解也存在着很大的差异，同样也不可避免地产生管辖权的积极冲突。比如，一些国家规定在关于法人的涉外民商事案件中，作为被告的法人住所地法院具有管辖权。但各国法院依据本国法所确定的法人住所地并不完全一致。日本法院是以法人的主要事务所所在地作为法人的住所地，而俄罗斯则是以法人的常设机构所在地作为法人的住所地。再如侵权之诉，世界上通常的规定是以侵权行为地法院作为侵权案件管辖权法院。但各国立法和司法实践对侵权行为发生与存在都有着不同的理解。有的国家认为损害行为发生与存在是侵权行为发生与存在的标志，因此规定损害行为发生地为侵权行为地，该地法院对侵权案件具有管辖权；而有的国家则认为损害结果的发生和存在才是侵权行为发生和存在的标志，因此规定损害结果发生地为侵权行为地，该地法院对侵权案件具有管辖权；还有的国家认为损害行为发生地、损害结果发生地都是侵权行为地，两地的法院对于侵权案件都有管辖权。

在国际法学理论上，如果以法律直接规定和任意选择为标准，可以将管辖权的问题分为三种，即专属管辖权、拒绝管辖权和平行管辖权。专属管辖权是指根据国际条约和国内法的规定，对某些具有特别性质的涉外民商事案件强制规定只能由特定的内国法院行使具有排他性的管辖权，而不承认任何其他国家的法院对此类案件具有管辖权。与专属管辖权相对立的就是拒绝管辖权,是指依国际法在与内国国家的管辖权无关的案件中,和与内国国家的领土或公民或它的实体法不存在任何属地联系或属人联系的案件中,排除内国法院的管辖权。如在我国领域内涉及主权的行使和组织机构的案件、有关外国国家安全措施的案件、涉及外国公民身份地位的案件、有关外国不动产的物权案件、有关破产和强制处分的案件、有关外国财产的强制执行的案件、涉及某一外国的限定继承权案件,等等。① 除上述专属管辖权和拒绝管辖权之外,其他的案件都属于适用一国平行管辖权规定。这里的平行管辖权是指有关国家在主张对某些种类的涉外民商事案件具有管辖权的同时,并不否认外国法院对此类案件的管辖权。在平行管辖中,一国一般只是规定行使涉外民商事管辖权的连接因素;如果连接因素在内国,则内国法院就具有管辖权;如果连接因素在外国,则由外国法院管辖。这样一来,在存在平行管辖权的案件中,既有内国管辖权的存在,又未排除对外国管辖权的承认,内国法院在主张本国法院具有管辖权的同时,并不否认外国法院对之亦享有管辖权。

而且,随着国际交往的扩大,各国都在扩大本国法院管辖权的问题上做出努力,通过争取对涉外民商事案件的审判,保护本国特殊的国家利益。因此,在涉外民商事诉讼管辖权的范围上各国都呈扩大的趋势,美国的"长臂管辖"就属这个情况。② 当今世界各国确定的管辖权依据已不限于住所、国籍,种类越来越多。

---

① 李双元、谢石松:《国际民事诉讼法概论》,武汉大学出版社,1990,第170页。
② 美国关于长臂管辖权的立法共有两大类。一类是特别指明了适用此种管辖权的争议类别,如"商业交易""侵权行为"等,规定只有当权利要求涉及所指明的类别时,才可适用此种管辖权。另一类是不指明或列举长臂管辖权所涉及的各种活动,而是只要符合正当程序和效果原则要求者即可要求行使长臂管辖权。1977年美国司法部颁布的《反托拉斯法国际实施指南》中的相应规定就属这种情况。此规定的内容为,如果外国的交易对美国商业发生了重大的可预见的后果,不论它发生在什么地方,均受美国法院管辖。徐卉:《涉外民商事诉讼管辖权冲突研究》,中国政法大学出版社,2001,第104~105页。

比如,以向被告在本国境内送达传票作为行使管辖权依据的英美法系国家,近年来也越来越多地采用住所地、居住地或经常居住地作为法院行使管辖权的依据。在美国,对人行使管辖权的依据就有"出现、住所、居所、国籍、同意、被告自愿出庭、从事商业、行为或者行为后果在某州、诉位于该州的有形或无形财产及其他关系",共计10余种。虽然一些国家确定管辖权时,都规定有弹性的连接因素,各国在制定涉外民商事诉讼管辖权规范时,已越来越多地考虑到其他国家、其他法系的做法,这也是国际私法趋同化的一个倾向。但是对诸多涉外案件采取平行管辖权制度,使得各国的平行管辖权呈现出扩大化的趋势。这种扩大化,一方面给各国当事人提供了诉讼上的便利,使当事人能够获得方便的必要的司法救济手段,另一方面也必然造成涉及民商事管辖权的广泛冲突。这样,一起涉外案件或者说是国际民商事案件,在相关国家都具有管辖权的情况下,诉讼竞合或者说平行诉讼也就有了产生和存在的基础。这是国际民商事诉讼案件管辖权积极冲突的一个必然结果。

不仅如此,就跨国民商事纠纷而言,本身存在着复杂性,纠纷涉及的当事人人数众多,居住地涉及不同的国家,当事人的财产、办事机构、分支机构分布于不同的国家,构成纠纷的事实或行为可能牵连到数个国家,而所有这些与纠纷有关的因素都可能成为一国法院行使管辖权的依据。而这种依据所导致的结果必然是各国法院均可主张管辖权,也就必然导致诉讼竞合的产生。

二 全球经济一体化与各国司法制度独立性之间的矛盾是产生国际民商事诉讼竞合的根本原因[①]

随着国际社会彼此联系和协作关系的发展,各国都在发展与其他国家极为密切的战略伙伴关系。任何一个国家都不可能抛开

---

① 徐卉:《国际民商事平行诉讼研究》,载《诉讼法论丛》第1卷,法律出版社,1998,第304页。

国际经济大环境去寻求自我的发展，全球经济一体化已成为当今社会经济生活的主流，这是历史发展的必然结果。但全球经济一体化的发展趋势并不能必然导致各国诉讼法为之进行相应调整。受国家主权的影响，各国司法独立性将不可改变。国际私法趋同性的发展趋势也只能是在一些方面为其共同的利益趋向一致，而不可能达到绝对一致的结果。从形式上看，由平行管辖引发的涉外民商事诉讼管辖权冲突最直接的体现就是针对同一案件不同国家的法院竞相主张管辖权的情形，继而产生诉讼竞合的结果。最终的表象是相同当事人就同一纠纷引发多个诉讼之间的冲突。但是通过这个现象，不难发现，任何事务的产生与存在都有其特定的社会基础。事实上，更多的是超越冲突主体间的利益境况并与一定的秩序和制度相联系。诉讼竞合作为一种法律现象，实际是经济现象的产物。因为，法的关系正像国家的形式一样，既不能从它本身来理解，也不能从所谓人类精神的一般发展来理解。相反，它根源于物质的生活关系。法律本身是经济生活问题最集中、最具体、最全面的反映。在改革开放之初，我国有的学者就提出市场经济就是法制经济的理论，主张通过尽可能地运用法律杠杆的作用来规范市场经济秩序和市场经济主体的行为。从这种意义上说，上层建筑的一切问题归根到底都是经济关系的反映与要求，任何法律无不体现经济方面的基本规律和原则。法律现象是经济关系、经济现象在法律上的反映。法律现象与经济这种不可分割的联系，正是法律最具现实性、实用性的表现。

世界经济生活的发展过程，也恰好证明了这一点。自冷战结束后，世界经济秩序发生了根本性的转变，旧有的板块式对立的利益结构已被瓦解，电子技术已经使各国市场一体化，民族国家的作用已有所削弱。在以农作物及其制品为主的农业时代，家庭、庄园常常是权威性的社会单位；在以钢铁及其制品为主的工业时代，民族国家则是主要的权威单位；在以半导体芯片及其制品为主的时代，跨国经济实体是主要的权威单位。而在当今的信息时代，随着全球经济一体化格局的形成，经济国界的作用已不再突出。而这一切正是由市场经济的本质决定的。当经济因素的交流以市场体制为载体时，价值规律及资源优化配置规律决定了市场经济的开放性、统一性。这在客观上要求经济因素冲破一切地域的限制，使国内市场与国际市场一体化。客观上讲，这种全球经济一体化的趋势在自由资本主义时期已经开始出现。对此，马克思曾用"国际生产关系"[1]一词来描述此种现象。马克思认为："资产阶级，由于开拓了世界市场，使一切国家的生产和消费都成为世界性的了。……过去那种地方的和民族的自给自足和闭关自守状态，被各民族的各方面的互相往来和各方面的互相依赖所代替了。"[2] 当今世界经济正从倚重自然资源和制造业的国别经济转向倚重信息资源和服务业的国际经济。目前的变革之风只不过是向一个明显不同的社会秩序过渡的开始而已，这种社会秩序以信息技术为基础。正在兴起的高新技术和统一的全球经济将改造我们目前的世界。犹如工业革命把农业的中世纪改造成为过去二百余年的工业文明一样。这些发生在经济领域的根本性变化促使国际社会提出了"建立国际经济新秩序"的口号，这种国际经济新秩序主要是以"加强国际经济合作，把发展问题置于国际经济首位，清除贸易保护主义，协调国际经济改革"为主要内容的世界经济协调机制的重建。[3] 列宁在1921年写道："有一种力量比任何一个敌对的政府或阶级的愿望、意志和决定更强大，这种力量就是普遍的、全世界性的经济关系。"[4]

经济领域这一系列的变化，客观上要求国家上层建筑的组成部分——法律调整机制作出相应的反应。这是生产力决定生产关系，经济基础决定上层建筑的客观经济规律作用的结果。全球经

---

[1] 《马克思恩格斯选集》第2卷，人民出版社，1972，第111页。
[2] 《马克思恩格斯选集》第1卷，人民出版社，1972，第254～255页。
[3] 《人民日报》1990年10月13日。
[4] 隆茨：《国际私法》，中国金融出版社，1987，第1页。

济一体化必然要求与之相一致的协调、统一、公正的权利救济机制;要求从人类共同体的立场和角度出发,建立一个在世界范围内高速运行和规范国际民商事关系的法律制度、法律规范和法律秩序。① 美国第六巡回上诉法院在 Bankers Trust 一案中认为:"当今时代是一个世界经济相互依存的时代,经济的相互依存要求国家间的合作和礼让。在日益发展的国际市场中,涉及来自不同国家当事人的商业交易变得十分普遍。每一起因这样的交易而引发的纠纷都在事实上提出由不同当事人国家的法院共同管辖的可能性。"②

就其本质而言,涉及两个或两个以上国家,跨越一国国境的民商事关系是超越于任何一个国家的司法和立法管辖权的,是一种完全超越个体国家的法律制度的新型的跨国民商事法律关系,而不是任何一个个体国家国内法律关系中的涉外部分。因此,把这种法律关系置于任何一个国家的国内法管辖之下都是有悖于这种法律关系本身的性质的。然而,由于目前整个世界被划分为许多彼此分离、相互独立的国家和法律体系,因而国际民商事管辖权仍被视作主权国家管辖权的具体体现,成为一国独立的司法制度的一个重要组成部分。这就使得对于涉外民商事纠纷,不仅难以实现多个国家的法院之间的合作管辖,反而造成各国法院管辖权的冲突,法律在实际上滞后于经济的发展。而且受认识条件的限制,法律可能也永远滞后于经济的发展。因此,法律难以公平合理地规范人们的行为,更谈不上正确引导人们的行为取向和价值取向。现实生活中这种法律与经济的脱节必然导致冲突的发生。③ 这种结果的产生其实就是经济发展的一种结果,或者说是一种必然。

---

① 勒内·达维德:《当代主要法律体系》,上海译文出版社,1987,第15页。
② 参见 Gau Shan Co. v. Bankers Trust Co. 956F. 1349 (6 Cir. 1992)。
③ 徐卉:《涉外民商事诉讼管辖权冲突研究》,中国政法大学出版社,2001,第46页。

三 诉讼利益和当事人选择法院的自由是产生国际民商事诉讼竞合的直接原因

利益永远是人们实施某种行为的原动力,法律行为的发生源于生活中的利益,人们在利益的驱动下实施某种法律行为。墨子在《墨子·大取篇》中有过著述,"断指以存腕,利之中取大,害之中取小也。利之中取大,非不得已也。害之中取小,不得已也"。马克思在《1844 年经济学哲学手稿》和《关于林木盗窃法的辩论》中也有详细的分析和论述。依照马克思的观点,利益所表示的是对人存在和发展的肯定,而不是否定。这种肯定不是整体与外界隔绝的自我确证,而是客体对整体的一种肯定关系,是人本质的对象化,是人的本质需要在与对象的结合中得到的满足。人也只有在与对象的关系中,才能确证、表现和发展自己,而法则体现为一定利益的确认形式和利益的调整工具。利益对人的言行的决定作用带有必然性和规定性,利益比法律原则更有力量,在利益同法律原则的战争中,利益占了上风。人的奋斗所争取的一切,都同他们的利益有关。[①]

国际民商事诉讼竞合或者说国际民商事平行诉讼在外部表现形式上体现为一案在不同国家多诉,或者说是不同国家的法院对同一涉外民商事案件竞相主张管辖权。矛盾的主体是各有关国家的相关法院。但是,从当事人的角度看,各国法律的规定不同可能导致判决结果的不同。对不同的当事人有不同的利益驱动,导致当事人就同一争议选择不同的法院多次诉讼。通过这样的行为,当事人可以达到增加对方当事人的负担以达成和解,或弥补正在进行的第一个诉讼的不利,或中断时效,或在不同国家得到判决、执行被告在不同国家的财产以达到清偿债权等目的。民商事诉讼作为以国家公权解决当事人私权争议的一种机制,实行的是"不

---

① 《马克思恩格斯全集》第 1 卷,人民出版社,1972,第 82 页。

告不理"的原则,国家虽有干预民商事诉讼的职责但并无主动干预的职权。当事人对自己的民商事权益有绝对的处分权,只有当事人主动启动司法救济机制时才能把争议的事项导入司法救济程序,而法院不能主动介入私人之间的纠纷。所以,国际民商事诉讼竞合实际上是由当事人"挑选法院"的行为而引发的。当事人这种"挑选法院"的行为,是由于在国际民商事纠纷的解决过程中,当事人双方都有均等的选择受诉法院的机会。这与内国诉讼一样,国际民商事诉讼也是由当事人自己的意思提起的。对当事人而言,其同样地享有较充分的选择法院的自由。在这种自由的体制下,出于对利益追求最大化的目的,当事人在行为选择上,总是力图以最小的付出获得最大利益。由于各国所施行的实体法、程序法和公共政策的不同,国际民商事诉讼争议当事人在选择法院时,势必会权衡在某一国家法院进行诉讼的利弊。不同的当事人往往会选择对自己最为有利的法院进行诉讼,或者在一方当事人已选择在一国法院诉讼的情况下,通过提交管辖权的抗辩使得诉讼朝着对自己最有利的方向发展。而且,在利益的驱动下,即使同一当事人也可能选择在多个国家的法院起诉,从而实现个人利益的最大化。这种私人利益冲突集中体现在以下几个方面:①在不同国家的法院进行诉讼,导致的实体法适用上的差异;②不同国家的法院在诉讼程序保障制度上的差异,包括程序的公正性、正当性、对话性,程序规则的科学性,诉讼程序的透明性,制约与监督性等方面;③在不同国家的法院进行诉讼,当事人在方便程度上的差别;④在不同国家的法院进行诉讼,对己方有利的证人在出庭的方便程度上的差别;⑤当事人在获取证据的方便程度上的差别;⑥当事人和法院之间的联系密切程度的差别,一般而言,当事人与本国法院之间的联系要较和外国法院的联系程度密切得多;⑦在不同国家的法院进行诉讼,诉讼费用、诉讼时间上的差别;⑧在不同国家的法院进行诉讼,所获判决的执行程度的差别;⑨当事人对不同国家的法院法官信任程度的差别;

⑩在不同国家的法院进行诉讼,所产生的时效上的差别;等等。

在大多数情况下,涉外民商事争议都只涉及当事人的私人利益。但是,由于民商事诉讼是对民商事纠纷的公力救济,而且涉外民商事管辖权的行使关系到国家主权问题,受诉法院基于国家主权原则,也会相应地考虑到案件与本国的利益关系,这种利益可谓之"公共利益",表现为:①国家人格利益冲突,即一国法院认为由外国法院管辖某一涉外民商事案件会危及本国"国家人格的完整、行为自由或尊严";① ②国家重点利益冲突;③国家物质利益冲突,即外国法院的管辖会危及属于本国国家的财产,以及国家对自然资源,包括对森林、能源等的保护;④国家基本政策冲突;⑤国家法律原则和道德的基本观念冲突等。因此,从上述情况看,国际民商事诉讼竞合的表象背后透视出所有诉讼主体对利益的追求。表面上是一种诉讼竞合的现象,实质上是利益追求的结果。因此,诉讼利益及当事人选择法院的自由是形成国际民商事诉讼竞合的直接原因。

四 国际平行诉讼普遍性限制机制的缺位

当今全球化趋势之下,跨国公司的出现和发展使得全球经济联系越来越紧密,社会纠纷发生更加频繁且更趋复杂。在这些纠纷中,或者当事人分别属于不同国家,人数众多,或者引起纠纷的行为或者事实涉及数个国家,或者当事人的财产、办事机构、分支机构分布于不同国家,从而出现对同一纠纷数个国家争相行使管辖权的现象。这在客观上要求社会建立一种统一、协调、有效的机制来解决国际平行诉讼的问题。

但是,除了国家元首和外交代表以及国际组织及其官员享有司法豁免权以外,国际上尚没有一个各国通用的、统一的关于民商事诉讼法院管辖权分配的国际条约或者国际习惯,各个国家都

---

① See Roscoe Pound, *Social Control of Law*, 2nd ed. 47. 1954.

可以自由决定在何种情况下行使管辖权，以及在何种情况下承认外国管辖权。某些国家之间缔结了一些多边或双边条约来统一规定涉外民商事诉讼管辖权的根据，但是由于条约的数量及其使用范围上的限制，因此未能形成具有普遍意义的国际法规范。1971年海牙《民商案件外国判决的承认和执行公约》迄今只得到塞浦路斯、荷兰、葡萄牙三国的批准。1984年美洲国家间《关于外国裁判域外效力的国际裁判管辖权公约》和1968年欧共体《关于民商事案件的管辖权及判决执行公约》都只是一定区域范围内的国家对涉外民商事案件诉讼管辖权的规定，前一个公约至今尚未生效。1999年，海牙国际私法会议拟定了《民商事管辖权及外国判决公约（草案）》，目的是在民商事诉讼的管辖权和外国判决的承认和执行方面制定出全球性的统一规则，以保证各国判决相互承认和执行。为此，海牙国际私法会议多次召开成员国代表会议，对该公约草案进行磋商，但是，由于各国在相关领域的法律制度和司法实践不同，经济利益各有差异，对公约草案规定的许多问题认识不一，分歧很大，致使磋商过程举步维艰，其前景堪忧。

五　国际社会尚未建立判决承认与执行机制是形成国际民商事诉讼竞合的另一重要原因[①]

一个国家作出的已经发生法律效力的判决和裁定在本国境内的既判力和强制执行效力是没有疑问的。但是由于国际社会尚未建立判决承认与执行的普遍性机制，一国作出的判决在他国能否得到承认和执行则是一个不确定的问题。通常情况下，各国对外国法院的判决在内国的承认和执行设定了诸多条件。因此，一国法院作出的已生效的判决，并不一定能得到他国的承认和执行，其判决并不能实现"国际自由流通"，不具有"国际既判力"和"国际终局性"的效力。因而一国的法院判决如果不能得到他国的

---

① 刘萍：《国际平行诉讼的成因与对策分析》，《河北法学》2004年第11期。

承认和执行，则随之而来的是他国的法院判决也不能在本国得到承认和执行。这样一来，各个国家就不得不考虑设置对当事人权利进行保障的救济措施。那就是，即使在他国已经就当事人争议的事实和请求作出判决的情况下，一国考虑到他国的法院判决不能在本国得到承认和执行的情况，应当允许当事人在本国再行诉讼，由本国法院重新审理并作出判决，以保证当事人的权利司法救济不出现空白点。因此，国际社会缺少对各国具有普遍约束力判决承认与执行的机制是产生国际民商事诉讼竞合的另一重要原因。

第六节 国际民商事诉讼管辖权竞合的后果

重复诉讼和对抗诉讼是国际民商事管辖权积极冲突的重要表现形式，发起诉讼的不同动机会造成不同的后果。如果诉讼当事人向另一方当事人财产所在地的多个法院发起重复诉讼是希望实体权利得到充分救济，保证判决执行应当受到法律保护。但是，诉讼当事人发起重复诉讼如果是希望弥补首次诉讼的不利局面，这会加重当事人的诉讼负担并违反双方当事人地位平等原则，那种国际民商事诉讼中的当事人专为骚扰被告而发起的重复诉讼则实际是滥用诉权、滥用诉讼程序的滥诉行为，应受到法律的追究。"一事两诉"往往使当事人的诉讼请求存在判决不一致的危险，造成诉讼费用的浪费、受诉法院的重复审理，尤其给国际司法协助，特别是给判决的承认与执行带来诸多困难。

由于国际民商事诉讼的管辖权尚无有约束力的明确规定，通常由各国自行决定，因此，当原告在一国法院起诉后，初始诉讼的被告可能会基于第一诉讼地的选择不正当、不充分或对其不利而在另一国法院就同一争议发起对抗诉讼，通过对抗诉讼增加原告的诉累，从而达到以和解方式解决争议的目的。基于诉讼地的考虑而发起的对抗诉讼应该受到法律的保护，这也符合民商事诉讼双方当事人地位平等原则；纯粹为增加初始诉讼原告的诉累而发起的对抗诉讼，与利用重复诉讼骚扰对方当事人一样，属于滥用诉权、滥用诉讼程序、浪费诉讼资源，妨碍对方当事人获得司法救济的行为。总的说来，国际民商事管辖权冲突主要会造成以下后果。

第一，影响国家之间的司法协助。当两个国家的法院都受理了同一案件时，若一国法院为进行诉讼程序向另一国法院送达司法文书或者请求调查取证难以得到同意，将使得诉讼程序进行受到阻碍。

第二，影响法院判决的执行。如果内、外国法院都管辖了同一案件并对案件作出了判决，则内、外国法院之间会拒绝承认和执行对方作出的判决。由此一来，法院判决的承认和执行将遇到困难。总的说来，外国法院判决在内国的承认和执行，需具备下列两个条件。

（1）内、外国之间存在互相承认和执行对方法院判决的条约或者互惠关系。若既不存在关于承认和执行判决的条约，也不存在这方面的互惠关系，承认和执行外国法院判决就无从谈起。

（2）外国法院的判决不属于内国应拒绝予以承认和执行的情形。多数国家的立法和有关国际条约都只规定拒绝承认和执行外国法院判决的情形，而不直接规定外国法院的判决得到承认和执行应具备的条件。这些情形包括：①作出判决的外国法院对判决的事项无管辖权；②作出判决的外国法院没有给予义务人出庭参加诉讼的合理通知，并因此而使其丧失申辩机会；③外国法院的判决尚未发生效力，或已被该外国有权机关宣布撤销；④外国法院的判决与内国的公共秩序相抵触；⑤外国法院的判决与内国法院以前就同一争议事项所作的判决相矛盾；⑥外国法院的判决与第三国法院就同一争议事项所作的判决相矛盾，且第三国法院的判决已被承认和执行；⑦外国法院的判决是通过欺骗手段取得的；⑧外国法院的判决带有惩罚性质，或以征收税款为目的。

第三，影响当事人实体权利义务的实现。几个有管辖权的受案法院，可能分别适用不同的法律对案件作出不同的判决，从而使当事人的权利义务关系难以确定。同时，由于一国法院作出的判决得不到另一国法院的承认和执行，当事人依一国法院判决享有的实体权利也可能难以得到实现。

第七节　对国际民商事诉讼竞合现象的法律思考

国际平行诉讼虽然在一定程度上可以为当事人提供诉讼上的便利、使其获得必要的司法救济，但是鉴于它会加重当事人负担，导致不公平，浪费司法资源、证人时间，判决相互矛盾无法执行，破坏国家间的友好等负面因素，建立合理规制国际平行诉讼的机制变得十分必要。

一　增加当事人的负担，导致当事人之间的不公平

对于当事人，无论是原告还是被告，国际平行诉讼加重了其负担。第一，由于多次进行诉讼且诉讼经常是在多个不同的国家进行，无论是对于原告还是对于被告来说，案件受理费及其他诉讼费用、律师费、差旅费等都是一笔不菲的支出。对于证人来说，也需要投入大量的时间。这对诉讼参与人都是一种沉重的负担。第二，尽管当事人挑选法院的行为是其实现权利的体现，限制国际平行诉讼将会剥夺潜在原告挑选法院的权利，对原告来讲是不公平的，但在某些情况下造成对被告的不公正，比如允许挑选法院可能被原告利用进而通过给被告施加压力以解决诉讼请求。如远离被告的住所地或居所地，或远离引起争议的行为发生地。另外，如果案件的多个原告处于与不同地域有联系的多个国家，而且都允许他们在所选择的国家提起诉讼，那么这可能涉及被告在多个不同国家就事件产生的实质相同诉因进行抗辩，这种诉讼就是"压制的""纠缠的"，这明显对被告是不利的。因此，国家间

合理协调，对国际平行诉讼进行规制，使案件在一个与之联系最为密切、审理最为方便的地方得到解决，可以有效地节省当事人的费用，维护当事人之间的公平正义。

二 损害诉讼地国家的公共利益

从某种意义上来说，国际平行诉讼是与公共利益相悖的。第一，它是一种多重的诉讼，由不同国家的法院对同一争议事实进行多次审理，不但浪费证人和其他诉讼参与人的时间，更是对司法资源的浪费。如远离证据来源地，多次出庭等，参加这样的诉讼，证人必须长途跋涉到另外的国家参加诉讼，虽然相关费用是由当事人承担，但是在时间与精力上也是一个很大的付出。第二，国际平行诉讼的存在影响司法效率，使得一项争议不能快速得到解决。国际平行诉讼的存在，势必导致国际司法协助困难重重，特别是给判决的承认与执行带来许多难题。国际平行诉讼的结果通常是当事人的争议在不同的国家得到判决，然而这些判决很可能不相一致或相互矛盾，这使得当事人寻求司法救济的主观愿望得不到实现，也影响了司法机关的信誉。有鉴于此，对国际平行诉讼进行协调，在一个国家进行诉讼并得到判决，既可以使司法效率大大提高，也维护了司法机关的信誉，同时也解决了判决相互矛盾及司法协助的问题。

三 违背了国际礼让精神

依照国家主权这一基本原则，各国享有属地和属人的管辖权，其判决仅在该国领域内，对本国公民享有法律效力，在他国领域内并不具有法律效力。

各国为达到平等互利的目的，必要时会借鉴外国的判决或者适用外国法。国际民商事法律关系通常牵涉两个以上国家的不同的法律规范，在面对不同法律关系的性质时，需要具体分析，根据实际的情况选取适当的法律进行调整。例如，在涉外合同中，应根据实际的冲突规范采取适用的法律来调整当事人之间的权利义务关系。若所有国家都认为，只要有内国人参与的合同关系就一定要适用内国法，那么，众多涉外合同根本无法成立或是在面对争议时无法顺利解决，致使国家间难以进行民商事交往。又如，外国人已依照本国的法律规定完成某种法律行为或形成法律关系，对当事人在财产所在地的财产作出处分等，当外国法的相关规定不与内国的有关利益相冲突，应当分情况地适用该项规定，不能全盘否定其效力，否则会不合理地推翻已生效的国际民商事法律关系，会导致不公正不合理的结果的发生。由此可见，在一定限度内适用外国法是在各国平等互利的基础上进行民商事交往所必需的。[①] 这便是"国际礼让原则"在民商事诉讼中的体现。在国际平行诉讼中，当允许外国人在本地诉讼，但在其他地区有管辖权法院，则在某种程度上是对该法院或被告的不尊重，其主要缘由为该法院能更有效、快捷、经济地解决争议。但如果放任国际平行诉讼的发展则极有可能会产生司法沙文主义，便会有悖于"司法礼让原则"。在必要的时候，适用"国际礼让原则"对外国法院的判决予以承认和执行，有助于减少诉讼的重复进行，限制国际平行诉讼；也有助于国家间民商事交往的顺利进行，体现国家间友好互助。

诉讼作为保护权利的司法救济措施，产生于当事人私权公力救济的需要，是当事人实现权利保护的主要方式。研究国际民商事诉讼竞合，一方面是因为它的存在带来了许多负面效果——造成了司法资源的浪费，加重了当事人的负担，导致了判决的矛盾与冲突；另一方面是因为它的存在在现存的国际社会的法律框架下，又具有其自身的合理性。国际民商事诉讼竞合在限制外国法院的不当管辖，保障内国国民诉权，保证生效判决的可执行力等方面具有积极意义。因此，其无法避免和彻底根除。

[①] 《国际私法上的法律适用之我见》，http://www.lwfree.cn/Article/falulunwen/201001/3883.html.

国内民商事诉讼可以通过法律强制性规定，这可以有效地防止国际诉讼竞合问题的出现。如德国《民事诉讼法》第261条第3款、日本《民事诉讼法》第231条关于禁止双重诉讼的规定，要求就已诉讼于法院的案件，当事人不得再提起诉讼。我国《民事诉讼法》也有类似的规定，其中第35条规定："两个以上人民法院都有管辖权的诉讼，原告可以向其中一个人民法院起诉；原告向两个以上有管辖权的人民法院起诉的，由最先立案的人民法院管辖。"

但是，国际民商事纠纷不能用与国内法相同的方法进行处理。国内诉讼是在一国统一司法权下依法院审判的分工进行，法院之间依法可以移送案件，其判决可以得到执行。但上述制度在国际民商事案件的处理中是不存在的。国际上不存在一部可以规范世界各国的统一的国际民事诉讼法，出于民族习惯和国家主权等多方面的考虑，各国关于外国法院判决的承认的条件各不相同。尤其是在几个国家对债务人的财产进行执行时，当事人的权益很难得到保障。在各个国家分别取得判决有时比适用外国法院判决的承认和执行制度更迅速，权益能得到更充分的保障。所以，国际民商事诉讼竞合是法律制度与经济发展之间矛盾运动的必然结果，在现行的法律制度下不可避免。

如前所述，在国际民商事诉讼中，当事人提起平行诉讼是出于自身利益的需要，其中亦不乏法律上的正当的利益需要。比如，被告在两个国家都有财产，但是，在任何一国中所有的财产都不足以清偿原告起诉债务的全部。再如，一国的诉讼程序可能较另一国更为迅速，可能给被告增加负担、刁难被告，原告以期得到对己有利的诉讼机会。又如，当原告在一个对被告来说不方便、证据收集困难的国家起诉时，被告就希望在另一个"合适"的国家法院起诉来确定双方当事人之间的权利义务关系。基于此，被告就可以就同一争议事实在内国法院提起另外一个对抗性的诉讼，以对抗外国法院的判决。在大陆法系的民商事诉讼理论中，诉的利益是一个很受重视的问题。法国《民事诉讼法典》第31条规定："诉权给予一切与诉讼的成立与否有正当利益的人。"诉的利益作为个人的利益，应当是现实存在受法律保护的利益。笔者认为，这些利益的需要是司法救济的正当需求，应当受到法律的尊重和保护。当然，也不排除当事人具有其他不合理的动机。

综上所述，国际平行诉讼会加重当事人的负担，浪费司法资源；造成当事人之间客观上的不公平；造成法院判决得不到执行，当事人的实体权利得不到保障和救济，损害司法权威；导致各国判决无法顺利得到他国承认与执行，不利于国家间的友好互助关系；等等。因此，必须对国际平行诉讼加以规制和协调。

第二章　各国关于国际民商事诉讼竞合的法律规制及判例

第一节　英美法系国家之一——美国

美国作为一个联邦制国家，具有联邦和州双重法院系统，这种双重法院体制是由美国宪法所确定的联邦与各州分权的联邦制度所决定的，具有其独有的特色。《美国联邦宪法》修正案第10条规定："凡本宪法未授予合众国或未禁止各州行使的权利，由各州或人民保留。"在这一规定下，美国联邦政府和各州都各自有权制定自己的宪法和法律，拥有自己独立的法律组织体系。在这种立法与司法体制下，美国法院所受理的平行诉讼的数量要远远高于其他国家。而且，特别需要指出的是由于美国州际法律冲突包括了国际法律冲突的含义，因此，美国国内的平行诉讼与国际平行诉讼在司法实践中有诸多相似之处。美国联邦法院关于规制平行诉讼的制度可分三种情况：①放任平行诉讼；②放弃管辖权；③间接禁止他国诉讼。同时，由于美国联邦体制独有的特点，对联邦法院和州法院之间的平行诉讼、联邦法院和联邦法院之间的平行诉讼、联邦法院与外国法院之间的平行诉讼三者的规制方法也有所不同。在单一制国家，基于诉讼经济的考虑，为防止滥诉和矛盾判决的产生，以维护诉讼秩序，国内民商事诉讼通常禁止双重诉讼。但是，在美国此问题就很复杂。由于美国各个州自成法域，如果在一个州法院的起诉被驳回，此时如果在其他法院没有起诉，可能会出现诉讼时效已过的现象。为了防止这种现象的出现，诉讼当事人有必要在联邦法院提起诉讼的同时，在州法院也提起诉讼。另外，当事人请求的一部分应由联邦法院专属管辖时，其就得在联邦法院提起诉讼外，将其他请求向州法院提起诉讼。这些在单一制国家是不必要的。由于美国各州在冲突法、实体法以及诉讼制度等方面法律制度的不同，在美国选择诉讼法院是非常重要的。因此，即使在美国国内，一般也允许当事人提起平行诉讼。国际民商事诉讼也是如此，由于国家间不存在相互移送制度，外国法院的判决并不一定会被本国承认和执行，因此，原则上美国联邦法院不禁止平行诉讼的进行。但是为了解决平行诉讼所产生的问题，联邦法院以判例的形式出台了一系列协调、限制平行诉讼的原则和方法，这些原则和方法具有较强的实用性，值得我们借鉴。

一 美国法院体系及美国民商事诉讼竞合的形式

（一）美国法院体系①

1. 联邦法院系统

《美国联邦宪法》第3条规定："合众国的司法权，属于联邦最高法院和国会设立的下级法院。"根据该规定，美国国会应当依法组建联邦最高法院，并设立下级法院系统。在《美国联邦宪法》通过之后不久，美国联邦议会制定了《司法法》（*Judiciary Act of 1789*）。该《司法法》确立了联邦法院的体系，即美国联邦最高法院（Supreme Court）、联邦上诉法院（Court of Appeal）和联邦地区法院（District Court）。除此之外还设立了一些专门法院，如税务法院、联邦权利申诉法院、国际贸易法院、退伍军人法院等。①美国联邦地区法院是美国联邦法院体系中最基层的法院，作为第一审法院它有权审理联邦法院管辖范围内的所有事项。美国将

---

① 肖扬：《当代司法体制》，中国政法大学出版社，1998，第38页。

全国50个州分为89个地区，每个地区设立一个联邦地区法院，联邦地区法院采取独立法官审理案件。②美国将全国划分为12个巡回区，每一个巡回区设立一个上诉法院。除此之外，美国还设立了一个在全国范围内具有特殊管辖权的上诉法院即联邦巡回上诉法院，它对专利、商标、关税、税务以及其他特殊事项具有上诉管辖权。联邦上诉法院对来自联邦地区法院的所有上诉案件均有上诉管辖权。只有在极为有限的特别紧急情况下，当事人才可以自联邦地区法院直接向联邦最高法院提出上诉。从州法院和联邦法院关系来看，原则上州法院可以受理一切案件，而联邦法院则只对联邦法的问题和不同州的州民之间的民商事案件具有限定管辖权。③美国联邦最高法院由九名大法官组成，其中一人为首席大法官。联邦最高法院对涉及大使、公使和领事的一切案件，联邦政府作为一方当事人与其他州之间的案件，两个州之间的案件具有第一审专属管辖权。此外，美国联邦最高法院也受理以违反联邦宪法及法律为由的上诉案件。

2. 州法院体系

美国各州根据自己的宪法均设有独立的法院系统。如加利福尼亚州的宪法第6条第1款规定，"本州的司法权属于最高法院、上诉法院、高等法院和治安法院"。因此，加利福尼亚州法院由最高法院、上诉法院、事实法院（trial court）组成。在弗吉尼亚州，法院由最高法院、上诉法院、巡回法院和地区法院组成。纽约州法院体系较为特殊，其高等法院除受理事实案件以外，还受理第二审案件，其上诉法院是最高法院。

（二）诉讼竞合的形式①

1. 联邦法院之间的管辖权冲突产生的诉讼竞合

美国联邦法院根据确定管辖权的原则和法律明确可以行使管

---

① 本书只以联邦法院和其他法院的诉讼竞合为对象。

辖权的案件，确定审判地。但是，由于美国联邦法院分布全国各个法域，即使是在联邦法院之间也可能发生管辖权的积极冲突，形成诉讼竞合。

2. 联邦法院和州法院之间的管辖权冲突产生的诉讼竞合

联邦法院具有管辖权的案件中，除联邦法律明确规定属于联邦法院专属管辖权的事项外，州法院也具有管辖权，这样就出现了联邦法院与州法院有管辖权冲突的现象，即诉讼权利人在联邦法院与州法院之间可以选择提起诉讼的法院（这里指的是联邦法院专属管辖案件以外的案件）。就不同州民之间的诉讼，美国州法院也具有管辖权，这样就出现了联邦法院和州法院之间的管辖权冲突。

3. 美国联邦法院和外国法院之间的管辖权冲突引起的国际诉讼竞合

美国联邦法院可以受理外国人为一方当事人的案件。由于国际民商事诉讼案件的管辖权问题是由各国国内法来确定的，美国法院依照自己的国内法来确定管辖权，其他国家也依照自己本国的国内法来确定管辖权。在管辖权积极冲突的情况下，当事人除在美国提起诉讼外也可能在其他国家提起相同的民商事诉讼，于是也就产生了国际诉讼竞合的情况。

二 美国国内诉讼竞合及相关规则

（一）联邦法院之间的诉讼竞合

美国法律不禁止联邦法院间的平行诉讼。一般情况下，在某一联邦法院提起诉讼的当事人可以在其他联邦法院提起同一诉讼。但是，为了消除诉讼竞合带来的负面影响，出于效率、经济、公正等方面的考虑，美国法律对于联邦法院之间的平行诉讼作了一些限制性的规定，主要制度包括以下四个。

1. 强制性反诉（compulsory counterclaim）

为防止诉讼的多数化，用一个诉讼解决基于相同事实而产生的所有纠纷，美国法院确立了强制性反诉制度。《联邦民事诉讼规则》（FED. R. CIV. P）13a规定："答辩人得陈述的反请求为：送达诉状时，答辩人所有的于作为对方当事人请求标的交易或事件中产生的对抗对方当事人的任何请求，且对反请求的判决不需法院对其无当事人管辖权的第三当事人的出庭。但是被告不必提出反请求，如果①在本诉开始时，该请求是正在进行的另一诉讼标的，或②对方当事人通过扣押请求或其他程序提起诉讼，受诉法院没有据此请求的对人管辖权"。13a条款通过允许被告以反请求的方式向原告提出针对原告的任何请求，从而避免了多重诉讼。反请求所主张的请求权不论是普通法上的请求权还是衡平法上的请求权，也不论是以合同为依据的请求权还是以侵权行为为依据的请求权，甚至不论是否与原告的请求有任何关联（connection），都可以提出。① 这种反请求之所以被称为强制性反请求，是因为它适用美国法的禁止反言规则（estoppel），即如果被告人在诉讼中未能提出此类的请求，那么就永远受阻（barred），日后被告不得就该请求提起独立的诉讼。

理论上讲，13a条款的规定起到了限制诉讼竞合的作用，这与其立法意图是一致的。但是，实践中也有特别的现象存在。如果当事人在其他法院已经起诉，就不存在强制性反诉的要求。同时，即使是当事人无视该规定，在其他法院另行提起诉讼，如果本诉法院不采取禁止措施，使得对抗诉讼的判决先于本诉法院的判决，强制性反诉制度也就没有任何意义。

2. 移送（transfer），即依方便法院（convenient forum）原则移送管辖的规定

美国联邦法院认为自己本身行使管辖权并不方便（convenient），

---

① 沈达明：《比较民事诉讼法》（下册），中信出版社，2001，第50页。

其又确信对于案件存在着另一个方便的管辖法院，此时可依《美国法典》(Judicial Code) 第1404条 (a)① 的规定，将该诉讼移送到其他法院。此规定源于方便法院理论。移送案件的法院因此丧失了管辖权，接受移送案件的法院从而取得该案件的管辖权。移送制度同时还具有这样的意义，有时被移送的案件可能是在其他法院已经提起的相同的案件，有时也可能是与其他法院审理的案件有关联的案件，采取移送制度可以避免平行诉讼，将诉讼合并。《联邦民事诉讼规则》也有关于合并审理的规定，该规则第42条第1款规定："如果含有法律上或事实上共同问题的诉讼诉诸法院，则法院可以对这些诉讼的部分或全部争点的事项进行合并听审或合并开庭审理；或命令将所有的诉讼合并。也可以作出其他有关诉讼程序的命令，以避免不必要的费用和迟延诉讼。"② 因此，按照移送程序接受移送案件的法院统一行使管辖权，将双重诉讼或关联诉讼合并审理。

3. 多法域诉讼（multidistrict litigation）

相同的事实引起的诉争，有时可以出现几个法院均受理的现象。为防止多个案件分别进行，重复开示证据，美国法院规定了关于多法域诉讼的移送制度。28 U.S.C. A1407（a）规定："当涉及一个或多个相同事实问题的民事案件在不同的地区法院待决时，出于协调或合并审判程序的目的，这些案件可以被移送至任何地区法院。移送的决定由本节授权的各地区诉讼司法专家小组依便利当事人和证人，公正有效地审理案件的目的作出。除非已被提出终止，每个被移送的案件将在审判程序结束之时或之前，由专家小组负责将案件从被移送的地区发回至原审法院。但是，专家小组有权区分任一请求、交叉要求、反请求或第三方请求，在诉

---

① 《美国法典》第1404条（a）的规定为："为当事人及证人的方便，从公正的利益出发，地区法院可以将民事诉讼移送任何其他可以在该地提起诉讼的地区或分庭。此规定，仅限联邦法院之间，在联邦法院与州法院和外国法院之间没有效力。"

② 李旺：《国际诉讼竞合》，中国政法大学出版社，2002，第30页。

案余项被发回之前,先行发回上述请求中的任何一项。"此规定的移送制度只有在相竞合的联邦法院之间才可以适用。如果平行诉讼在一个联邦法院和一个州法院待决时,或者在一个联邦法院和一个外国法院待决时,联邦法院不得将案件移送至州法院或外国法院。

4. 禁诉命令

联邦法院可以对当事人下达禁止在其他联邦法院进行诉讼的初步禁令作为限制平行诉讼的辅助性措施。在美国法律中,关于联邦法院之间的诉讼禁止命令没有成文法规定,只是在实际诉讼中可以使用。该制度的现实意义是不容忽视的。联邦法院可以向其他联邦法院发出临时停止命令(preliminary injunction),使其他法院的诉讼中止,从而使本院的诉讼优先进行。一般情况下,作出临时停止命令要满足三个条件:①申请人在本案中的胜诉可能性较大;②如果不发出临时停止命令,申请人可能受到不可挽回的损失;③相对来说,申请人已经陷入了困境,临时停止命令的发出,有利于保护公共利益。但是为了避免侵害其他联邦法院的管辖权,该制度在实际中的运用是非常谨慎的。

(二) 联邦法院与州法院之间的诉讼竞合

由于美国联邦法律制度的特殊性,在美国联邦法院和州法院之间存在诉讼竞合的状态下,美国联邦法院对自己的管辖权的行使采取自制态度,该自制理论得到联邦最高法院的确认。最高法院认为,"明智的司法行政应当注重保护司法资源以及对诉争的全面解决"。[①] 出现联邦法院和州法院就同一事物(a certain subject matter)共同管辖、诉讼竞合在两个地域待审判决时,联邦法院可以下列方式进行限制选择。(1) 避免管辖。①案件提出的可能是一个抽象的联邦宪法争议;②案件提出了关于州基本公共政策政

[①] 参见 *Colorado River Water Conservation District v. the United States*, 424 U. S. 1975. P. 800。

治性问题的州法律难题；③在某些案件中，联邦管辖权的行使被认为限制了州的刑事诉讼。① （2）禁令。即联邦法院以禁令的方式禁止州法院对同一特定事务行使管辖权。不过，此禁令的发出是要受到严格限制的，必须符合《反禁令法案》(The Anti-Suit Injunction Act) 的规定。按照《美国法典》第 2283 条规定，联邦法院可以停止州法院的诉讼程序限于以下三种情况：①联邦议会有明确的立法规定；②州法院的诉讼程序剥夺了联邦法院的对物 (in rem) 管辖权；③防止已有终局判决案件的再审。为了防止联邦法院诉讼停止命令制度的滥用，在联邦法院和州法院之间发生冲突时，除以上三种情况以外，严格禁止美国联邦法院对州法院发出诉讼停止命令。②

三 联邦法院与外国法院之间的诉讼竞合及相关规定

在美国，不存在旨在调整国际诉讼竞合的专门法院。与相关的国内诉讼竞合的规定一致，原则上允许当事人在美国法院和外国法院就同一事实纠纷同时提起诉讼。美国的相关法律中没有禁止国际民商事纠纷诉讼竞合的规定。在雷克航空公司诉比利时萨纳世界航空③一案中，哥伦比亚特区联邦上诉法院就判决表示，在对人诉讼中，如果出现诉讼竞合现象，那么在一方法院作出具有效力的判决之前，另一方法院不得禁止诉讼的同时进行，并不能因为在一个法院提起了诉讼就剥夺其他法院的管辖权。但是，由于国际民商事诉讼竞合存在着诸多负面效果，包括诉讼费用的双重支出，司法机关人、财、物的浪费及相矛盾的判决等，美国在司法实践中制定了一整套规制国际民商事诉讼竞合的法律制度和方法，主要包括四个方面。

---

① 参见 Colorado River Water Conservation District v. the United States, 424U. S. 1975. P. 802。
② 李旺：《国际诉讼竞合》，中国政法大学出版社，2002，第 32 页。
③ 参见 Laker Airway v. Sabena, Belgian World Airlines, 731F. 2d 909 D. C. Cir. 1984。

(一) 不方便法院原则 (Forum non Conveniens)

不方便法院原则是指对在国际民商事诉讼中本国法院依据国内法及相关国际法规对某一国际民商事诉讼案件有管辖权，但综合考虑诉因、当事人、诉讼费用、法院方便等因素后认为不方便行使管辖权，且有其他更适宜行使管辖权的外国法院对该案件享有管辖权时，该法院可以选择放弃管辖权的制度原则。该原则是英美法的特有原则，起源于苏格兰法院的司法实践，在1873年苏格兰的 *Macadam v. Macadam* 一案中第一次采用了不方便法院原则。之后美国法院予以适用。苏格兰的该规定主要是基于防止滥用法律，要求立法者不让其内国管辖权被用来规避外国国家或外国公民的合法权益。当时，在英国法院，该项原则的主要内容是如果某一诉讼程序涉及发生在另一国境内的事件，而且如果所有证据都在该国领域内，则某一英国法院进行有关诉讼应被认为是一种滥用法律的行为。如果原告显然没有合法权益而使被告面临在另一国家进行诉讼的困难，也可以被认为滥用法律，在这种情况下，英国法院应被视为不适当的法院。① 客观上讲，美国法院不方便法院原则的立意点和出发点不同于19世纪的英国法院。美国联邦法院的不方便法院原则的行使是法院对其自身管辖权的固有监督权力的一个组成部分，此原则是美国最高法院1947年审理 *Gulf Oil Corp. v. Gilbert* 一审确定的。1948年，国会通过了28U. S. C. A1404 (a)，自此，不方便法院原则仅适用于方便法院为一外国法院的场合。

美国在海湾石油公司诉吉尔伯特案中，第一次通过不方便法院原则确定了对案件的管辖法院，此后在实践中不断运用发展。在美国适用不方便法院原则的依据主要有以下几点：①由该法院受理管辖该国际诉讼案件，在调查取证、证明外国法等方面会给

---

① 李双元、谢石松：《国际民事诉讼法概论》，武汉大学出版社，2001，第175页。

法院造成负担，引发司法资源浪费等问题；②由该法院管辖有关诉讼会给当事人造成不便，如可能使被告无法在合理的期限内出庭诉讼，增加被告的经济负担，甚至可能使原告和被告处于不平等的地位，从而出现司法不公正的现象，有悖国际民商事诉讼的宗旨；③由该法院受理有关诉讼可能使原告得不到合理的救济，因为"不方便"的法院在调取证据、传唤被告和证人到庭等方面都存在困难，因而不免会出现诉讼无法正常进行的情况，这样，原告自然也就不能获得充分的救济；即使法院作出了一定判决，还可能因为无法获得其他国家的承认与执行，从而使诉讼目的无法达到，而原告也同样无法获得有效的救济；④由该法院受理有关诉讼可能会出现"一事两诉"的情况，因为被告认为在该法院进行诉讼不方便，或者由于其他原因很可能到其他有管辖权的法院起诉，这样，就不可避免地形成"一事两诉"甚至"一事多诉"，不利于纠纷的及时解决，从而不利于对当事人利益的正当保护，不利于国际民商事关系的正常进行；⑤采用不方便法院原则不仅可以缓解本国法院案件较多的压力，而且也是对外国主权和外国法院管辖权的尊重和礼让，有利于缓和国家之间的关系。① 根据不方便法院原则，美国联邦法院认为在外国有审理案件更方便的法院时，按移送案件的法律规定，就可以驳回原告的诉请。如果诉讼一方当事人是外国人，而且诉因发生在国外，美国联邦法院可以驳回诉讼。如果双方当事人均持有美国国籍，则只考虑诉因是否涉外，如涉外，可考虑驳回诉讼。不方便法院原则是否采用主要依赖广泛的自由裁量。海湾石油公司诉吉尔伯特案件的审理过程就可以完全体现美国法院的价值取向。海湾石油公司诉吉尔伯特一案的原告为弗吉尼亚州居民（Gilbert），被告为宾夕法尼亚州的一家公司，该公司在弗吉尼亚州和纽约州注册营业。原告在纽约南部联邦地区法院提起诉讼。诉称由于被告的疏忽引起火

---

① 刘卫翔、郑自文：《国际民事诉讼中不方便法院原则论》，《法学评论》1997年第4期，第45页。

灾，火灾是在弗吉尼亚州发生的，给原告的财产造成损害，原告要求被告给予损害赔偿。被告以弗吉尼亚州既是原告的居住地，也是被告的营业地，与诉讼有关的行为及损害地均发生于弗吉尼亚州，大多数证人也居住于该州境内为由提出该案审理的适当法院为弗吉尼亚州法院。纽约联邦地区法院以不方便法院为由，驳回了原告的诉请，指出该案可以在弗吉尼亚联邦法院审理。原告不服，提出上诉，上诉法院推翻了纽约联邦地区法院的裁决，海湾石油公司又上诉到美国联邦最高法院。联邦最高法院认为，尽管管辖权和裁判管辖区域是适当的，但仍然可以适用不方便法院原则。在不方便法院原则产生作用的所有案件中，是以至少存在两个被告有服从义务的法院为条件的，该原则提供了一个在它们之间进行选择的标准。① 因此，联邦最高法院又推翻了上诉法院的决定，维持了纽约联邦地区法院的裁决。在此案中，法院认为不方便法院原则实质上是利益权衡的结果，不方便法院原则在适用上取决于法院的自由裁量，但此自由裁量是有规则的。其规则的主要着眼点就是利益平衡分析，也有的学者称为利益平衡分析法（interest-balancing approach）。② 这种利益主要有私人利益和公共利益两个方面。当然重要的还是当事人的私人利益。作为平衡私人利益的因素有：①当事人取得证据途径的便利性；②对非自愿出庭的证人实行强制出庭的可行性；③自愿出庭者的出庭费用；④当现场勘验成为诉讼必要因素时，有关人员进行现场勘验的可能性；⑤所有的其他能够使审判工作简便、快捷、节省的现实因素；⑥判决的强制实行的可能性。应当平衡的公共利益有：①本案在案件积压的法院进行，所产生的行政管理困难；②额外的陪审义务的负担；③对公众所关心的事件应在多数人的居住地进行

---

① 徐卉：《国际民商事平行诉讼研究》，载《诉讼法论丛》第1卷，法律出版社，1998，第330页。
② 徐卉：《国际民商事平行诉讼研究》，载《诉讼法论丛》第1卷，法律出版社，1998，第330页。

审理，而避免在远离他们居住地的法院进行诉讼，使他们仅能通过新闻报道了解案件的审理结果；④对于在当地解决本地争议有本地的利益；⑤对分属不同主权地的当事人之间的诉讼，宜于在适用对此类争议有规定的国内州法律的法院进行诉讼，这比适用冲突法和州外法的法院更为合适。但是美国联邦法院在适用不方便法院原则进行利益平衡时，通常情况下不考虑因实体法的适用而引起的救济程度的差别。关于此点我们可以从"派勃飞机诉雷诺案"① 得出答案，此案也是美国法院在处理与外国法院之间的诉讼竞合问题时如何适用不方便法院原则的典型案例。此案案情为：一架小型商用飞机在英格兰起飞后坠毁在苏格兰，派勃飞机公司（Piper Aircraft）是一美国飞机制造商，此飞机是由其制造的，由英国两家公司所有和经营。该飞机上的飞行员和乘客都是英国人。飞机的螺旋桨则是由俄亥俄州的哈特泽尔螺旋桨公司（Propeollerinc）制造的。英国一检验机构对飞机上的设备进行了检验，认为飞机设备没有缺陷，但飞行员的飞行指数低于其公司的要求，遇难者家属聘请雷诺（Reyno）为代理人在加州高院对派勃飞机公司和哈特泽尔螺旋桨公司提起了损害赔偿之诉。同时，五位乘客的家属在英国对作为该飞机的所有权者和经营者的两家英国公司以及飞行员遗产提起了诉讼，此案依据被告的申请移送到了加州中心联邦法院，后又根据1948年的《美国法典》第1404条（a）的规定，被移送到宾夕法尼亚中部地区联邦法院。派勃飞机公司以"不方便法院"为由提出驳回诉讼的动议，宾夕法尼亚中部地区联邦法院通过利益平衡，认为此案无论是从私人利益还是公共利益出发，均倾向于由苏格兰法院管辖，苏格兰法院为方便法院，准许了被告派勃飞机公司提出的驳回诉讼的动议，以至于驳回了原告的诉请。对此结果，原告不服提出上诉。第三巡回法院经过审理撤销了联邦地区法院的判决，上诉法院认为：①联

---

① 参见 *Piper Aircraft Co. v. Reyno*，454 U.S. 235（1981）。

邦地区法院在根据吉尔伯特案进行公共利益和私人利益评估时，滥用了自由裁量权；②其他法院地的法律适用对原告不利时，不应取消联邦法院的诉讼，驳回诉讼的裁决是不恰当的。派勃飞机公司不服上诉法院的判决，上诉至美国联邦最高法院。最高法院审查后认为真正的原告是死者的苏格兰家属，巡回法院仅因替代法院地的实体法的规定不利于原告，就判定替代法院是不方便法院，这种推断是错误的。在不方便法院审查中，对于因实体法的适用而产生的利益差别通常是不下定论或不列为主要平衡因素的。不方便法院原则的适用是法院经过深思熟虑后自由裁量决定的，仅当其明显地滥用自由裁量权时，才可以撤销其决定。因为法院已经考虑了与案情相关的全部公共的和私人的利益，它对这些利益因素的平衡是合乎情理的。因此，它的决定应当得到足够的尊重。同时，美国联邦最高法院还指出，对于不同国籍的原告对法院的选择并不是被同样地尊重。当选择本地法院时，可以合理地推定这样选择是方便的，然而当原告是外国人时，这种推定也就不那么合理了。因为任何"不方便法院"考虑的核心因素是保证审判的方便。一个外国原告的选择不值得太多地被尊重。在本案中，地区法院关于私人利益和公共利益的分析是合理的，因此，上诉法院的决定是错误的。关于对原告有利的问题，美国联邦最高法院指出，实体法的适用问题并不应该成为判断不方便法院原则的重要因素，巡回法院以在其他法院所适用的实体法与本法院地法相比对原告不利为由驳回要求撤销诉讼的请求是错误的。本案大多数证据和证人都在苏格兰，所有的当事人都可以在苏格兰参加诉讼，而且苏格兰法院比任何美国法院在审理该案上都具有更大的公共利益。因此，适用不方便法院原则是合理的。

（二）国际礼让（International Comity）

国际礼让是英美法上特有的私法理论。在美国，此概念只有在外国法院判决的承认，管辖权合意条款和仲裁条款的有效性，国家行为理论等国际诉讼领域使用这一法律概念。在处理有关国际民商事诉讼竞合问题上,美国最高法院将其作为一项主要措施。1895 年美联邦最高法院在希尔顿案的判决中提出,"礼让",就其法律含义而言,既非绝对义务,也非单纯的礼貌和善意,是一个国家在其领域内注意国际义务、方便本国国民及本国法保护下的本国国民以外的权利,承认其他国家的立法、行政及司法行为。① 在国际平行诉讼方面美联邦最高法院还没有适用国际礼让的理论解决实际案件的判例。首先将国际礼让应用于诉讼竞合实践的是美国第十一巡回上诉法院。此案件为"特纳娱乐公司诉狄加托影音公司案"。② 该法院在此案中明确提出适用此项原则。本案的原告特纳娱乐公司是一家美国公司,狄加托影音公司是德国的广播公司。美国特纳娱乐公司与德国狄加托影音公司及另一家德国广播公司签订了一项广播技术许可协议。根据该合同,狄加托影音公司取得了特纳娱乐公司制作的电影在欧洲德语圈的放映权。后由于对协议书文本的翻译产生了争执,特纳娱乐公司认为德国公司对协议的德文译本与原协议内容不符,出现了利用卫星广播技术的产品放映权问题。狄加托影音公司在德国法兰克福的地方法院提起诉讼,要求法院确认使用卫星技术的放映包含在原合同中,确认其对协议文本的翻译。一周以后,特纳娱乐公司在美国乔治亚州高级法院(superior court)提起了合同不履行诉讼。此案后因作为分属不同主权实体的诉案,被移送到乔治亚州北部地区联邦地区法院审理。在诉讼中,特纳娱乐公司主张使用卫星技术的放映是违反原合同的,请求联邦地区法院判令被告禁止使用许可协议中的广播技术,赔偿使用该技术给其造成的损失。狄加托影音公司更以本案正在德国法院审理为由,请求法院驳回原告特纳娱乐公司的起诉或中止诉讼。美国乔治亚州北部地区联邦地区法院没有支持狄加托影音公司的请求,判令狄加托影音公司停止使用

---

① 参见 Hilton v. Guyot, 159 U. S. 113, 163 – 164 (1895)。
② 参见 Turner Entertainment Co. v. Degeto Film GmbH. 25F. 3d 1512 (11th Cir. 1994)。

广播技术。狄加托影音公司不服美国乔治亚州北部地区联邦地区法院的判决，上诉至美联邦第十一巡回上诉法院。就在美国乔治亚州北部地区联邦地区法院的判决发出两个多月以后，德国法院作出了判决，允许狄加托影音公司使用卫星放映技术。美联邦第十一巡回上诉法院认为，法院通常准许在美国法院和外国法院之间的平行诉讼，但是，一旦一个外国法院对此作出了判决，如本案中的德国法院，不尊重对方的判决将违背国际礼让的原则，从而将产生一系列严重的后果：法院之间的争斗、判决的冲突、执行相互矛盾的判决所带来的许多问题。① 所以，此案从国际礼让的角度出发，对德国法院的判决给予礼让是合适的，最后，美联邦第十一巡回上诉法院终止了这一诉讼。因此，有的学者认为，以国际礼让为由的联邦法院管辖权的行使是以外国法院就本案作出了判决为前提，所以该制度与不方便法院原则相比，其使用范围有其局限性，且与外国法院判决的承认和执行制度相关联。② 笔者同意此观点。同时，我们从此案也可以看出，美联邦法院对于国际礼让原则的适用没有明确的限制条件、当事人举证主张，由法院自由裁量决定，而且多数情况下，仅适用于外国法院已经就此平行诉讼的另一案先行作出了判决。

（三）未决诉讼（Lis Abili Pendens）

未决诉讼的含义是"正在其他地方诉讼当中"。英文的直译为"一诉悬于他处"（a suit pending elsewhere）。它是美国法院创设的英美法（common law rule）上的法理，而不是成文法上的法律制度。有的学者将其定义为允许美国法院为支持在他国法院进行涉及相同或类似当事人及争议事项的诉讼，中止本院诉讼的程序性手段。③ 未决诉讼与不方便法院原则密切相关。此项规则的内容是，为了阻止

---

① 参见 Turner Entertainment Co v. Degeto Film GmbH. 25F. 3d 1512（11th Cir. 1994）。
② 李旺：《国际诉讼竞合》，中国政法大学出版社，2002，第45页。
③ 李双元、谢石松：《国际民事诉讼法概论》，武汉大学出版社，2001，第332页。

不必要的相同的证据开示程序，保存司法资源，为当事人节省费用，最大限度地利用司法资源，同时使不同法院之间产生冲突的可能性降到最低，因而中止平行诉讼的进行。① 此观点是美国联邦最高法院在 1936 年的蓝狄斯诉北美公司一案中提出的。② 当然，也有的学者在研究美国法律时认为大多数美国下级法院在国际民商事诉讼中适用未决诉讼命令原则，采用的是科罗拉多河水保护区诉合众国（*Colorado River Water Conservation District v. the United States*）一案所确立的做法，只有少数法院采取蓝狄斯诉北美公司的做法。③ 科罗拉多河水保护区诉合众国一案涉及两个不同的联邦法院之间的诉讼竞合，联邦最高法院支持某一联邦法院中止诉讼，理由是该行为属于该法院自由裁量范围，中止诉讼程序的职能是为了节省法院、代理人、当事人的时间和劳力，而控制案件的处理是所有法院本来就具有的权能（the power inherent in every court）。适用已涉未决诉讼的前提是，预期在外国法院进行的平行诉讼将作出最终判决，且该判决将被美国法院承认。如果当事人和争议事实一致的在外国法院的诉讼不能对当事人双方的争议提供一个彻底全面的解决，或从有利于促进诉讼效率和诉讼经济的角度出发，在外国法院进行的诉讼尚处于初级阶段时，不得作出中止诉讼的决定。否则，被中止的诉讼将会"复活"。④

美国法院在适用已涉未决诉讼规则时，主要考虑以下几方面因素：①当事人和争议的事实一致；②有利于促进诉讼效率和诉讼经济；③替代法院可以提供充分的救济；④可能对任何一方当事人产生偏见；⑤提起诉讼的时间顺序。上述因素和援用不方便法院原则所考虑的因素有重合之处，但这种重合并不妨碍当事人依据不方便法院原则和已涉未决诉讼同时提起撤销诉讼和中止诉讼的动议。从

---

① 参见 *Heuft Systemtechnik GmbH v. Videojet System Int'l, Inc.*, No. 93 - co935, 1993 wL 147506, N. D. III. May 6, 1993, P. 3。
② 参见 *Landis v. North American Co.*, 299 U. S. 248, 254 (1936)。
③ 李双元、谢石松：《国际民事诉讼法概论》，武汉大学出版社，2001，第 333 页。
④ 参见 *Modern Computer Corp. v. Ma*, 862 F. supp. 938, 948 (E. D. V. Y. 1994)。

理论上讲，未决诉讼和不方便法院原则所产生的后果是不一样的，前者导致诉讼中止，而后者则产生驳回或撤销诉讼的结果。但是在司法实践中，往往产生一致的效果。从实际运作程序上讲，在美联邦法院发布未决诉讼命令中止令之后，外国法院的平行诉讼可继续进行并作出判决。一般情况下，此判决会获得美国法院的承认。如果外国法院的诉讼没有继续进行下去，则美国法院的诉讼可以恢复。一般情况下，只有在外国诉讼先于美国时，才能发布未决诉讼命令中止令。但是，美国法律对此没有强制限制。实践中，一些美国法院为支持在后提起的外国诉讼而中止本国诉讼。

（四）禁诉命令（Anti-suit Injunction）

禁诉命令是指美国法院可以对其具有属人管辖权而在外国法院进行诉讼的当事人下达禁诉令。禁诉令常用于解决美国各区际的法律冲突，可以有效规制诉讼竞合问题。

美国法院为使外国法院进行的诉讼终止而发布的命令，此类命令指示受美国法院属人管辖的一方当事人不得在外国法院起诉，以及参加预期的或未决的外国诉讼，[①] 也有人将其定义为由联邦法院作出的，对不属美国法院管辖而在外国法院诉讼的当事人下达的禁止其在外国法院诉讼的命令，如果该当事人违背禁令，继续进行其外国诉讼，则该人将受到藐视法院命令的惩罚。[②] 禁诉命令源于英国法律，在早期的英格兰，王室法院和议会法院之间存在管辖权上的冲突，为了抑制议会法院扩张其管辖权，王室法院就以禁诉令状对议会法院管辖的范围进行限定。该令状是一种由大法官以国王的名义发布的，因案件被告人就教会对争讼事件的裁判机能提出质疑而禁止议会法院继续审理此案的禁令。[③] 后来，衡平

[①] 李双元、谢石松：《国际民事诉讼法概论》，武汉大学出版社，2001，第334页。
[②] 徐卉：《国际民商事平行诉讼研究》，载《诉讼法论丛》第1卷，法律出版社，1998，第336页。
[③] 李双元、谢石松：《国际民事诉讼法概论》，武汉大学出版社，2001，第334页。

法院将此种救济方式作为特定情况下阻止当事人在普通法院诉讼的手段，以免出现严重违反良知的情形。有的美国学者认为，在国际民商事诉讼中，禁诉命令有时不失为一项具有吸引力的选择，它可以使当事人在本国的方便法院以及可能对自己具有同情心的法院获得此类命令，从而预先阻止在潜在的非方便或具有敌意的外国法院进行诉讼。①

在美国，禁止诉讼命令长期以来一直是各州之间处理彼此管辖权冲突的一种手段。美国法院下达禁诉命令的权力虽然在美国的成文法上没有规定，但是，现在已成为一项被法院普遍接受的法律制度。美国法院在司法实践中长期行使发布禁诉命令的权力，并将此类命令视为法院对受其管辖的当事人所具有的一般衡平权力的必然产物。② 在美国，发布此类命令的前提条件是宽松的，所以有关这一问题的判例可谓丰富。而且大多数联邦法院认为，有关联邦法院发布禁诉命令的标准应由联邦法律支配。通常情况下，发布禁止诉讼命令有以下三个条件：①发出禁诉命令的法院对接受该命令的人具有属人的管辖权；②两个诉讼的当事人相同；③法院发出禁诉命令的诉讼得到解决后，被禁诉的诉讼便终止了。一般来说，在美国的司法实践中，有以下几种情况可以发布禁诉命令：①为阻止在预期的诉讼中处于劣势的对方当事人在外国法院就同一争议事项再行诉讼，占有优势的一方当事人可以要求发布禁诉命令；②为阻止对方当事人就同一争议事项在外国法院进行未决诉讼或预期诉讼，在美国法院诉讼的一方当事人向法院要求发布禁诉命令；③为防止一方当事人将相关但不相同的诉讼合并在他所选择的外国法院进行，在美国法院诉讼的当事人可以要求发布禁诉令；④为防止一方当事人在外国法院取得禁止在美国法院诉讼的禁诉令，美国法院当事人可以要求法院发布反禁诉令。

如前文所述，在国际民商事诉讼竞合的情况下，美国法院发

---

① 张茂：《美国国际民事诉讼法》，中国政法大学出版社，1999，第118页。
② 《美国冲突法第二次重述》第84节评论8。

出禁诉命令,产生的结果是当事人不能在外国法院继续进行诉讼。这种做法是否侵犯外国主权尚存有争议。因此,对此措施或称法律制度的是否采纳,美国法院采取的态度是不一致的。一些美国法院所确立的有关发布禁诉命令的标准就较为宽松,例如,第五巡回区法院就认为,当事人以及争议问题的重复足以证明发布禁诉命令的合理性。如果在两个诉讼中对同一争议的问题进行审理将造成不必要的延误,非方便当事人和证人的不必要花费,以及不一致的裁决或竞相作出判决,发布禁诉命令就属适当。此类标准主要关注对同一诉讼请求进行平行诉讼给当事人带来的不便以及司法管理造成的不便,因此,也有美国学者从政策分析的角度将这类标准称为"基于方便性发布禁诉命令"。[①] 如卡吉尔公司诉哈特福特事故保险公司案就是明显的例证。卡吉尔公司诉哈特福特事故保险公司案案情如下所述。[②] 原告卡吉尔公司为明尼苏达州注册的企业法人,分别在不同时间与哈特福特事故保险公司和联邦保险公司签订保险合同,保单的签订地与保费交付地或者说合同的履行地均在明尼苏达州。卡吉尔公司在英国的子公司特拉达克斯金融租赁公司因为两名雇员的行为而遭受损失。卡吉尔公司认为根据保单,两被告应对其子公司的损失给予赔偿。两被告拒绝了卡吉尔公司的赔偿请求。此后,当事人双方同时就此争议提起诉讼。联邦保险公司在英国伦敦高等法院以卡吉尔公司和特拉达克斯公司为被告,提起不存在债务关系的确认之诉;卡吉尔公司则向美国明尼苏达州联邦地区法院对两被告提起诉讼,要求给予赔偿。此两项诉讼都是 1981 年 9 月 25 日提起的。就卡吉尔公司向美国明尼苏达州联邦地区法院提起的诉讼,美国联邦保险公司向明尼苏达州联邦地区法院提出申请,请求法院根据不方便法院原则撤销诉讼或中止诉讼,以等待对其在英国法院提起的诉讼作

---

① 伯麦恩:《国际诉讼中反禁诉命令的运用》,《哥伦比亚法律翻译杂志》第 28 卷第 3 期。
② 张茂:《美国国际民事诉讼法》,中国政法大学出版社,1999,第 120 页。

出判决。与此相反,卡吉尔公司则请求该联邦地区法院发出禁诉命令,禁止联邦保险公司在英国法院继续进行诉讼,然后禁止联邦保险公司就此争议在其他法院提起诉讼。关于不方便法院原则,明尼苏达州联邦地区法院拒绝了联邦保险公司的申请。理由是依据美国最高法院 1947 年关于海湾石油公司诉吉尔伯特一案的判决所提出的利益分析原则,认为适用不方便法院原则从私人利益角度出发虽然对联邦保险公司有利,但这并不足以推翻卡吉尔公司的法院选择权。从公共利益角度出发也不见得对联邦保险公司有利,另外有证据表明哈特福特事故保险公司不受英国法院管辖,所以英国法院将无法把哈特福特事故保险公司合并在该法院提起诉讼,因而就不存在一个充分的可替代法院,不能适用不方便法院原则。关于禁诉命令,明尼苏达州联邦地区法院引用美国第九巡回区上诉法院关于西雅图托特姆曲棍球俱乐部股份公司诉国家曲棍球联盟一案的判决,[①] 认为,联邦法院有权行使自由裁量权,

---

① 西雅图托特姆曲棍球俱乐部股份公司诉国家曲棍球联盟案载于 *Seattle Totems Hocdey Club Inc. v. National Hockey League*,652F. 2d 852(9th cir. 1987)。此案是西雅图托特姆曲棍球俱乐部股份公司及其出资人以国家曲棍球联盟、西北体育有限公司等为被告提出的私人反托拉斯法诉讼。原告与西北体育有限公司曾签有转让对西雅图托特姆曲棍球俱乐部股份公司的出资以及委托管理的合同。但是,最后原告以被告非法垄断美冰上曲棍球产业为由要求法院判决上述合同无效且没有执行的效力。在该诉讼提起两年零三个月之后,西北体育有限公司在加拿大法院以西雅图托特姆曲棍球俱乐部股份公司的出资人为被告提起诉讼,要求被告赔偿因不履行合同而给原告造成的损失。两个诉讼均是围绕着当事人之间签订的合同的有效性而展开的。当事人及其双方争论的焦点相同,如果一个法院作出判决,另一个法院就没有必要再继续审理了。在美国联邦法院诉讼的原告以联邦民事诉讼规则第 13 条 (a) 规定的强制性反诉为依据,要求法院发出禁诉命令以停止加拿大法院的诉讼。联邦地区法院接受了原告的请求,发出了禁诉命令。但是,被告一方向美第九巡回区联邦上诉法院提起了上诉。美第九巡回区联邦上诉法院并没有将其作为联邦民事诉讼规则第 13 条 (a) 规定的强制性反诉问题处理,而是采用第五巡回区联邦上诉法院在安特威尔运输有限公司一案判决中所采取的有关禁诉命令的一般标准,认为就本案相同的争议分别在两个诉讼法院当中进行审理就使得当事人以及证人产生不便和增加支出费用,导致不必要的诉讼延误和矛盾、出现判决之间的竞争,所以应该禁止在加拿大法院诉讼的进行。

禁止本院诉讼中的当事人在包括外国法院在内的其他法院提起诉讼。法院在发布禁诉命令时需要满足两项条件：第一，诉讼中的当事人相同；第二，发布禁诉命令的法院对案件的裁决必须对被禁止的诉讼具有支配力。该法院主张，由于在不同诉讼中对同一争议进行审理将导致延误、不便、耗费、冲突以及竞争性判决，在此情况下就可以发布禁诉命令。该案中，在两个不同法院中就同一争议进行诉讼将对原告带来困扰，将造成司法资源的浪费，并且有出现相互矛盾判决的可能性。无论是就双方当事人的方便而言，还是从司法资源经济性角度考虑，明尼苏达州联邦地区法院均认为应当发布禁诉命令，禁止联邦保险公司在英国法院进行诉讼。因此，联邦法院对英国伦敦高等法院的诉讼发出了禁诉命令。

与此不同的是，另外一些美国法院，包括哥伦比亚特区上诉法院、第二巡回区和第六巡回区上诉法院，认为一般不应发布禁诉命令。理由是当事人及争议问题的重复本身并不足以证明发布禁诉命令的合理性。这些法院认为，只有在符合下列情况时才可以发布禁诉命令：①保护法院自身的合法管辖权；②阻止当事人规避法院地的重大公共政策。美国有的学者将此称为"根据公共政策发布禁诉命令"。[①] 雷克航空公司诉比利时萨比纳世界航空公司一案，[②] 就足以说明此点。雷克航空公司是英国的一家航空公司，被迫宣告破产。雷克航空公司的破产清算人在美国联邦地区法院提起诉讼，理由是该公司的破产是由欧美的其他航空公司采取掠夺性价格的行为所造成的，认为其他公司违反反托拉斯法。被告英国航空公司（British Airways）等在英国伦敦高等法院提起了对抗诉讼，要求英国法院确认并不存在基于违反反托拉斯法的损害赔偿义务，并要求停止美国联邦地区法院的诉讼。之

[①] 伯麦恩：《国际诉讼中反禁诉命令的运用》，《哥伦比亚法律翻译杂志》第28卷第3期。

[②] 参见 *Laker Airway v. Sabena, Belgian World Airlines*, 731F. 2d 909 D. C. Cir. 1984。

后，英国法院发出了禁止雷克航空公司在美国联邦地区法院以及其他法院有干涉英国诉讼行为的命令。同样，雷克航空公司也向美国联邦地区法院提出禁止联邦地区法院诉讼的被告在英国进行诉讼的要求，美国联邦地区法院接受了雷克航空公司的请求。之后，雷克航空公司在美国联邦地区法院对KLM荷兰航空公司、比利时萨比纳世界航空公司也提起了与对英国航空公司提起的同样的诉讼，并要求法院发布外国法院禁止诉讼命令。联邦地区法院发出了禁诉命令，禁止相关被告在外国法院以及外国政府机关进行有碍联邦地区法院行使管辖权的行为。此禁诉令下达后，KLM荷兰航空公司以及比利时萨比纳世界航空公司上诉至美国哥伦比亚特区巡回法院。美国哥伦比亚特区巡回法院认为，只有在那些为维护美国法院管辖权或法院地的重要公共政策的必要情况下，才可发布禁诉命令。一般来讲，基于相同诉讼请求的诉讼竞合是可以同时进行的。判决竞争的可能性以及相矛盾判决出现的潜在性并不应凌驾于内国法院对独立的外国法院程序所负有的敬意和谦让之上。国际诉讼竞合时内国法院不应干涉外国法院行使管辖权。不过，如果外国法院欲干涉内国法院的属人管辖权，内国可以采取对抗措施。只有在维护美国法院管辖权或法院地的重要公共政策的必要情况下，才可以发布禁诉命令。本案因为英国法院提出了禁止美国法院诉讼的命令，同时美国反托拉斯法所规定的三倍赔偿救济在英国也不能得到实现，所以应发出禁诉命令。虽然此案的结果是美国法院发出了禁诉命令，但是，美国法院提出了严格的条件，作为一般原则是不能对外国法院发出禁诉命令的。这样的案例还有很多，如第二巡回区法院在中国贸易发展公司重泳轮案件，第六巡回区法院在高山有限公司银行信托公司案中也都确立了上述原则。

总的来讲，由于禁诉命令涉及外国司法主权，所以美国法院通常很少行使上述权力以限制在外国法院进行的诉讼。这应当说是一个方向。因此，有的学者认为关于禁止诉讼命令的使用，美国联邦法院一直存在着两种截然相反的态度：一种是自由放任的态度（liberal view），即对于禁令的发布不作干涉；另一种是严格限制的态度（restrictive view）。在1984年以后，美国联邦法院更倾向于后者。因为在国内诉讼程序中，禁诉命令虽然是针对当事人作出的，但实际是对外国法院正在进行的诉讼的干预，是对他国司法制度和司法行为的干涉。因此，现在美国联邦法院出于国际协调的考虑，除非外国诉讼严重影响了本国法院的管辖和本国的公共政策而必须下达禁止诉讼命令外，通常是采取"克制""审慎"的态度对待外国诉讼。这些措施的采用仅可视为为拒绝外国法律的实施和外国判决的执行提供协助，而不是对外国司法程序的积极干预。可以看出，至今美国联邦上诉法院就此采取限制或宽容态度并没有明确的判例。在实践中，很少有国家采取禁诉令的方式来解决国际诉讼竞合问题。禁止当事人在外国进行诉讼，实质上与禁止外国法院处理该案是一样的，不仅存在着对外国法院行使审判权的司法干涉，还存在域外难以执行的问题。

从美国法院设置的关于国际诉讼竞合的法律规制和司法实践上看，美国联邦法院不仅不禁止诉讼竞合的进行，而且关于诉讼竞合的适用原则和方法也比较系统。从诉讼阶段上看，这些原则和方法的适用也各有侧重：不方便法院原则适用于起诉阶段，可产生驳回诉讼、撤销诉讼的结果；未决诉讼适用于起诉之后、判决作出之前的各阶段，可导致诉讼中止；当外国法院作出了最终判决时，适用国际礼让则可终结诉讼；禁止诉讼命令作为维护本国公共政策的一种辅助性规则，也可产生应有的效果。在程序上，援用限制原则和方法必须由当事人提出动议并负有举证责任，法院不得依职权进行干预，此符合民事诉讼法不告不理的原则。同时，法院在适用上述原则的过程中考虑了与案件相关的多种利益因素。可以说美国法院关于国际诉讼竞合的法律规制具有一定的合理性。但是从美国法律自身透视出的问题也体现了国际民商事诉讼竞合的限制原则和方法的适用上的缺陷：法官的自由裁量权缺乏有效的监督，利益平衡诸因素缺乏统一的衡量标准，等等。

第二节　英美法系国家之二——英国

英国与美国同属英美普通法系的国家，在处理有关国际民商事诉讼竞合问题上除与美国法院的做法有一定的相似之处外，有其独有的特点。

一　英国法院体系及其管辖权规定概述[①]

研究英国的国际民商事诉讼竞合的法律规制，有必要对英国产生诉讼竞合的构成因素进行分析。

（一）英国的法院体系（或称英国法院的构成）

从整体上看，英国的法院体系比较复杂，除了各种法院和治安官法庭之外，还有许多具有准司法权的裁决所、委员会等，其分别根据制定法的授权，专门处理某一方面的争议。在英国，根据是否具有制定判例的能力，法院可以分为高级法院和下级法院两大类。高级法院包括上议院、枢密院司法委员会和最高法院，下级法院包括王冠法院、郡法院和治安官法庭。

在高级法院的组织体系中，第一为上议院。在英国法院体系中，最高法院是作为终审法院的上诉院。当事人对上诉法院的判决不服的，经过批准可以向上议院上诉，请求作出终审判决。上议院享有民事和刑事案件的上诉终审权。上议院审理案件的法定人数是三位法律上议员，实际运作中一般都是五位法律上议员共同听审，以少数服从多数的原则通过投票的方式得出判决结果。其人员构成包括大法官、法律上议员、现任或曾任法律规定的某

---

① 周道鸾：《外国法院组织与法官制度》，人民法院出版社，2000，第126页。

些高级司法官员的上议员等。第二为枢密院司法委员会。该委员会对英国各殖民地自治领域和一些英联邦国家的上诉案件享有终审权。当事人对殖民地或英联邦国家上诉法院或最高法院的判决不服的,可以向该委员会上诉,由其作出终审判决。枢密院司法委员会的组成人员是:①枢密院院长;②大法官;③上议院法律上议员;④国王任命的其他枢密院顾问官。实际上,枢密院司法委员会是上诉法院的另一个名称,其判决主要约束殖民地或英联邦国家法院。第三为最高法院。英国的最高法院由上诉法院和高等法院(High Court of Justice)构成,上诉法院设刑事庭和民事庭,负责审理上诉案件,一般由三位法官共同审理。高等法院设三个庭,即王座庭、大法官庭和家事庭,负责审理标的额较大或者重要的一审案件。从理论上讲,每个庭都有权管辖属于高等法院管辖的任何案件。高等法院的一审通常由一位法官主持审理。同时,每个庭还设有一个分庭,负责审理上诉案件,通常由一位或两位法官共同审理。由于上诉法院受到自身先例判决的约束,所以在特定情况下一个案件的法律问题在上诉法院的判决结果是确定的。当事人对先例判决不服的,经上议院同意,可直接向上议院上诉。另外,高等法院还行使审判监督职能。

在下级法院的组织体系中,第一为王冠法院(Crown Court)。王冠法院是分不同辖区设立的刑事法院,也称皇家刑事法院,是目前唯一实行陪审制度的英国法院。第二为郡法院。它是分不同辖区设立的负责审理一审民事案件的法院,其具有辖区内普通民事案件的管辖权(涉案金额为5000英镑以下的民事案件),一般由一位法官实行独任审理。第三为治安官法庭。其是设立在伦敦等城市和各郡的基层法庭,主要负责审理刑事方面的轻微犯罪案件,同时进行重大犯罪案件的预审。

(二)关于管辖权制度

在英格兰,关于管辖权的法律制度,可分为对人诉讼和对物诉讼两种。

对人诉讼，是指强制被告履行一定行为的诉讼，如支付债务，因违反契约或实施侵权行为而支付损害赔偿，或禁止被告为一定行为的诉讼。英格兰法院对人诉讼实行的是有效控制原则或实际控制原则。①只要被告在英格兰境内，即使时间非常短暂，该国法院对他送达了令状（即传票），即使诉讼事件与该国并无密切的关系，被告不具有英国国籍，在英国没有惯常居所，诉因也未发生在英国，英国法院对该事件也具有直接国际裁判管辖权。英国法院的诉讼始于传票的发出，传票的送达成为法院行使管辖权的基础。当传票不能依法送达时，法院不能对其行使管辖权。但是，只要在英国境内对被告依法送达了传票，就构成英格兰法院行使管辖权的依据。① ②如果被告不在英格兰境内，因而对他不能送达令状，即使该事件与该国有密切的关系，该国法院也不具有直接的国际裁判管辖权。这样的规则如果严格适用，在第一种情形下，对被告是非常不利的；在第二种情形下，将对原告是不利的。1852年英国《普通法诉讼程序条例》的相关条款作出了一定的改动，给予该国以许可向国外送达传票的通知的自由裁量权。此后，该国高级法院的法官根据该条例的授权制定了行使这种自由裁量权因而行使直接国际裁判管辖权的规则——高级法院《第11号命令》第1条规定。② 该规定列举了在起诉时被告不在英格兰的情况下，英格兰法院根据原告申请得以自由裁量许可在外国对被告送达传票的通知，从而对该案行使直接国际裁判管辖权。此与起诉时被告在英格兰且传票已对其送达的情况有很大的不同。

英格兰的对物诉讼仅限于纯粹的海事诉讼，是指针对船只或船上的货物或运输费的海事诉讼。在对物诉讼中，判决对所有与

---

① 莫里斯：《戴西和莫里斯论冲突法》（上），李双元等译，中国大百科全书出版社，1998，第268页。

② 莫里斯：《戴西和莫里斯论冲突法》（上），李双元等译，中国大百科全书出版社，1998，第283页。

该物有利害关系的人具有约束力。对物诉讼的主要目的是，原告企图通过扣押船只，变卖船只以满足其损害赔偿的请求。在船主自动出庭应诉，提供担保以避免船舶被扣时，对物诉讼就转化为对人诉讼。对物诉讼不存在域外管辖，因此，在送达传票时，该物必须在英国领域内。但是，实践中也有令状发出时船舶可能并不在英格兰领域内的情况。在这种情况下，当事人一般事先在英格兰法院取得令状的交付，然后等船只的到来。

英国参加的国际公约中涉及管辖权的，按国际公约规定的管辖权原则办理。其中较为重要的国际公约是欧洲经济共同体于1968年签订的《关于民商事案件管辖权及判决执行公约》。此外还有《华沙航空运输公约》《日内瓦商品运输公约》等。

客观上讲，英国的国际民商事诉讼管辖权非常强调物质权利。同大陆法系相比，它更注重判决的实现。同时，英国的管辖权原则有许多例外的规定，使英国法院在认为案件同英国关系密切，应由英国法院行使管辖权时，留下了充分的回旋余地。英国的管辖制度也是十分灵活的，它的灵活性一方面来自法官的自由裁量权，另一方面表现为判例在英国的管辖权制度上起着重要的作用，许多法规的内容是通过判例的解释而修改、发展的。

二　英格兰法院解决诉讼竞合的规则及判例

英格兰法院不反对诉讼竞合，相同当事人在两个以上国家提起诉讼，并不必然导致中止诉讼，不构成中止诉讼的充分理由。这主要是该国基于以下因素的考虑：①　①被告可能在多国都有财产，任何一国的财产都不足以清偿原告全部债权；②为了保护原告的利益，各国的判决必须对在不同国家的数个被告执行；③原告在诉讼竞合中得到的救济不同，或者在一国能得到的救济在另一个国家不能得到；④原告想得到迅速、经济的判决，但又无法

---

① 参见 Harod G. Maier, "Interest Balancing and Extraterritorial Jurisdiction", *American Journal of Comparative Law*, Vol. 3, p. 87。

判断哪一国实现判决的可能性更大。英国法院经过长时间的司法实践形成了具有自身特色的法律制度。英格兰法院对于诉讼竞合的规制方法主要有三项：①由法院裁量来决定中止（stay）或驳回（strikeout）在英国的诉讼；②以禁诉命令（injunction）禁止外国法院诉讼的进行；③让当事人选择法院。在上述几项制度中，英格兰法院最常用的方法是中止本国的诉讼。① 在符合法定条件时，法院也会发出禁诉命令，禁止本国当事人参加在外国法院的诉讼，但是禁诉命令一般难以得到外国法院的承认；在解决重复诉讼问题时，英格兰法院还可以要求原告自行选择管辖法院。正如莫里斯在其《法律冲突法》② 中所论述的那样："每当有必要避免不公正时，英格兰法院有权中止或取消在英格兰的诉讼或者其他程序，或者限制在外国法院起诉或继续进行诉讼程序或执行外国判决。"本书在下面的有关章节中将逐一阐述英格兰对国际民商事诉讼竞合的法律规制的三种制度。

（一）诉讼中止

在英格兰，很早就确立了关于英格兰法院之间因诉讼竞合而停止诉讼的做法，但是关于国际民商事诉讼竞合的问题采取该项措施到19世纪之后仍然没有确立，一直到了20世纪70年代以后才发生变化。英格兰法院确立这一制度是从圣·彼尔诉南美储藏有限公司案③开始的。在此案中，英格兰法院一审驳回了两被告的以在智利法院提起诉讼为由，要求英国法院中止诉讼的请求。两被告不服，提出上诉，英格兰上诉法院虽然认为本案在英格兰审理并不方便，但是从结论上看并没有中止英格兰法院的诉讼。此案中，斯科特法官阐明了英格兰法院中止诉讼的基准。①诉讼是合法提出的，仅以方便为由是不足以成为剥夺原告在英国法院提

---

① 李刚：《论国际民事诉讼中的诉讼竞合》，《法律科学》1997年第6期。
② 莫里斯：《法律冲突法》，中国对外翻译出版公司，1990，第95页。
③ 参见 St. Pierre v. South American Store Ltd. （1976）K. B. 382（C. A. 1935）。

起诉讼的利益的根据。向英格兰法院提起诉讼的权利不能轻易被拒绝。②为使中止诉讼程序正当化,必须满足两个条件。① 一个是积极条件,另一个是消极条件:a. 必须向法院证实,继续诉讼程序会导致不公平,因为该诉讼对被告将是一种压制或烦恼(oppressive or vexatious),或该诉讼以其他方法构成对法院程序的滥用;b. 诉讼的中止不会对原告产生不公平。这两个条件的举证责任均在被告。这个判决实质上是对以前通过判例而形成的英格兰法院行使自由裁量权的一种总结。该标准中最重要的是压制或烦恼的证明,要证明原告的诉讼实质上是浪费被告的时间和精力,具有压制被告的意图。英格兰法院以后多援用该判决表示出来的标准,并严格地适用它。这是英格兰法院最先确立的诉讼中止条件。而真正阐述中止诉讼标准则的是麦克山努诉罗可维尔玻璃制品有限公司案。② 原告A属于居住在苏格兰并在苏格兰工作的人,被告B是在英格兰登记并在苏格兰具有居住地的法人。B是A的雇主,A在工作中负伤,并借助工会法律顾问律师的帮助,在英格兰法院提起了诉讼,B要求法院中止诉讼。一审、二审法院均驳回了B的请求,B再次上诉,贵族院撤销了原审法院的判决,决定中止诉讼。本案虽然不是关于国际民事诉讼竞合的案件,但是,本案判决就是根据裁量中止的标准作出了极其有意义的判断。法院并没有适用不方便法院的原则,其对圣·彼尔诉南美储藏有限公司案所确立的标准作出了进一步的弹性解释。本案判决更进一步明确地放弃了压制或烦恼标准。放弃该标准主要是因为此标准的用语缺乏明确性,难以判断,对被告来讲举证是很困难的。本判决中,贵族院迪部露库法官阐明的中止诉讼的基准如下。①诉讼是合法提出的话,仅以方便为依据不足以剥夺原告在英国法院提起诉讼的利益,向英格兰法院提起诉讼的权利不能轻易被拒绝。②为使中止诉讼程序正当化,必须满足两个条件。一个是积极条

---

① 莫里斯:《法律冲突法》,中国对外翻译出版公司,1990,第96页。
② 参见 Macshannon v. Rockware Glass Ltd. (1978) A. C. 795 (1978)。

件，另一个是消极条件。a. 被告向法院证实，另外有管辖权的法院进行当事人间的诉讼，在实质上更方便或支出更少的费用。b. 诉讼的中止并不会剥夺在英格兰诉讼将能得到的正当的个人利益或审判上的利益。此描述成为英格兰法官中止诉讼的判断标准。与此相应的是英格兰还以成文法的方式规定了诉讼竞合后采取的中止诉讼的措施的问题。例如1973年的《住所和婚姻诉讼法》(Domicile and Matrimonial Proceedings Act)，① 该法对离婚诉讼竞合作出了中止诉讼的规定。该法律规定，在苏格兰法院进行的关于婚姻关系的诉讼中，诉讼当事人在得知关于该婚姻或对婚姻的有效性等有影响的诉讼在其他法域进行时，在英格兰法院审理开始前应该报告其他法域诉讼的情况，法律就此规定了诉讼的义务性中止和裁量性中止。关于义务性中止，该法律规定，"关于离婚诉讼，在本案审理开始前，根据当事人一方的请求，如果能够证明有下列情况，法院必须中止诉讼。a 关于同一婚姻的离婚或婚姻无效确认在英国以外的其他法域正在进行当中，并且 b 婚姻当事人在结婚后同居，并且 c 在其他法域的诉讼，其法域是本诉开始时婚姻当事人的同居地或最后居住地，并且 d 婚姻当事人的任意一方在分居后一直在另外诉讼的法域内居住"。关于裁量性中止，该法律规定："1. 关于离婚诉讼，在本案审理开始前，根据当事人一方的请求，如果能够证明有下列情况，法院可以中止诉讼。a 关于同一婚姻或对婚姻的有效性有影响的诉讼在其他法域正在进行当中，并且 b 从公平的角度出发，在本诉审理前在其他法域诉讼更为合适。2. 考虑 b 项提及的公平时，法院应该考虑中止或不中止诉讼而产生的证人的方便、诉讼的迟延、费用等与诉讼有关的所有因素。"

考虑到布鲁塞尔公约在英格兰的作用，本书还将以此为切入点进行分析。现今，在解决欧盟成员国间的平行诉讼问题时，英

---

① 莫里斯：《戴西和莫里斯论冲突法》（上），李双元等译，中国大百科全书出版社，1998，第585页。

格兰法院大都遵循首先受诉法院中止诉讼原则；如果英格兰法院受诉在先，但是认为自己是不方便法院，其他成员国法院审理更为合适，法院可以适用不方便法院原则，中止诉讼。在此情况下，其他成员国无须根据布鲁塞尔公约第21条[①]因受诉在后而放弃管辖权的规定；此外，在解决与非成员国之间的平行诉讼问题时，英格兰法院也可以适用不方便原则。首先受诉法院原则是根据布鲁塞尔公约确定的。英国于1978年10月9日加入该公约。为保证公约在英国的实施，英国议会于1982年颁布了《民事管辖权及判决法》，赋予了该公约国内法的效力。因此，我们有理由认为，英国国际民事诉讼规则是以公约的实施为中心，逐步向周围辐射而形成的一个法律体系。英格兰法院解决平行诉讼问题的传统做法与布鲁塞尔公约确立的方法是不同的，两种方法的融合可以说是普通法和大陆法的汇合。这种融合为传统的英格兰法院解决平行诉讼问题提供了新的思路。

关于相同当事人的问题。英国的民事诉讼包括对人的诉讼（in personal）和对物诉讼（in rem）两类，区分对人诉讼和对物诉讼是法院行使管辖权的前提，对人诉讼主要包括侵权诉讼和合同诉讼等传统上可以在英国高等法院、民事法院、衡平法院等普通法院提起的诉讼；衡平法上的特别履行（作为与不作为）、禁令、撤销、变更等救济诉讼也属此类。海事诉讼中，如果船舶未被扣押，或者扣押后又被解封，或者船主确认了传票的送达，则该项诉讼也被视为具有对人诉讼的属性，对人诉讼是与属人管辖相对应的。对物诉讼的目的是请求法院确定某项财产的所有权或其他权利，其主要是针对法院管辖的财产。在英格兰，主要针对船舶或与船员有关的其他物品如货物或运费之类的物，或者针对飞行器、气垫船等提起的海事诉讼，其范围是很小的。对物诉讼的传票必须等待物进入管辖范围后才可送达，也不能申请送给其他可替代的

[①] 布鲁塞尔公约第21条规定，相同当事人就同一诉因在不同缔约国法院起诉时，首先受诉法院以外的其他法院必须主动放弃管辖权，让首先受诉法院受理。

人。在海事诉讼中,当事人在其他成员国已经提起对人诉讼,在英格兰又提起对物诉讼时,如果船东没有确认传票的送达,仅有船舶被扣押,那么,依据英格兰法律,该诉讼仅为对物诉讼。英国上诉法院在 The Deichland 和 The Indian Crace 等案件中认为,如果在英国进行的诉讼只是对物诉讼,则不是公约第 21 条所谓的相同当事人之间的诉讼,不适用第 21 条的规定,而适用第 22 条①的规定。如果船舶在扣押中,船东确认了传票的送达,则从船东作出确认送达的意思表示之时起,该诉讼就由对物诉讼转化成为对物和对人诉讼之混合诉讼。依据欧洲法院规则,第 21 条适用于在英国进行的对人诉讼以及对人、对物混合诉讼,即使只有部分当事人相同,仍然符合第 21 条相同当事人的规定。

关于受诉时间的确定。The Nord Sea v. Freccia Del Nord (1989)。② 1987 年 6 月 19 日, Nord Sea 号和 Freccia Del Nord 号发生相撞事故。6 月 25 日 6 时 10 分 Nord Sea 号船主在英格兰法院取得对 Freccia Del Nord 号以及该船主所有的另外三艘船的对物诉讼令状。但是,由于当天这四艘船都没有驶入英格兰法院管辖领域内,令状的送达没有完成。6 月 25 日 16 时 30 分 Freccia Del Nord 号船主在荷兰扣押了 Nord Sea 号。7 月 3 日,荷兰法院的诉讼令状得以送达。7 月 8 日 Nord Sea 号船主向 Freccia Del Nord 船主发出通告,如果不提供担保将扣押正在英格兰法院管辖领域内的其他船舶。7 月 9 日英格兰法院向 Freccia Del Nord 号船主的其他船舶送达了对物诉讼令状。7 月 23 日 Freccia Del Nord 号船主向英格兰法院提出请求:英格兰法院的诉讼是起于 1987 年 7 月 9 日,荷兰法院受诉在先,根据公约的规定应该驳回英格兰法院的对物诉请。在受诉时间的确定上,规则规定取决于各国国内的法律制度。布鲁塞尔公约第 30 条对法院受诉时间规定为:①如果成员国法律规定,

---

① 布鲁塞尔公约第 22 条规定,有关联的诉讼案件在不同的缔约国法院起诉时,除第一个受诉法院外,其他法院的诉讼尚在审理时,其他法院可以延期作出决定。

② Lloyd's Rep. 388.

先向法院呈交起诉文书或同等文书，后送达传票，受诉的起算日期为向法院呈交起诉文书或同等文书的日期，原告随后应该采取必要的步骤送达被告，这些步骤主要取决于成员国的国内法；②如果成员国法律规定，先向被告送达，后向法院呈交起诉文书或同等文书，受诉的日期为将有关文件呈递送达当局的日期，而非实际送达日期，原告随后根据法院地法的规定，将有关事件呈交法院。

依据英国法律，令状的签发日期为诉讼开始的时间。① 但是在司法实践中，英格兰法院放弃了以令状发出时间作为法院受诉时间的做法，认为法院受诉的时间应为令状送达的时间。其原因有三：①基于对被告的公平，送达受诉规则有利于保护被告的合法权益；②技术因素，因为发出传票在很大程度上被视为一项行政行为，而不是一项司法行为，而且，大量的诉讼程序是通过送达而不是发出传票开始的；③这一做法在司法审判实践中得到广泛的支持。对此，上诉法院的部分法官认为，以令状送达作为受诉时间存在许多例外。比如，送达后，为了采取临时性救济措施，法院已经在实际上行使管辖权的，不受送达受诉规则的约束。但是，在本案发生之前的一些案例中，上诉法院对送达受诉规则存在例外的观点持消极态度。在对物诉讼中，如果船舶不在法院管辖领域内，法院是无法行使管辖权的，其令状的交付一般是根据原告的推测。在船舶驶入英格兰港口之先发出的令状，法院在发出令状时，并未行使管辖权。依据送达受诉规则，本案的受诉时间不是令状交付的 6 月 25 日，也不是船舶驶入英格兰法院管辖领域内的 7 月 8 日，而是令状送达的 7 月 9 日。

关于受诉法院原则的适用范围问题，有以下几种情况。其一，如果外国法院在英格兰法院受理案件之前就已经作出了判决，则该原则不适用。在此情况下，案件的审理结果是已决的。其涉及的是

---

① 参见 *Dressertuk Limited v. Falcongate Freight Management Limited* [1992] IQB 502 Court of Appeal, 19 July 1991。

外国法院判决的承认与执行问题,与平行诉讼无关。其二,在国际民商事诉讼中,有时会出现原告申请撤诉的情形。在平行诉讼中,如果首先受诉法院裁定允许原告方撤回诉讼请求,第 21 条就失去了适用的条件。平行诉讼要求存在平行的有管辖权的法院,如果首先受诉法院放弃了管辖权,那么后受诉的成员国法院就不应再受第 21 条的约束,可以行使管辖权。其三,如果受诉在先的英格兰法院认为自己是不方便法院而中止案件的审理,那么,另一成员国法院无须根据第 21 条因受诉在后而放弃管辖权。[①] 1982 年《民事管辖权和判例法》第 49 节规定:"本法不应妨碍联合王国的法院根据不方便法院或其他原因而中止、撤销、驳回在本院进行的诉讼,只要这样做不违反 1968 年布鲁塞尔公约。"布鲁塞尔公约规定的行使管辖权规则的约束,是指在成员国之间,不得以不方便法院为由放弃布鲁塞尔公约所规定的被告住所地法院和其他享有特别管辖权、专属管辖权以及协议管辖法院管辖权。但是,对于公约第 21 条、22 条、23 条[②]所确定的管辖权,如果法官认为本国法院为不方便法院,他国法院审理案件更合适,则可以不方便法院为由拒绝受理案件或中止诉讼。例如,原告孟加拉国银行和被告奥地利银行签订了一项制造一台付款机的合同,该机器由两国公司根据合同在各自的国内制造,双方约定该合同受孟加拉国法律支配。1992 年,合同期满,原告在英国对被告提起诉讼,要求其支付超支使用的一笔约 260 万美元的款项。被告对英格兰法院管辖权提出异议,认为英格兰法院在可供选择的法院中是不方便法院,要求其中止审理案件。此案,英格兰的高等法院和上诉法院都认为,对于国际民事诉讼案件,如果英格兰法院认为自己是不方便法院,经过自由裁量可以不受理该案,只要这样做不违反布鲁塞尔公约。本案中,英格兰法院可以行使管辖

---

① 参见 Dicey and Morris, *The Conflict of Laws* (Stevens and Sons Limited, 1993), 12th ed., pp. 400 – 402。
② 布鲁塞尔公约第 23 条规定,属于数个法院有专属管辖权的诉讼,首先受诉法院以外的法院应放弃管辖权,让首先受诉法院审理。

权,但是奥地利法院是方便法院,自己是不方便法院,因而裁定中止审理案件;在英格兰法院中止审理案件的情况下,奥地利法院无须根据第21条因受诉在后而放弃管辖权。①

(二) 不方便法院原则

在英国,不方便法院原则的基本含义为:对于国内法院和国外法院都具有管辖权的国际民事案件,如果国内法院认为,由其行使管辖权非常不方便或对当事人不公平,存在其他较为方便的可替代的外国法院,该法院可以行使自由裁量权,拒绝行使管辖权。适用不方便法院原则的衡量因素之一就是国际民商事诉讼竞合的问题,国际民商事诉讼竞合不能作为中止诉讼的原则独立予以运用。② 如前所述,在处理国际民商事诉讼竞合问题上英格兰法院具有传统的独特的做法。英格兰法院早期并没有采纳不方便法院原则。大西洋之星号一案中③蕾多法官将法院分为自然的法院和非自然的法院,如果是自然的法院,没有充足的理由并不应驳回诉讼;对于非自然的法院,如果被告提出中止诉讼的请求,原告应说明其选择法院的合理依据。一般认为,虽然法院明确否定了英格兰法院适用不方便法院原则,但是该案实质上起到了促进探讨该问题的作用。因此,有人认为英格兰法院从1973年的大西洋之星号案件判决以后改变了态度,引入了"不方便法院原则",在英格兰以外具有更合适的法院时,中止英格兰法院的诉讼。但是,正如莫里斯在《论冲突法》中所指出的那样,上议院否定了利用不方便法院原则处理的请求,肯定了不方便法院原则不是英格兰法的组成部分。也有人认为到1984年阿比厂戴夫号案判决以前,英格兰法院是不适用不方便法院原则的,而在阿比厂戴夫号案中

---

① 参见 Solani Bank v. Bank A. Ustria AG (unreported) Court of Appeal, 15, January 1997.
② 徐伟功:《不方便法院原则在中国的适用》,《政法论坛》2003年第2期。
③ 参见 The Atlantic Star (1974), A. C. 436 (H. L. 1973)。

法院采用了不方便法院原则,并主张英格兰法院应该承认该原则。但是,也有人认为该案判决内容本身并没有脱离英格兰法院一直采取的做法。还有人认为在英格兰法院首次承认不方便法院原则的是1987年的斯比拉达海运公司诉肯萨莱克有限公司案的判决。[1] 虽然观点不同,但有一点是肯定的,历史上英格兰法院并没有选用不方便法院原则,在20世纪70年代后法院倾向不方便法院原则,此方法是现今英格兰法院规制国际民商事诉讼竞合的主要办法之一。

在规制国际民商事诉讼竞合,尤其是解决布鲁塞尔公约成员国之间的诉讼竞合问题时,英格兰法院适用"不方便法院原则"的情况主要有两种。①虽然英格兰法院受诉在先,但是法院认为自己是不方便法院,其他成员国法院审理案件更为合适;②解决与非成员国之间的平行诉讼问题。根据 *Mac Shannon v. Rock Ware Glass Ltd.* (1978) 一案[2]确立的适用标准,平行诉讼作为适用不方便法院原则的考虑因素时,重点在于原告和被告的利益衡量上。如果英格兰法院认为,诉讼可以在外国法院得到更适当的审理,那么,可以决定中止本国的诉讼;但是,如果原告能够证明较外国法院而言,英格兰法院是方便法院,或者英格兰法院可以给他某些特殊的法定优势,则英格兰法院一般不会中止本国诉讼。英格兰法院依据不方便法院原则中止诉讼时有如下规则。①根据诉讼公正原则,被告首先应该向法院证明,存在另一个对案件有管辖权的法院,案件在该法院审理比在英格兰法院审理实际上是更方便或者花费更少费用,法院才会中止诉讼;如果被告不能证明,法院一般不会中止本国诉讼。应当说,不方便法院原则关注的是法院的适当性(appropriateness),[3] 也就是英格兰法律寻找的是解

---

[1] 李浩培:《国际民事诉讼法概论》,法律出版社,1996,第52页。
[2] 参见 *Mac Shannon v. Rock Ware Glass Ltd.* (1978), A. C. 795。
[3] 参见 Wendy Renett, "Forum Non Convenient in European", *Cambridge Law Journal*, 1997, 54 (3)。

决争议的自然法院,即与诉讼有实质性联系的法院。① 自然法院这一概念在英格兰法院中,具有非常重要的意义。一般而言,英格兰法院据此会对案件作出区分;英格兰法院是自然法院的案件和是非自然法院的案件。② 在确定自然法院的标准中明显地考虑了费用因素,自然法院受到重视的主要原因在于以较低费用解决争议的合理性。当然,还有其他考虑因素。这里指的其他考虑的因素包括:产生争议的事实发生地;证据所在地;对证人的便利性;争议的准据法;等等。③ ②如果就被告向法院证明了外国法院作为受诉法院明显更为适当,举证责任转由原告承担。原告需要证明正义原则要求案件在英格兰法院审理。④ 在英格兰法院具有管辖权的前提下,如果原告在别处寻求司法救济是不公正的,则允许原告在英格兰提起诉讼,不论被告在此提出何种有利的理由。在确定此类不公正时,所应考虑的因素是很多的,重点应该在外国法院的歧视和偏见以及诉讼程序的不适当延迟上。⑤ 实际上,在很少的案件中,法官会认为外国法院不能满足标准。③法院在中止诉讼时,往往会附加一些条件,这主要是出于公正原则考虑,如被告同意遵守其他的能保证原告在英格兰法院进行诉讼可享受的合法权益的规定等。⑥

英格兰法院在依据不方便法院原则中止诉讼时,充分考虑了当事人、法院以及与案件相关的诸多因素。不方便法院原则

---

① 蕾多法官将法院区分为自然法院和非自然法院,如果英格兰法院是自然法院,没有充足的理由,不应驳回诉讼;如果英格兰法院是非自然法院,被告提出中止的请求,原告应证明其选择法院的合理依据,经过被告的证明,英格兰法院就不是自然法院。
② 何其生:《非方便法院原则问题研究》,载《诉讼法论丛》第 2 卷,法律出版社,2002,第 423 页。
③ 张茂:《国际民事诉讼中的诉讼竞合问题探讨》,《法学研究》1996 年第 5 期。
④ 徐伟功:《不方便法院原则在中国的运用》,《政法论坛》2003 年第 2 期。
⑤ 博登海默:《法理学-法哲学及其方法》,华夏出版社,1987,第 75 页。
⑥ 胡永庆:《"不方便法院"原则比较研究》,载《诉讼法论丛》第 4 卷,法律出版社,2000,第 158 页。

是从诉讼的适当性出发，对本国法院管辖权进行自我抑制，防止因原告选择不方便法院而产生的对被告的压制，从而影响司法的公正性。同时，不方便法院原则对国际司法协助也存在着非常重要的意义，在国际司法协助的实践中，由一个不方便法院作出的判决往往很难得到有关国家的承认和执行。因此，有人撰文认为，不方便法院原则是"文明司法体制的标志"。[1]

(三) 禁诉命令

在英格兰，禁诉命令是指英格兰法院发布的，指示受法院管辖的一方当事人不得在外国法院起诉或参加正在进行的外国诉讼。在国际民事诉讼中，当事人可以从本国法院和可能对自己有利的法院获得禁诉命令，从而预先阻止在不方便或者具有敌意的外国法院进行诉讼。[2] 禁诉命令的依据是衡平法上的自由裁量权。在英格兰，在国际诉讼竞合问题上是否可以适用禁诉命令最初是有争议的。因为担心此举会影响两国的关系，侵害他国主权，禁诉命令一开始未被使用。如在罗尔诉贝克案（*Gow v. Baker*）中，英格兰法院就没有向意大利法院发出禁诉命令。但从此判决开始英格兰就可否向外国法院发出禁诉命令的问题引起了争论。一直到了1799年，英格兰法院在勃特罗顿勋爵诉索尔比案件（*Lord Portarlington v. Soulby*）判决中对苏格兰法院作出了禁诉命令，并表示禁诉命令的对象是诉讼当事人而非外国法院，衡平法院约束当事人无可厚非，并不侵害外国的主权。因此，我们说，英格兰衡平法院确立以禁诉命令的方式禁止外国诉讼的进行，解决国际诉讼竞合的原则是19世纪初确立的。起初英格兰法院发出禁诉命令是有条件限制的，外国诉讼的当事

---

[1] 参见 *Baltimoe and Ohio Rly Co. v. Repenr* 314 U. Sat. P. 55，转引自李双元等《中国国际私法通论》，法律出版社，1996，第584页。

[2] 参见 Gary B. Bom, *International Civil Litigation in United States Courts*, 3rd ed., 1996, p. 475。

人在英格兰或在英格兰有财产。禁诉命令是向当事人发出的，如果当事人不服，法院可以以侮辱法庭为名给当事人定罪。当事人是法人的可以扣押财产或给其法定代表人定罪。这些强制办法只有当事人在英格兰或在英格兰有财产时才可能实现，否则禁诉命令将失去意义。后来，随着时间的推移，英格兰法院管辖权逐步扩大，发展到现今只要英格兰法院有保护的利益，与英格兰有实质性联系，即使客体不在英格兰管辖区内，也可以发出禁诉命令。

关于在什么样的情况下可以发出禁诉命令或者说禁止命令的发出要考虑哪些因素，从英格兰的判例中可以归结为：事件的同一性，救济方法的完全性，准据法的适用，证人证言的采信，判决的承认与执行等。例如，在伯斯比诉曼迪案[①]中，法院围绕在什么条件下可以向苏格兰法院发出禁诉命令提出的考虑因素是：①两件诉讼必须是关于同一问题的诉讼；②原告在苏格兰法院的诉讼即使胜诉，将来还有提起诉讼的可能性；但是，在英格兰法院的诉讼如果原告胜诉，债权证书就成为无效的，纠纷就可以得到终局性解决；③案件的准据法为英格兰法律；④在苏格兰重要证人的证言并非强制而取得的，案件事实的确定非常困难；⑤苏格兰法院的判决将得不到英格兰的承认。

当然，在英格兰法院的司法实践中，可以发出禁诉命令的情形还有：①外国法院是不方便法院，对方当事人不合理地在外国提起诉讼；②对方当事人违反管辖协议或仲裁协议等。

在英格兰法院请求发出禁诉命令的证明规则如下。①由请求禁诉命令的被告向法院证明，外国受诉法院并非自然法院，另外有管辖权的法院审理当事人间的争议实质上是更方便的或者是花费更少费用的。②被告需要进一步证明，在外国法院继续进行诉

---

① 参见 *Bushby v. Munday* (1821) 5 Madd. 297, 56 Eng. Rep. 908 (ch)，转引自李旺《国际诉讼竞合》，中国政法大学出版社，2002，第88页。

讼对被告具有纠缠性和迫害性（vexatious and oppressive）。① 在英国，关于诉讼的纠缠性和迫害性标准是在 St. Pierre v. South American Store Ltd. (1936)② 案件中确立的。诉讼理论的根据在于诉讼的公正性，纠缠性和迫害性是公正原则引申的具体标准。司法实践中，纠缠性和迫害性是收缩性很强的弹性条款，迫害性是指强者为了限制弱者行使正当的权利而不正当地行使权利。纠缠性是指本来不应该是诉讼当事人的人提起诉讼。③ 纠缠性和迫害性不是成文法的规定，应该由法官加以自由裁量。③在被告证明了上述两个方面之后，证明责任转由原告承担。原告需要说明在外国起诉的合理根据，即禁止该诉讼会剥夺其在该国法院诉讼将能得到的正当的个人或审判上的利益。④ 如果原告能证明受诉的外国法院可以给他某些特殊的、在本国无法获得的法定优势，则英格兰法院一般不会发布禁诉命令。从英格兰法院的司法实践上看，尽管禁诉命令不直接针对外国法院，但英格兰法院也很少发布禁诉命令。多数法院认为，禁诉命令实质上限制了外国法院行使管辖权的能力，涉及外国的司法主权，而且由于布鲁塞尔公约已经建立了一套对各成员国有约束力的管辖权分配体系，因此，英格兰法院在行使上述权利时，是比较慎重的。

在英格兰法院，解决国际诉讼竞合问题，不仅存在上述制度和方法，其法院还可以要求原告选择管辖法院，如果原告选择了英格兰法院，则其应撤回在外国的诉讼；如果原告选择了外国法院，则英格兰法院会中止本国的诉讼。

此外，还有一个需要说明的问题是苏格兰法院关于规制国际诉讼竞合的法律制度和司法实践。苏格兰法院国际诉讼竞合的法律规制手段主要是"不方便法院原则"。法学史上有人认为该制度

---

① 李旺：《国际诉讼竞合》，中国政法大学出版社，2002，第82页。
② 参见 St. Pierre v. South American Store Ltd. (1936) I. K. B. 382 (C. A. 1935)。
③ 戴西、莫里斯：《论冲突法》（中译本），中国大百科全书出版社，1998，第369页。
④ 莫里斯：《法律冲突法》，中国对外翻译出版公司，1990，第96页。

最早起源于苏格兰。① 苏格兰法上称这项制度为"无管辖权法院"。苏格兰法院适用不方便法院原则的标准为：①存在具有管辖权的其他法院；②其他法院从所有的当事人的利益和正义出发，进行审理更为合适。上述举证责任均由提出不方便法院原则的被告承担。适用不方便法院原则的结果是驳回诉讼或中止诉讼。

从上述情况看，英国法院解决国际诉讼竞合的方法比较系统，各种制度在实际运作中也都各有所侧重。但是英国法院在解决国际诉讼竞合问题上也存在着缺陷：利益权衡完全由法官自行决定，缺乏统一标准，过分依赖法官的主观判断，易产生司法擅权的问题，等等。

第三节 大陆法系国家之一——日本

日本的民事诉讼制度是比较独特的，一方面，它是在19世纪以德国法为蓝本建立的；另一方面，在第二次世界大战之后，其在美国法的影响下，进行了重大改革。因此，现行的日本民事诉讼制度是以来自德国法的要素为主干，同时具有很多美国法要素的混合体。

一 管辖权的概论和相关的法律规定

在日本，决定国际民事诉讼管辖权的要素大体可分为三种：生活和经济活动的地点、证据方法的集中地，判决的实效性；国籍、本国国民的保护；预测可能性。② 即如果当事人可以预见在日本进行诉讼，日本法院行使管辖权并无不当。有关民事诉讼的管辖权，日本法律界有五种学说。①国内民事诉讼法的双重机能。日本的民事诉讼法虽然有属地管辖的规定，但没有与此相关的国际民事诉讼管辖权的规定，同时也没有明确这些适用于国内的管

---

① 李旺：《国际诉讼竞合》，中国政法大学出版社，2002，第109页。
② 泽木敬郎、青山善充编《国际民事诉讼法理论》，有斐阁，1987，第32页。

辖权规定，是否适用于国际民事诉讼。因此，在这种状态下，特别是从国际民事诉讼管辖权确立的实例上看，有的日本学者认为日本民事诉讼法的属地管辖规定具有二重机能。也就是说，它既适用于国内诉讼，也适用于国际民事诉讼。②逆推知说。其是指通过有关国内审判管辖权的规定来推知国际民事诉讼管辖权。如侵权行为地在日本东京，此时，根据《日本民事诉讼法》第 15 条的规定，在国内民事诉讼上东京法院具有管辖权，那么，在国际民事诉讼上日本有管辖权。③利益权衡说。此与逆推知说相对立。此学说分为两种，一种观点是日本著名的国际私法学家石黑一宪教授提出的。他主张根据管辖原因事实集中在日本的多少来判断日本是否具有管辖权。另一种观点主张离开民事诉讼法的规定，根据构成每个案件的具体管辖原因要素的集中，并与其他国家进行比较，从有利于被告的应诉和原告的诉讼活动的角度出发而确定由哪国法院行使管辖权。④管辖分配说。此是指本着公平、合理、经济、迅速的观念，在世界范围内来分配管辖权，只有案件与本国有密切的联系时，方可行使管辖权。此学说是现今日本国际私法界的主流主张。此学说的根据在于日本现不存在直接规定国际民事诉讼管辖权法律规定，有关条约也没有确立普遍承认的明确的国际法上的原则，从期望当事人之间审判的公平、正确、迅速的观念出发，根据法律原则来决定日本是否具有管辖权。⑤新类型说。该学说由日本道恒内教授所主张，其含义为国际民事诉讼管辖权的内容独立于国内民事诉讼法的规定，根据案件的类型制定独立的国际管辖权的规定，从而决定在什么情况下日本法院具有管辖权。这种规则的建立并不排除在特定情况之下适用例外规定的可能性，使一些情况特殊的案件得到合理解决。

　　日本关于诉讼竞合的法律规定。从日本的民事诉讼法上看，其是明令禁止平行诉讼的。《日本民事诉讼法》第 231 条规定："就同一案件，任何一方当事人不得向其他法院再提起诉讼。"日本之所以制定这条规定，是因为其立法者认为，平行诉讼无端地浪费当事人和法院的时间、人力以及金钱；会导致判决的矛盾与冲突；不利于保护权利和解决纠纷；并有损于法院权威。① 这样，相同当事人之间基于同一事实的诉讼，被告可以提出诉讼系属的抗辩。在日本，诉讼系属其他法院时，成为第二诉讼的诉讼障碍（消极的诉讼要件），法院依据职权调查其存在及成立与否。②

但是，综观日本的立法原则和现实运用，《日本民事诉讼法》第231条从立法本意和调整的范围来讲，其只是关于国内民事诉讼的规定。在日本法律上，除此之外，有关国际民商事诉讼竞合问题无明确的立法规定。而且，日本的判例和学说多数都认为《日本民事诉讼法》第231条的规定不适用于国际民事诉讼。因此，可以说日本在关于国际民商事诉讼竞合问题上不存在成文法的规定。

二 司法实践中的法律规制

虽然《日本民事诉讼法》在法律条文上对国际民商事诉讼竞合没有成文法的规定，但随着国际民事诉讼竞合问题的出现，日本国法院在处理国际民商事诉讼竞合问题产生了不同的方法。日本从20世纪50年代开始出现涉及国际民商事诉讼竞合问题的案件。对于早期的案件，日本法院大多采取放任诉讼竞合的做法，即在外国诉讼的案件，日本法院仍然可以受理，关西铁工案件就是典型的例证。进入20世纪80年代以后，日本法院改变了这一做法，开始对国际民商事诉讼竞合案件进行法律规制。

（一）日本法院在司法实践中准许国际诉讼竞合的存在

日本法院认为，《日本民事诉讼法》第231条的"法院"仅

---

① 参见 Tadaaki Hattorl & Dan F. Henderson, Civil Procedure in Japan, §406 [5], 1985。

② 秋元佐一郎：《国际民事诉讼法论》，国书刊行会，1994，第517页。

指日本法院，对外国法院则排除适用。1989年6月，日本东京地区法院在 Shinagawa Hakarenga 一案的判决中认为，"尽管被告人声称本诉系国际平行诉讼中的后一个诉讼，故本诉应予以驳回，但是这一辩称不被支持。因为《日本民事诉讼法》第231条中的'法院'一词不包括外国法院。同时，也没有司法实践及合理的推断禁止平行诉讼的存在"。[1] 而在 Migak oshi Kikok. k 诉 Gould Inc. 一案的判决中，日本东京地区法院更加系统地表述了这个观点。这个案件中，美国 Delaware 一家公司以两家日本公司和一家法国公司为被告，在美国联邦地区法院提起诉讼，其认为被告有不正当竞争、窃取商业秘密的行为。开庭时，其中一名日本被告未在美国联邦地区法院出庭。其同时在日本法院提起了对抗诉讼，要求获得一个镜像宣告或判决（a mirror image declaratory judgment）。随即，美国 Delaware 的这家公司提出，根据《日本民事诉讼法》第231条的规定，法院应依据这个禁止平行诉讼的规定，驳回原告的起诉。对此，东京地区法院认为如下。①由于《日本民事诉讼法》第231条中的"法院"系指日本法院而不包括外国法院，因此，《日本民事诉讼法》第231条并不禁止与外国法院相关的平行诉讼。②在当今这个国家具有独立主权的世界上，由于不存在统一国际管辖权移送制度，在这方面也没有可被普遍接受的准则，因此，一味遵从外国法院的诉讼不太合适。③在当今这个充满跨国贸易的世界上，总忽视国际平行诉讼的存在也不合适。④充分考虑《日本民事诉讼法》第200条——关于外国判决的承认与执行——的精神，当（a）可以有充分的理由确定在外国进行的诉讼能够作出最终的、不可撤销的判决，和（b）该判决将被日本承认时，允许对平行诉讼实行干预并控制后一个诉讼以防止判决的冲突，保证当事人之间的衡平，保证民事诉讼的公平、迅速和司法经济。最后，法院认为，鉴于本案

---

[1] 徐卉：《国际民商事平行诉讼研究》，载《诉讼法论丛》第1卷，法律出版社，1998，第318页。

目前所处的阶段，很难预测（a）联邦法院所进行的诉讼是否能够依据案件的是非曲直作出最终判决，以及此最终判决是否为不可撤销的，和（b）美国的判决是否会满足《日本民事诉讼法》第 200 条的规定，能够为日本法院所承认。基于对这些因素的综合考虑，日本东京地区法院驳回被告要求依《日本民事诉讼法》第 231 条规定驳回起诉的请求。①

（二）对国际诉讼竞合的法律规制

日本法院对国际诉讼竞合问题的法律规制主要是运用分析的方法，对国际诉讼竞合的负面效果与合法动机进行平衡分析。此方法目前为大多数日本法院所采纳，其中比较典型的案例是 Mazaki Bussan 一案。此案的简要案情如下所述。一名美国公民在加利福尼亚州以 Mazaki Bussan 和 Nanka Seimen 为共同被告提起一产品责任的诉讼，Nanka Seimen 是一美国经销商，该公司继而又在美国法院起诉日本制造商 Mazaki Bussan 要求赔偿。Mazaki Bussan 在东京地区法院提起对抗诉讼，要求法院作出一个镜像宣告式的判决。Nanka Seimen 以法院缺乏管辖权为由，要求法院驳回原告的起诉。日本东京地区法院认为，Nanka Seimen 的请求与在美国的产品责任之诉案密切相关，因此，根据《日本民事诉讼法》第 15 条的规定，② 因瑕疵产品的生产地在日本，故东京地区法院对此案有管辖权。东京地区法院依据公正、公平和迅速审判的原则认为：①Nanka Seimen 的索赔请求有赖于美国产品责任之诉讼结果；②由于美国法院所进行的诉讼首先提起，并且已进行了许多证据收集工作，同时，由于大多数证据在美国，因此，美国法院较日本法院而言，是一个更方便的法院；③Mazaki Bussan 应当在美国提起索赔之诉，因为 Nanka Seimen 没有理由在日本被诉。基于以上理

---

① 徐卉：《国际民商事平行诉讼研究》，载《诉讼法论丛》第 1 卷，法律出版社，1998，第 319 页。
② 《日本民事诉讼法》第 15 条："关于侵权责任之诉得由侵权行为地法院审理"。

由，法院认为，本案在美国审理更合乎逻辑。后来，日本东京地区法院又进一步对 Mazaki Bussan 提起对抗诉讼的动机进行考察，法院认为 Mazaki Bussan 提起对抗诉讼是为了逃避美国法院依据严格产品责任标准而作出的判决，并希望在日本获得一个相对较为有利的判决，因此，法院如果准许这样的诉讼进行，那么有可能产生三种结果：①破坏民事诉讼法中关于承认外国判决的立法意图；②阻碍对受害人应有的损害赔偿；③根据互惠原则，最终会导致日本判决在外国得不到承认。①

在真崎物产案件②中日本法院对上述原则进行了较为全面的诠释。此案原告真崎物产株式会社为日本法人，被告 A 公司是美国法人，真崎物产株式会社向另一美国法人 B 销售了制面机器。在该销售过程中 A 公司代替真崎物产株式会社进行了部分工作，如接收货款预算表等。B 的职工 C 在使用此机器时出现了切断手指的事故，C 在美国加利福尼亚州法院提起诉讼，主张事故是由于制面机的设计和制造上存在缺陷以及没有安全指导所引起的，要求被告真崎物产株式会社和 A 公司给予损害赔偿。同时被告 A 公司也在美国提起了诉讼，要求法院判决如果 A 公司在美国前诉中败诉，可以向真崎物产株式会社追偿。真崎物产株式会社在日本法院提起了诉讼，要求法院确认其与 C 之间不存在基于产品责任的损害赔偿债务，并且确认其与 A 公司之间，即使 A 公司败诉，也不存在侵权追偿。关于真崎物产株式会社与 C 之间的关系，因为 C 未到庭，真崎物产株式会社胜诉。真崎物产株式会社以该胜诉为依据，认为即使在美国诉讼中其败诉，其判决在日本也得不到承认和执行，所以明确向美国法院表示不参加美国诉讼，结果，美国法院判决真崎物产株式会社败诉。就日本法院对此案是否具有管辖权问题，日本法院认为，由于被告 A 公司是美国法人，所以审理该案前应该确定日本法院是否具有管辖权。日

---

① 参见 Judgment of Jan. 29. 1991 （*Mazaki Bussan. K. K. v. Nanka Seimen Co.*）35。
② 日本国《判例时报》第 1390 号，第 98 页。

本法院有无管辖权,因不存在具体明确的法规和条约,也不存在已经确定的国际法原则,以当事人之间的公平、审判的合适迅速为原则,按照《日本民事诉讼法》的相关规定,只要没有特殊情况,就应认为日本法院具有管辖权。所谓特殊情况,① 应根据国际裁判管辖权决定的妥当与否加以判断。具体内容如下。①关于被告所在地。被告为外国法人,在日本也没有营业场所,所以,日本一般没有管辖权。②关于侵权行为地。本案是关于产品责任的损害赔偿诉讼,是一种侵权行为。该产品的制造地为日本,所以侵权行为地的管辖权在日本。③在依据侵权行为地实施管辖后,还要看以此为依据确定日本具有管辖权是否违背法律原则。换句话说,是否具有否定日本管辖权的"特殊情况"。对日本法院行使管辖权是否符合法律原则问题,该法院认为如下。①原告在日本法院提起诉讼是以被告在美国的第一个诉讼中败诉

---

① 此处所述的特殊情况在日本法院是对日本国际民商事管辖权的一种拘束原则。日本最高法院在1981年的马来西亚航空公司一案的判决中认为,关于涉外民事管辖权的一般规则如下。①在日本,没有明确的关于国际民商事管辖权的制定法规定。②国际民商事管辖权的行使应当依据保证公平对待当事人、适当及迅速审判的公正原则而定。③尽管由《日本民事诉讼法》所规定的本国法院之间分配审判地的规定没有涉及国际管辖权本身,但是,它们被认为在原则上反映了上述原则。因此,在任何一个日本法院根据《日本民事诉讼法》具有管辖权时,被告通常应当接受日本法院的管辖。④但是,如果考虑到在个案中的特殊情况,认定上述法院与公正原则相悖,则该结论必须被推翻。特殊情况原则与不方便法院原则极为相似。但二者是有区别的,其区别在于以下方面。①适用不方便法院原则的一个重要前提是存在其他更适当的法院,如果没有其他更适当的法院,法院是不能拒绝诉讼的;特殊情况原则则不以其他更适当法院的存在为前提。法院只是根据特殊情况,决定日本法院是否行使管辖权,没有必要考虑其他更适当法院的问题。②不方便法院原则是具有自由裁量性质的原则,在英、美等国,法院具有极为广泛的自由裁量权来拒绝或中止诉讼。尤其是在美国,法院还可以附条件地拒绝诉讼。日本法院不享有自由裁量权,《日本民事诉讼法》规定,处于自然灾害或由于当事人患病或与此类似的情况使得诉讼成为不可能时,法院可以在此种场合下中止诉讼。除此之外,日本法院在处理管辖权问题上的选择只有两种,要么行使管辖权,要么驳回诉讼。因此,在适用特殊情况原则时法院只能驳回诉讼,而不能中止诉讼,从这个意义上讲,日本法院在适用特殊情况原则时,没有自由裁量权。

为前提的，所以是附有停止条件的请求权。如果被告在美国第一个诉讼中胜诉，就不会发生本案的请求权，日本法院的审理就是徒劳无益的。原告在日本法院提起诉讼意在通过日本法院的胜诉判决，阻止美国第二个诉讼中真崎物产株式会社败诉判决在日本的执行。本案原告为了防止美国第二个诉讼中的败诉判决在日本的执行，从而在日本起诉，其做法在世界各国关于产品责任的法律和判例大不相同的情况下是不得已的，但是，如果无限地放任，就可能影响到日本关于外国法院判决的承认和执行制度，被害者的救济就变得困难。从互惠原则来看，可能出现日本法院的判决在美国得不到承认和执行的状况。在本案中，因为本诉讼与美国的第一个诉讼的结果相关联，美国法院行使管辖权是合适的。②关于当事人之间的法律关系，美国法院已经在先审理，当事人之间交换了意见，在一定程度上进行了证据收集工作，因此，美国法院诉讼是方便的。③本案的证据大多在美国国内，美国法院的审理较为方便。④本案的日本原告在美国没有营业所、财产和关联企业，美国被告在日本没有营业所、财产和关联企业，所以，在对方国家诉讼都存在负担过重的问题。但是，原告已将自己的产品销往美国并获得经济效益，因此原告就应该预测将来在美国法院被提起产品质量责任诉讼的可能性。而美国被告根本就不能预测围绕此案会在日本法院遭到起诉，所以该被告在日本国内应诉有失公平。从以上的分析可以看出，日本法院行使管辖权违反法律原则。因此，日本法院驳回了原告真崎物产株式会社的请求。

从上述情况看，日本没有关于规制国际诉讼竞合的法律规定，实践中也未形成一个固定的类似于英、美等国法院解决诉讼竞合问题的方法。这表现了一个没有现代法律传统的国家，在当今接受不同法律体系所表现出来的徘徊。①

---

① 李旺：《国际诉讼竞合》，中国政法大学出版社，2002，第202页。

第四节 大陆法系其他国家

一 法国法系国家

法国法系国家是以法国为代表,深受《法国民法典》影响,以国籍原则作为确定国际民事管辖权的基本原则的那些国家,主要有法国、比利时、卢森堡、意大利、西班牙、荷兰等。①

(一) 法国

法国法主要在新民事诉讼法典中对国内案件诉讼竞合做了规定。法国 1976 年 1 月 1 日开始实行的新的《民事诉讼法》第 100 条规定:"如同一争议系属于两个同级法院,如果一方当事人提出请求,则后受理案件的法院应当放弃管辖,由另一法院管辖本案;当事人无此请求时,后受理案件的法院得依职权为之。"② 但是,法国法院的主旨是服务本国人,而不是服务外国人,长久以来,在国际诉讼中,即便存在有管辖权的外国法院先受诉,后受诉的法国法院也不会为支持外国诉讼而中止内国诉讼。③

法国法院原来并不承认平行诉讼,理由是不同国家间没有共同的上级法院可以对管辖权作出裁定。但是在 1974 年,法国最高法院第一民事庭在判决中第一次采纳了外国法院判决承认条件理论,在"外国法院的判决达到法国法院承认的条件"时,接受外国法院针对诉讼管辖权作出的抗辩,中止本国法院对案件的审理。

《法国民法典》第 14、15 条规定了有关国际民事案件法国法

---

① 林欣、李琼英:《国际私法理论诸问题研究》,中国人民大学出版社,1996,第 91 页。
② 《法国新民事诉讼法典》,罗结珍译,中国法制出版社,1999,第 24 页。
③ 马丁·沃尔夫:《国际私法》,李浩培、汤宗舜译,法律出版社,1988,第 93 页。

院的管辖权。第 14 条规定:"不居住在法国的外国人,曾在法国与法国人订立契约者,由此契约所生债务的履行问题,得由法国法院受理,其曾在外国订约对法国人负有债务时,亦得被移送法国法院受理。"第 15 条规定:"法国人在外国订约所负的债务,即使对方为外国人时,得由法国法院受理。"可见,法国法院对当事人为法国人的案件享有专属管辖权。在下列三种情况下法国法院没有直接国际裁判管辖权:①位于国外的不动产物权诉讼;②位于国外的不动产遗产分割诉讼;③位于国外的对于实施的执行方法的诉讼。① 但此规定很大程度上否定了国际民商事诉讼竞合的存在,偏重保护法国人的利益,缺乏国际协调精神。法国的学术界是主张承认和尊重国际民商事诉讼竞合的。可见,从公平、合理、有效率地在国际范围内划分管辖权的角度出发,从对案件行使管辖权最合适的角度出发,《法国民法典》第 14 条和第 15 条的规定值得商榷,特别是法国法院将其解释为专属管辖就更为不妥。② 1974 年 11 月 26 日法国最高法院第一民事庭判决表明,在有管辖权的外国法院已经开始诉讼的,法国法院接受诉讼抗辩。但是,只有外国法院的判决被法国承认时,法国法院可以停止本国的诉讼程序。法国最高法院第一次采纳外国法院判决的过程中,承认预期理论具有重要意义。该理论的基础为英国法学家戴西提出的既得权理论,即除与公共政策、国家主权相抵触外,应保障涉外法律关系的稳定性,对于依据外国法已经设定的权利,应获得承认与保护。但是,法国最高法院关于国际民商事诉讼竞合规制问题的处理态度极不稳定。1997 年的两项判决中,最高法院并没有采用 1974 年判决中确立的原则,而是以本国法规定的排他性为由,通过确认自己的管辖权来排斥外国法院的管

---

① 李浩培:《国际民事程序法概论》,法律出版社,1996,第 50 页。
② 肖凯:《国际民事诉讼中未决诉讼问题比较研究》,载《中国国际私法与比较法年刊》(第 4 卷),法律出版社,2001,第 482 页。

辖权。①

（二）意大利

意大利关于国际民商事诉讼竞合的处理非常典型。仅就意大利国内立法而言，其是放任国际民商事诉讼竞合的。不过由于意大利与一些国家缔结了一些国际条约，放任国际民商事诉讼竞合存在的原则受到了一定的限制。

意大利《民事诉讼法》第 3 条规定："意大利的裁判管辖权不因同一或关系事件已在外国法院起诉而被排除。"由此可见，意大利对国际民商事诉讼竞合是持放任态度的。但是，由于法国法系这种不问事件是否已经系属外国法院的事实，以内国诉讼优先的做法已经不能适应当今的社会现实，同法国一样，意大利也改变了传统的法国法系国家不限制国际民商事诉讼竞合的做法。在1955 年的《国际私法制度改革方案》中，意大利以将来承认、执行外国法院判决的可能性作为规范国际民商事诉讼竞合的条件。该改革方案第 7 条（未决诉讼）规定："①当在一项诉讼中提出了涉及相同当事人之间相同标的及相同权利的未决诉讼抗辩，意大利法院如认为外国法院的判决可能在意大利法律制度中产生效力，则可以中止本院诉讼。如果外国法院拒绝管辖或该外国判决依意大利法律未获承认，意大利应有关当事人的请求可继续进行诉讼。②未决诉讼的条件应根据诉讼提起地国家法律确定。③如果意大利法院一项诉讼的结果取决于在外国法院进行的未决诉讼的结果，意大利法院若认为该外国判决可能在意大利法律制度上产生效力，则可以中止本国诉讼。"意大利与法国 1930 年签订的条约第 19 条第 1 款规定："在一方缔约国提起诉讼或在另一方缔约国已经起诉的相同当事人之间的其他诉讼相关联时，以另一方缔约国依照本章的规定具有管辖权为条件，根据当事人一方的请求，缔约国必

---

① 栗烟涛：《法国法院在重复诉讼中的管辖权》，《法国研究》2000 年第 2 期。

须放弃诉讼案件。"在1936年与德国签订的双边条款第11条规定："根据本公约的规定具有管辖权的其他国家法院已经受理的案件,各缔约国法院根据当事人的申请,可以拒绝下达判决。"此外,在意大利与瑞士、荷兰签订的双边条约以及参加的布鲁塞尔公约中均有与此相似的限制性规定。

(三) 荷兰

荷兰法院在国际民商事诉讼竞合问题上通常采取如下办法来处理。①荷兰缔结或参加的国际条约有规定的,按照条约的规定处理。如欧盟通过的布鲁塞尔公约,该公约于1973年2月对荷兰生效。按照该公约21条的规定,在其他缔约国法院对相同当事人之间就同一诉讼标的的诉讼已作出判决或者正在进行审理时,荷兰法院一般不行使管辖权。②在没有国际条约的情况下,荷兰法律规定,荷兰法院没有义务对已在外国进行的诉讼拒绝行使管辖权。1989年,荷兰最高法院在处理一起由瑞士法院首先受理的一起相同事实、相同目的案件中,由于其时荷兰与瑞士之间没有缔结双边司法协助条约,荷兰法院受理了该案。①

二 德国法系国家

德国法系国家(亦称日耳曼法系国家),是以被告住所地作为确定法院管辖权基本原则的国家。这些国家主要有德国、瑞士、奥地利、希腊、列支敦士登等。

(一) 德国

德国规制国际民商事诉讼竞合所采用的方法是以外国法院的先诉判决是否能得到德国法院的承认为条件来判断应否中止本国诉讼。德国法院在处理国际民商事诉讼竞合问题时一般适用或类

---

① 袁泉:《荷兰国际私法研究》,法律出版社,2000,第100页。

推适用该国《民事诉讼法》第 261 条的规定，同时加上外国法院判决承认的条件。德国《民事诉讼法》第 261 条规定，诉讼案件起诉即发生诉讼系属。在诉讼过程中才提出的请求，如该请求是于言词辩论中提起的，也发生诉讼系属；或者在符合第 253 条第 2 款第 2 项①所规定的条件的书状被送达时，发生诉讼系属。诉讼系属具有如下效力：①诉讼系属期间，当事人双方都不能使该诉讼案件另行发生系属关系；②受诉法院的管辖不因决定管辖的情况有变动而受影响。② 对于国际诉讼竞合，法律没有明文规定，实践中类推适用《民事诉讼法》第 261 条第 3 款第 1 项的规定。在国际民事商事诉讼案件中，如果本国法院是先受诉法院，那么在外国提起的第二个诉讼将得不到承认。如果本国法院是后受诉法院，那么本国法院将依据外国法院判决承认预期理论中止在本国的诉讼。根据承认预期理论，如果外国法院能够形成日后为德国所承认的判决，本国法院将会据此拒绝行使管辖权。德国法院承认外国诉讼的效力一般是驳回诉讼。但是本国法院驳回起诉后，在外国诉讼中，当事人可能由于一些不可预见的原因而无法获得外国判决。如果一味驳回本国法院的诉讼，不利于保护当事人的利益，因此，德国法院近年来在实践中倾向于中止本国诉讼。一旦承认预期为肯定，德国法官不得继续本国诉讼而无视受诉在先的外国诉讼。对于外国法院过分延期作出判决的问题，德国法律认为，如果外国法院所提供的法律保护因其不正当的过长的诉讼程序而得不到保障，这足以导致停止适用承认预期规则。因此，如果外国法院过长延期作出判决，那么结果将是本国法院继续行使管辖。③

---

① 该规定为："诉讼应记明下列要点：……2. 提出的请求的标的与原因，以及一定的申请……"引自《德意志联邦共和国民事诉讼法》，谢怀栻译，中国法制出版社，2001，第 61 页。
② 《德意志联邦共和国民事诉讼法》，谢怀栻译，中国法制出版社，2001，第 63 页。
③ 侯宁：《内地与港澳地区区际民商事平行诉讼问题研究》，硕士学位论文，武汉大学法学院，2004。

承认预期理论遵循先诉法院优先原则，将限制国际民商事诉讼竞合与判决的承认和执行制度相连，使管辖权的行使与判决的国际执行相衔接，具有一定的合理性。因此，法院判决的承认和执行是国际民事诉讼程序中最关键的阶段，是整个国际民事诉讼程序的归宿。如果某一法院在有关国际民事诉讼中依法作出的判决得不到承认与执行，进行的诉讼程序也就失去了意义。当事人花费大量的时间、金钱、精力进行诉讼，所追求的最终目标是对其有利的法院判决的承认与执行，而不是为了亲身体验某国的诉讼程序。但是，如果在国际民商事诉讼竞合的情况下出现相互矛盾的判决，将大大影响判决的承认与执行，致使当事人的利益不能实现。承认预期理论将关注的重点放在避免矛盾判决的相互冲突上，为法院判决的承认与执行扫清了一大障碍，这是该理论的一个优点。但是该理论也不是尽善尽美，在通常情况下，一个法院提出预见另一个法院所作出的判决是否能在本国得到承认和执行，即使是依据本国的法律，仍旧是有一定的难度的，这种理论的实际操作性比较差。另外，承认预期理论对于解决国际民商事诉讼竞合所起的作用也是有限的。因为它仅仅是一种自我抑制措施，无法禁止当事人继续在外国诉讼。

因此，就德国而言，对诉讼竞合问题的处理，如果本国法院是首先受诉的法院，那在他国法院提起基于同一案由的第二个诉讼就不会被本国法院承认。如果本国法院是非先受诉法院，那本国法院就会按照承认预期理论来中止案件在本国的审理。德国采用承认预期规则对内国法院与他国法院的诉讼竞合问题进行处理，以他国法院作出的先诉判决在内国法院是否能够获得认可为前提来决定是否中止案件在本国的审理。按照承认预期规则，如果他国法院所作出的先诉判决能保证可以得到德国法院承认，那么本国法院就不会再对该案件进行管辖。在司法实践中，德国的判例基本上一贯坚持将内国未决诉讼的规定类推适用到国际管辖权方面,并且与《民事诉讼法》中相关制度结合起来对国际诉讼竞合问题进行规制,即已经在外国法院提起诉讼的案件,如果他国法院可以保证德国法院将会承认和执行它所作出的判决,德国法院通常也会承认他国法院对案件的管辖而排除本国法院的管辖。德国法院通常综合适用首先受诉原则与承认预期理论来对诉讼竞合问题进行规制。

(二) 瑞士

瑞士关于国际民商事诉讼竞合法律规制的办法从整体上看,与德国在实践中的做法基本一致,即以外国法院判决的承认为条件而规制本国的诉讼。例如,一对夫妻提起离婚诉讼,一方在法国提起离婚诉讼,而另一方在瑞士提起离婚诉讼,瑞士法院根据瑞士与法国之间签订的相互承认判决的条约,认为法国法院的判决将能够得到瑞士的承认,从而规制了瑞士的诉讼。[①] 1987 年瑞士《联邦国际私法》[②] 第 9 条对国际民商事诉讼竞合问题作了明确规定:①如果相同当事人之间就同一诉讼标的已经在国外提起诉讼且尚未判决的,如果可预见外国法院在合理期限内即可作出一项能够在瑞士得到承认和执行的判决的,瑞士法院即应中止诉讼;②就在瑞士提起诉讼的而言,与诉讼相关的行为具有决定性,如发出调解的传唤即是与诉讼相关的行为;③能在瑞士得到承认的外国判决一经呈递于瑞士法院,该瑞士法院即应驳回该诉讼。从这个规定上看,向瑞士法院提起诉讼的案件,起诉的日期对于案件程序具有十分重要的意义,瑞士法院一旦收到由外国法院作出的判决,即可终止该案件的审理,只不过前提条件是该判决能够得到瑞士法院的承认和执行。

[①] 海老泽:《外国法院的诉讼分属和双重起诉的禁止》,《青山法学文集》第 8 卷第 4 号,1967。

[②] 瑞士《联邦国际私法》于 1987 年 12 月 18 日通过,1989 年 1 月 1 日施行。

第五节 规制国际民商事诉讼竞合的不同法律制度

一 不方便法院原则

(一) 不方便法院原则的概念

由于各国具体国情、政治经济制度、时代背景、归纳角度等不同,对不方便法院原则的定义也有所不同,主要有以下几种学说。

1. 便利说

此种观点倾向于从审理案件的便利程度来定义不方便法院原则。这主要是早期学者观点。如《美国冲突法第二次重述》将不方便法院原则定义为:一国法院认为其管辖某案件不方便且由其他有管辖权的外国法院审理更方便,该法院将放弃行使管辖权。

美国学者布莱尔(Paxton Blair)认为:不方便法院原则是指法院对案件有管辖权,但综合考虑当事人的便利和正义的目的等因素,该法院不行使管辖权的一种普通法理论。① 这是从当事人诉讼是否便利的角度来定义不方便法院原则。

2. 适合说

随着时代的发展,不方便法院原则不断得到发展,适用该原则不仅要考虑受诉法院审理是否方便,还要考虑是否有更适合的法院代替管辖。美国著名的国际民事诉讼法学家鲍恩(Gary B. Born)认为,不方便法院原则是指在有更适合行使管辖权的外国法院存在时,本国法院可以放弃行使管辖权的一种普通法理论。英国学者戚希尔(Cheshire)和弗塞特(Fawcett)认为,存在其他

---

① Paxton Blair, "The Doctrine of Forum Non Conveniens in An-American Law", *Colum. L. Rev.* 10929.

有管辖权且更适合审判案件的法院时，根据不方便法院原则英国法院可以终止诉讼。①

笔者认为，相较于便利说，不方便法院原则的定义更应采用适合说理论，即便受诉法院审理极为不便，如若没有更适合的有管辖权的法院，受诉法院不能拒绝行使管辖权，以保障原告的诉讼权利。采用适合说理论定义不方便法院原则体现了诉讼公正的目的。

3. 申请说

该学说认为法院采用不方便法院原则的前提条件是被告提出申请。我国学者林欣、李琼英认为，不方便法院原则是指在涉外民事诉讼中，当原告向某国法院提起诉讼后，若被告认为，他在该国应诉得不到公正对待，于是他就以该国法院为不方便法院为理由，要求中止诉讼。② 由中国国际私法学会编制的《中华人民共和国国际私法示范法》也采用了这种定义方法。该法第 51 条规定："对本法规定中华人民共和国法院享有管辖权的诉讼，如中华人民共和国法院认为实际行使管辖权对当事人及案件的审理均极不方便，且有其他法院对该诉讼的审理更为方便时，经被告申请，可以决定不行使管辖权。"③ 可见从当事人的角度出发，不方便法院原则的适用是由被告申请引起的，在被告未提出该申请时，法院就不能主动依职权适用。

4. 自由裁量说

不同于上述观点，从受诉法院角度出发，我国法官凌祁漫认为不方便法院原则是指受诉法院认为其受理的某一涉外民事案件在外国法院进行诉讼，对当事人更为方便和公正时，可以拒绝或

---

① 参见 Northand Fawcett, *Cheshire and North's Private International Law* 223（12th ed. 1992）。
② 林欣、李琼英：《国际私法理论问题研究》，中国人民大学出版社，1986，第 92 页。
③ 中国国际私法学会：《中华人民共和国国际私法示范法》，法律出版社，2000，第 13~14 页。

放弃行使管辖权,从而促使当事人在另一个更为方便的法院进行诉讼的制度。① 此观点强调了法院的自由裁量权,即不方便法院原则启动的必要条件是法院的自由裁量权,而不是当事人的申请。

5. 折中说

基于申请说和自由裁量说,有学者提出了折中说,即仅由当事人提出并不足以导致受诉法院中止诉讼,同样,没有当事人提出,受诉法院也不能主动拒绝管辖。例如,奚晓明法官就认为:"不方便法院原则是指在涉外民事诉讼中,当原告向某国法院提起诉讼时,如被告认为,它在该国应诉得不到公正对待,可以该国法院为不方便法院为由,要求中止诉讼。而受诉法院根据当事人的申请,综合考虑由其受理该案件或者其他国家或地区进行诉讼,对当事人更为方便和公正,运用自由裁量权,决定拒绝当事人的申请或者放弃行使管辖权。"②

结合以上几种观点,笔者认为不方便法院原则应定义为受诉法院对某一涉外民商事案件具有管辖权,但若审理此案将无法保障当事人利益、体现司法公正,极为不便,且存在对该诉讼亦具有管辖权的且更为方便、适合的法院,依被告的申请,受诉法院行使自由裁量权,受诉法院可以以不方便为由拒绝行使管辖权。

(二) 不方便法院原则的理论基础

1. 国际礼让说

由荷兰法学家胡伯创立的国际礼让说的主要内容是,在不损害本国主权及公民利益的前提下,出于实际需要而不是出于法律上义务的要求,在解决法律冲突时适用外国法,若绝对不适用外国法,就没有国际交往发展的可能性。

根据国际礼让说,在出现国际民商事管辖权冲突时,法院出于对国家主权、国家关系和国家利益的考虑,适用外国法,以更

---

① 凌祁漫:《非方便法院原则及其适用》,《人民司法》1996 年第 11 期。
② 奚晓明:《不方便法院原则的几点思考》,《法学研究》2002 年第 2 期。

好地解决管辖冲突。美国法院采用不方便法院原则拒绝诉讼的理论基础为国际礼让说。美国最高法院对国际礼让所作的表述是:"就其法律含义来说,礼让既不是绝对的义务,也不是仅出于对他人的礼貌、善意。它是一个国家由于考虑到职责和便利,考虑到本国公民或在其保护下的他国公民的权利,从而在其领土内对他国的立法、行政和司法行为的承认。"① 可见,不方便法院原则的核心思想就是放弃原本属于自己的管辖权,并将该管辖权交给更适合的外国法院行使,而不是与外国法院争夺案件的管辖权。

2. 自由裁量权

自由裁量权是指在法律规定的范围内,授予法官一定的自由裁量权,以便根据案件具体情况作出公平公正的裁决或决定。由于法律规则的局限性,法律规则不可能涉及所有的社会关系,仅凭僵化的管辖权规则找到有管辖权的法院可能与案件仅有很少的联系。因而,为了审判结果的公正、公平,维护当事人的合法利益,赋予法官一定的自由裁量权是必要的,使其可以根据具体案件,确定审理案件更为方便的与案件有更密切联系的法院地。自由裁量权可以使固定僵化的管辖规则更为灵活实用,更为合理地解决管辖权冲突问题。

3. 最密切联系原则

最密切联系原则 (doctrine of the most significant relationship)是指在选择某一法律关系的准据法时,应对与该法律关系有关的各种主客观因素综合考虑,寻找法律关系的"重力中心地——该中心地所属的法律即为法律关系所应适用的准据法"。② 该原则主要产生于美国相关司法判例,是美国当代国际私法学说的新发展。

最密切联系原则考虑的主要内容是案件和法院地的联系程度。综合考虑原告利益、被告利益和公共利益等各种因素,确定管辖法院和案件的联系程度,选择联系程度最紧密的法院行使管辖权。

---

① 参见 *Hilton v. Gugot*, 159U. S. 1895, E113。
② 丁伟:《国际私法学》,上海人民出版社,2004,第293页。

联系程度不紧密的法院为不方便法院,从解决管辖权冲突角度上讲最密切联系原则同不方便法院原则具有统一性。

(三) 不方便法院原则的合理性

不方便法院原则的合理性主要有以下四个方面。

1. 抑制管辖权的日益扩大

不方便法院原则可以起到抑制日益扩大的管辖权的作用。以美国为例,随着经济的发展,美国在政治上采取霸权主义的同时,在国际民事诉讼管辖权问题上也采取了扩张主义,尤其是长臂管辖权的确立标志着美国司法管辖权突破了主权的边界。扩张的管辖权使得美国法院的管辖权适用世界各国,却也带来"拥挤不堪"的诉讼的负担。为解决这一困境又可以继续保有广泛的管辖权,美国法院采取了不方便法院原则。美国格兰特教授指出:"美国法院运用不方便法院原则来对付积压的案件已经成为一种趋势。"[1]

2. 防止当事人挑选法院

挑选法院(forum shopping)是英美法术语,《布莱克法律词典》对它的定义是:"一方当事人在数个有管辖权的法院中,选择其认为能够得到最有利的判决或裁决的法院去进行诉讼的一种行为。"[2] 当事人基于维护自身利益的考虑挑选法院,有时不仅是为了公正的判决,有时也是为了给对方带来纠缠或迫害,或是规避本应适用于但又不利于他的法律。因而这种行为会导致损害对方当事人合法利益,有损法律公正公平的不利后果。所以对当事人挑选法院的行为加以法律规制是迫切且必要的。不方便法院原则的主要作用之一便是平衡原告与被告的利益,在原告恶意挑选法院以压制被告时,或被告挑选对自己有利却不利于原告的法

---

[1] 董勤:《不方便法院原则与司法保护主义》,载孙南申、杜涛主编《当代国际私法研究——21世纪的中国与国际私法》,上海人民出版社,2006,第466页。
[2] 布莱思·加纳:《布莱克法律词典》,汤姆森出版集团,2004,第681页。

院时，法院可以根据不方便法院原则规制这种行为，合理适用管辖权。

3. 合理配置诉讼资源，减轻法院负担

法律的本质在于追求公正和效益。由不方便法院审理案件时，可能会在调查取证、被告到庭或传唤证人等方面影响案件公正及审理效益，甚至会出现受诉法院作出的判决在外国得不到承认与执行的情况，不仅使得当事人的权利无法得到有效保障，也影响了受诉法院作出判决的威信力。

适用不方便法院原则可以合理配置诉讼资源，减轻法院的负担，维护当事人的权益。对此，有学者将不方便法院形象地概括为"过滤器"，即"将与本国无实质联系的涉外民事诉讼隔阻，从而减少法院积案压力，提高办案效率，对于提高审判效率和经济效益可以发挥不可低估的作用"。①

4. 促进国际私法协作

在国际司法实践中，不方便法院作出的判决往往很难得到有关国家的承认与执行，甚至有国家明确规定不执行不方便法院作出的判决。如美国 1962 年《承认外国金钱判决统一法》第四节第二款第六项就规定，如果某外国法院只根据属人送达行使管辖权，该法院即为审理诉讼的不方便法院，对其判决不必承认。②诉讼的目的在于形成判决并执行该判决。一国法院的判决如若不能得到有效的承认与执行，则不能实现其诉讼目的。如果一国出于国际司法礼让的精神适用不方便法院原则，其他国家也会依互惠原则，尊重该国的司法主权，协助其司法活动的进行，实现诉讼目的。可见，采用不方便法院原则，有利于促进国际私法协作。

---

① 凌祁漫：《非方便法院原则及其适用》，《人民司法》1996 年第 11 期。
② 徐卉：《涉外民商事诉讼管辖权冲突研究》，中国政法大学出版社，2001，第 288 页。

(四) 不方便法院原则的局限性

如前所述,不方便法院原则在实践中存有诸多优点,但是不可否认其亦存在与生俱来的局限性,总的来说主要有以下四个方面。

1. 缺乏统一的适用标准

各国法官在适用不方便法院原则时有着不同的适用标准,需要考虑的因素也是综合性的,受多种因素影响。不同国家的法律规定也各不相同,如美国和英国在不方便法院原则的适用上就存在着显著差异。各国对不方便法院原则的规定各不相同,法官的判断标准亦有不同,多种因素影响着不方便法院原则的适用的后果就是没有统一标准,缺乏确定性。

2. 法官自由裁量权过大

如前所述,由于缺乏统一、严格的适用标准,不方便法院原则的适用赋予法官较大的自由裁量权,这便可能导致该原则被滥用,影响判决的公正性。美国联邦最高法院 1981 年的在其审理 Piper 案中指出,初审法院有自由裁量权以确定不方便法院,上诉法院只有在明显滥用自由裁量权的情况下可以推翻初审法院的决定。此案对法官的自由裁量权的限制仅局限在"明显滥用"的情况下,而"明显"的标准是很宽泛的,因而这一规定也并没有很好地限制法官自由裁量权。[1]

3. 歧视外国原告

内国法院基于国民保护原则,一般对本国原告提起的诉讼会特别重视予以受理管辖,对外国原告提起的诉讼则经常以不方便法院原则为由拒绝行使管辖权,这无疑是对外国原告的一种歧视。如在美国,法院通常会根据不同的国籍区别对待诉讼当事人。在经济全球化的背景下,美国法院的歧视性做法造成的危害更加明

---

[1] 李祥俊:《从印度博帕尔毒气泄漏案看不方便法院原则》,《中国青年政治学院学报》2001 年第 5 期。

显。特别是跨国公司的逐渐增多导致海外侵权案件不断增多，跨国公司母公司所在地法院多以不方便管辖为由，驳回东道国诉讼者的起诉，受害者得不到救济。歧视外国原告，有悖司法公正的要求。

4. 对"不得拒绝司法"原则的挑战

"不得拒绝司法"是一项公认的司法原则，是指为尊重和保护原告的诉讼权利，任何有管辖权的法院不得轻易拒绝管辖。法官依据自由裁量判定自己为不方便法院并放弃对案件的管辖权，是对这一原则的违背。同时，拒绝司法还会导致原告无法在任何法院得到救济，造成管辖权的消极冲突。美国学者罗伯逊曾经对180个不方便法院案件作了调查，调查表明被美国法院拒绝诉讼后，这些案件绝大多数都没有在外国的替代法院被审理。其原因是多方面的，原告可能失去了原先所聘请的律师，也可能是耗尽了所需的钱、精力和勇气等因素。但是对原告而言，被拒绝诉讼时其面临的问题很难得到公正的解决。

二 国际礼让原则

国际礼让原则是历史最为悠久、影响最为广泛的原则之一。荷兰法学家优利克·胡伯在其著作《论罗马法与现行法》中最早提出了著名的"国际礼让说"的三原则：①任何主权者的法律必须在其境内行使并且约束其公民，但在境外则无效；②凡居住在其境内的人，包括常住的与临时的，都可视为主权者的公民；③每一外国的法律已在其本国的领域内实施，根据礼让，行使主权权力者也应让它在自己境内保持其效力，只要这样做不致损害自己的主权权力及公民的利益。[①] 其中，第三条涉及外国法的适用条件，也正是这一条最终演变为国际私法中著名的"国际礼让原则"。胡伯在这条中阐明：一国不采用自己国家的法律，而采别国

---

① 于飞：《海峡两岸民商事法律冲突问题研究》，商务印书馆，2007，第4页。

法律，是出于公平与正义，出于两国贸易环境向良性发展的目的，并不是因为有相关法律规制。"礼让"并不是因为绝对的义务（absolute obligation），也不是出于对他人的礼貌、善良（mere courtesy and good will），而是一个国家在综合考虑国家职责和便利、本国公民或在其法律保护下的他国公民的权利，对他国的立法、行政和司法行为的承认。①

举例来说，若原告已经在 A 国法院提起诉讼并得到判决，此时被告又在 B 国法院提起诉讼，虽然 B 国法院对案件有管辖权，但依国际礼让原则，因 A 国法院已经作出了判决，B 国法院不行使本案的管辖权，对 A 国法院的判决给予礼让是比较适宜的。国际礼让原则并不是单纯的礼仪或者说绝对性的义务，是一国在其领域内注意国际义务，为保护本国国民及在本国法保护下的本国国民以外的人的权利，对其他国家司法行为的承认。

三 先受诉法院原则

先受诉法院原则是指当事人就同一诉讼标的在不同国家的法院分别提起诉讼时，应由最先受诉的法院行使管辖权。在解决国际民商事诉讼竞合问题时先受诉法院原则被大多数国家所采纳。先受诉法院原则主要体现在以下两个方面。

（1）当事人就同一诉讼标的已在一国法院提起诉讼时，后一国家的法院应当不受理案件。若后一国法院已经受理了案件且正在审理中，那么该法院就应中止本院的诉讼。但后受诉法院并不是对所有的案件均不予受理或者中止，还应综合考虑以下几个方面：①先受诉法院对案件是否有管辖权；②先受诉法院是否会充分地保证当事人的权益；③案件是否在本国专属管辖的范围之内。

---

① *Hilton v. Gugot*, 159U. S. 1895, E113.

（2）对同一诉讼标的先受诉法院已经作出判决，后受诉法院应当予以承认。但这也并不是绝对的，也需要综合考虑以下几个因素：①先受诉法院作出的判决是否公正合理；②是否违反本国的专属管辖权；③是否危及本国的社会公共秩序。

先受诉法院原则在处理国际民商事诉讼竞合问题中有着广泛的运用。

第三章 国际民商事诉讼竞合的国际法律规制

第一节 布鲁塞尔公约

布鲁塞尔公约即1968年欧共体的《关于民商事案件的管辖权及判决执行公约》，该公约从一定角度上看，是在《罗马公约》的基础上形成的在国际社会具有较大影响力的法律公约。

1957年3月25日，比利时、德国、法国、意大利、卢森堡和荷兰等国签订了《建立欧共体条约》，即《罗马公约》。后根据《罗马公约》第220条"为了国民的利益，在需要时，为了保障以下事项相互之间进行交涉，其中事项之一就是关于简化判决和仲裁裁决相互承认和执行程序"的规定，为简化欧洲共同体各国相互承认和执行判决的程序，欧洲共同体国家，包括比利时、德国、法国、意大利、卢森堡和荷兰，在布鲁塞尔签订了《关于民商事案件的管辖权及判决执行公约》，简称布鲁塞尔公约。[①]《关于民商事案件的管辖权及判决执行公约》于1973年2月1日生效。此后，又有六个欧洲国家先后与《关于民商事案件的管辖权及判决执行公约》的原缔约国缔结了旨在加入该公约的《加入公约》——1978年10月9日，丹麦等三个国家与原六国缔结《加入公约》；1982年10月25日，希腊与上述九国缔结《加入公约》；1989年5

---

① 李浩培：《国际民事诉讼程序法概论》，法律出版社，1996，第83~84页。

月 26 日，西班牙和葡萄牙与上述十国缔结《加入公约》。此三个《加入公约》对 1968 年的布鲁塞尔公约作出了一些修改，但对于 1968 年布鲁塞尔公约所规定的一些基本原则没有变更。客观上讲，布鲁塞尔公约是欧洲共同体国家在国际民事诉讼领域共同努力、相互合作的结果。其主要目的在于实现欧共体"法院判决的自由流通"，意图在缔约国之间确立相当于自动相互承认判决的法律制度。因此，为了防止出现双重诉讼，出现相互矛盾的判决引起的混乱，以至于无法充分保障当事人的合法权益，布鲁塞尔公约从公约的适应范围、普通管辖权等方面，尤其是在规制国际民商事诉讼竞合问题上，从同一诉讼、相关诉讼和专属管辖三个方面进行了规定。它是现今国际社会在国际民商事案件的管辖权方面规定得最为详细、适用范围最为广泛的一个国际公约。

布鲁塞尔公约在适用范围上规定，公约适用于除自然人的身份或行为能力、夫妻间的财产权、遗嘱与继承、破产、公司解散清偿协议及其他类似程序，以及社会保险金和仲裁案件外的一切民商事案件（公约第 1 条）。①

布鲁塞尔公约在管辖权问题上规定，在公约的规定下，凡是住所在缔约国内的任何人，不论其国籍，可在该国的法院被起诉（公约第 2 条）。②"要决定当事人之一方的住所是否在诉讼地的缔约国内，该国法院应引用自己的法律。若该当事人之住所不在法院国内时，若欲决定其之住所是否于其他缔约国内法院应引用该其他缔约国之法律。"并且"若一当事人之国籍法规定其住所应依据其他人之住所确定，则其住所应依据其国籍法之规定"。

对于在其他缔约国有住所的人的管辖权，布鲁塞尔公约规定：凡在缔约国境内有住所的人，另一缔约国法院只有在依公约规定对其具有管辖权时，才可以行使管辖权。对在缔约国境内的当事人，不得适用各缔约国国内法中的下列规定。这些不能适用的规

---

① 李旺：《国际诉讼竞合》，中国政法大学出版社，2002，第 266~267 页。
② 李旺：《国际诉讼竞合》，中国政法大学出版社，2002，第 266~267 页。

定包括：比利时民法典15条、国际私法典第638条，丹麦民事诉讼法第248条第2款和格陵兰民事诉讼法第126条，德国民事诉讼法第23条，法国民法典第14条、15条，意大利民事诉讼法典第4条，卢森堡民法典第14条、15条，荷兰民事诉讼法第126条第8款、第127条。① 在被送达传票的规则上，爱尔兰将管辖权建立在被告在本国暂时停留的基础上，英国具有同样的规则及根据被告在本国境内有财产行使管辖权的规则。

同时，该公约还对直接国际裁判管辖权、特别管辖权、专属管辖、协议管辖、应诉管辖等作出了规定。

一 关于同一诉讼

公约第21条规定：相同当事人间就同一诉因在不同缔约国法院起诉时，首先受诉法院以外的其他法院应主动放弃管辖权，让首先受诉法院受理。

需要放弃管辖权的法院，在其他法院的管辖权被提出异议时，得延期作出决定。

二 关于相关诉讼

公约第22条规定，有关联的诉讼案件在不同的缔约国法院起

---

① 比利时民法典第15条规定："比利时人可以是与一个外国人在外国缔结的债务而被传到比利时法院。"比利时国际私法典第638条规定："本编所指示的各种根据不足以决定比利时法院对外国人的裁判管辖权时，原告得在其住所地或居所地的法官面前起诉。"德国民事诉讼法第23条规定："关于对在德国无住所的人的财产法上请求的诉讼，该人的财产所在地法院或诉讼请求标的物所在地法院有裁判管辖……"法国民法典第14条规定："任何法籍的原告得在法国法院对外国人或另一法国人起诉，即使其诉讼与法国法院毫无关系。"法国民法典第15条规定：法国人可以由于即使是与一个外国人在外国缔结的债务而被传到比利时法院。卢森堡民法典第14条和第15条的规定与法国民法典相同。荷兰民事诉讼法第126条第8款规定，在对人诉讼或有关动产的诉讼，被告如果在荷兰并无居所为人所知，原告住所地法院就对他有裁判管辖权；第127条规定，外国人即使不居住在荷兰，可以因对荷兰国民在荷兰或外国缔结债务而被传到荷兰法院。

诉时，除第一个受诉法院外，其他法院的诉讼尚在审理的，得延期作出决定。首先受诉法院以外的法院，也得由于一方当事人的申请而放弃管辖权，如果该法院的适用的法律容许有关联的诉讼案件合并审理，且首先受诉法院对两种诉讼有管辖权。

三 关于专属管辖

公约第23条规定，属于数个法院有专属管辖权的诉讼，最初受诉法院以外的法院应放弃管辖权，让最初受诉法院审理。

从布鲁塞尔公约第21条关于国际民商事诉讼竞合的内容上看，该公约对国际民商事诉讼竞合的认定设定了三个条件：①相同当事人；②同一诉因；③不同缔约国法院。但公约的其他条文没有对这三个概念进行定义，因此，各缔约国在实践中对该规定的理解也不尽一致。根据公约的规定，制定公约的各缔约国法院可以向欧共体法院提起有关公约解释的问题。因此，在布鲁塞尔的体系内，欧共体法院对公约的解释做了大量的工作，对此认定主要靠欧共体法院在具体案件中的操作行为的结果。其中，对国际民商事诉讼竞合的上述三个方面的认定具有重要意义的案例是Gubisch案。① 意大利的博拉勃（Palumbo）公司与德国的克比什（Gubisch）公司之间签订了一份跨国的买卖合同，本合同的买方是意大利博拉勃公司，卖方克比什是一家德国设备制造商。在履行合同过程中，由于克比什公司将货物发送后没有得到货款，克比什公司向德国法院提起诉讼，请求法院判令博拉勃公司向其支付合同规定的价款。博拉勃公司认为在博拉勃公司的要约到达克比什公司之前已经被撤销，合同无效，于是向意大利法院提起诉讼，请求法院判决宣告该设备买卖合同无效，或者宣告解除合同。在意大利的诉讼中，作为被告的克比什公司认为在德国和意大利同时进行的这两个诉讼是同一诉讼目的，根据布鲁塞尔公约第21条

---

① 参见 *Gubisch Maschinenfabrik KG v. Palumbo*, Case 144/86, December 8, 1987 E. C. R. 4861。

的规定属于诉讼竞合，主张因为该案已经由德国法院受理，请求意大利法院根据公约规定驳回买方在意大利提起的诉讼。意大利最高法院将案件提交给当时的欧共体法院，请求欧共体法院解释此种情况下是否应适用布鲁塞尔公约第 21 条规定。在本案中，对于"相同当事人"的问题，欧共体法院认为，当事人在两个诉讼中是否处于同一位置并不重要，由此肯定了本案中当事人诉讼位置互换的现象不影响国际诉讼竞合的认定。关于"相同诉因"，欧共体法院认为，公约第 21 条的目的是否相同必须根据公约的规定认定，而不是根据各国国内法认定。因为成员国关于这一问题的国内法规定存在极大差异，如果根据国内法认定，将不能实现公约第 21 条的目的。欧共体法院认为，在确定是否具有同一诉因的时候，不能够拘泥于两个诉请在形式上必须完全一致，而应重点考虑是否会导致相互矛盾的判决以及判决是否能在对方国家得到承认和执行。因此，对公约第 21 条不能作狭义上的理解，解除和废止合同的诉讼案由和强制履行合同的诉讼案由属于相同的诉因，即合同。因此，本案两个诉讼属于同一诉因。欧共体法院认为本案应由德国法院行使管辖权，意大利法院应中止诉讼。由此，我们可以看出，欧共体法院认为在认定国际诉讼竞合时应采取宽松的标准，以扩大公约的适用范围。

在解决国际民商事诉讼竞合的条件和标准上，公约第 21 条规定：出现国际民商事诉讼竞合情况时，应由首先受诉法院行使案件的管辖权。即只要前诉法院的管辖权不存在争议，后诉法院根据职权应该拒绝行使管辖权。该公约提供的标准就一个，那就是以诉讼时间的先后来确定管辖权的行使。应当说，这种首先受诉法院审理的原则简便易行，能够有效地解决国际民商事诉讼竞合所带来的判决的冲突与矛盾，减少司法资源的浪费和当事人的诉讼成本等问题。但是这一规则同样也存在着一定缺陷：如何确定"首先受诉"缺少统一操作标准。公约本身并没有规定如何确定首先受诉法院。欧共体法院认为，判断首先受诉法院的标准应以各国内国诉讼法的规定为依据。公约的成员国既有大陆法系国家，又有普通法系国家，各国对于法院受案的时间有不同规定。大陆法系国家通常把向法院呈交提起诉讼文书的时间视作法院受案的时间，而普通法系国家则把此类文书送达给被告的时间视作法院受案的时间。① 由于缺乏一致的判定标准，诉讼时间的起算点也就难以判定。对于涉及众多被告的案件，公约第 21 条在适用上仍存在着不够清楚的问题。当某一案件中存在数名被告时，是否要求法院对每一位被告都送达才能确定案件在该法院已被受理，还是只对其中的一位被告送达即可认为诉讼已在该法院开始也是一个颇有争议的问题。对此，各成员国法院和欧洲共同体法院都没有一个明确的答案。首先受诉法院原则给予首先起诉的当事人过多的优势，即当事人竞相尽快在对自己有利的法院提起诉讼，使之可以阻止被告因相同诉因在其他法院起诉，从而造成当事人为取得诉讼的优势而竞相提起诉讼的局面。其实质如徐卉在《涉外民商事诉讼管辖权冲突研究》一书中所陈述的那样，②"变相将纠纷的解决机制简单地演化成一场当事人之间冲向法院的赛跑（race to court），把用以解决纠纷、保护权利双方当事人均衡对等的公正程序演变为单一的速度规则，实质上是效率牺牲了公正"。其与立法者的目的和初衷相去甚远。

那么，除了首先受诉行使管辖权这一原则之外是否还具有其他条件呢？围绕外国法院判决承认的可预测性，有人认为在解释上应当加入承认可预测性。但是，这种观点并不被接受。该公约是建立在缔约国相互信赖的基础之上，第二诉讼国家法院放弃管辖权之后，第一诉讼国家法院的判决可能得不到第二诉讼国家法院的承认的情况发生的可能性极小。如果出现，那也只能是一种

---

① 郭玉军、向在胜：《欧盟〈民商事管辖权及判决承认与执行条例〉介评》，《法学评论》2002 年第 2 期。
② 徐卉：《涉外民商事诉讼管辖权冲突研究》，中国政法大学出版社，2001，第 227 页。

例外。

与公约第 21 条的规定相比，公约第 22 条的内容就更加模糊。依据第 22 条的规定，后受诉法院可以：①中止诉讼，如果相关诉讼在首先受诉的另一个缔约国法院待决；②拒绝行使管辖权，如果受诉法院对争议具有管辖权并决定将两案合并审理，在适用第 22 条时，法院首先必须确定本法院和其他法院的受诉时间，另外还要确定两案是否相关。具体如何来操作，以什么标准来衡量等也都没有具体的规定，这些事项在实际适用中都存在着值得探讨的问题。

第二节 《卢加诺公约》

与布鲁塞尔公约紧密相连的是《卢加诺公约》。由于欧洲自由贸易联盟成员国与欧洲共同体成员国的自然人和法人相互间进行的国际贸易数额的增大，国际贸易争端产生的诉讼经一国法院判决须由另一国法院承认或执行的问题大量增多。在这种状态下，欧洲自由贸易联盟六个成员国——奥地利、冰岛、芬兰、挪威、瑞士、瑞典与欧共体十二个成员国于 1988 年 9 月 16 日在卢加诺缔结了与 1968 年布鲁塞尔公约的内容基本一致、形式上独立的《卢加诺公约》。[①] 该公约关于规制国际诉讼竞合问题作了如下规定。

第 21 条：如果相同当事人就同一标的及同一诉因向不同缔约国的法院提起诉讼，则受诉在后的法院在受诉在先的法院确定管辖权之前，应暂缓作出开庭审理决定。如果受诉在先的法院确有管辖权，则受诉在后的法院应放弃对案件的审理。

第 22 条：如果相关联的案件被起诉到不同缔约国的法院，并且均在一审之中，则受诉在后的法院可以推迟作出决定。在本国法院允许对案件合并审理且受诉在先的法院对审理的两个案件均

---

① 李浩培：《国际民事程序法概论》，法律出版社，1996，第 84 页。

有管辖权的条件下，受诉在后的法院应当事人一方的请求，也可以放弃管辖权（本条中，相关联的案件是指相互间具有某种紧密联系，以至于为了避免分别审理造成相左的判决而适宜合并审理的案件）。

第 23 条：如果几个法院对案件均有专属管辖权，则由受诉在先的法院审理，其他法院应放弃管辖权。①

《卢加诺公约》与布鲁塞尔公约一样，旨在防止缔约国的法院间作出相抵触的或者矛盾的判决。因此，对于待决诉讼等完全是从一个非常广泛的角度作出严格的限制性规定。

第三节 《民商事管辖权及判决承认与执行条例》（《布鲁塞尔条例》）

此是与布鲁塞尔公约有密切联系的第二个欧共体条约。此条例有三个基本特征：普遍的适用范围；全面的拘束力；在成员国的直接适用性。②《阿姆斯特丹条约》确立了欧盟在民事司法合作这一原由各成员国协商解决事项方面的直接立法权，它的生效使得对布鲁塞尔公约的修订可以采取条例的法律形式。2000 年 12 月 22 日，欧盟理事会和欧洲议会通过了修订布鲁塞尔公约的《民商事管辖权及判决承认与执行条例》（以下简称《布鲁塞尔条例》）。

《布鲁塞尔条例》于 2002 年 3 月 1 日生效。除不适用于丹麦外，此规则取代了 1968 年欧共体的布鲁塞尔公约，丹麦与其他成员国之间仍继续适用布鲁塞尔公约。《布鲁塞尔条例》关于国际民商事诉讼竞合的规定在其第九节当中，条例的第 27 条、第 28 条和第 29 条的规定与 1968 年布鲁塞尔公约第 21 条、第 22 条和第 23

---

① 1989 年 5 月，当西班牙和葡萄牙参加欧洲共同体时，欧共体把 1968 年的布鲁塞尔公约第 21 条的内容和措辞，修改为与 1988 年《卢加诺公约》第 21 条至第 23 条的内容和措辞完全一致。

② 邵景春：《欧洲联盟的法律与制度》，人民法院出版社，1999，第 55~56 页。

条的规定基本一致。条例增加了第30条，并确定了首先受诉的时间标准的规定："为适用本节，某法院应该被视为已经受理：（一）提起诉讼的文书或其他同等文书被提交到法院之时，只要原告随后采取使送达对被告有效的应有措施；或（二）如果文书必须在提交法院前被送达，则文书被负责送达的机构接收之时，只要原告随后采取应有措施使文书提交法院。"在前述当中，已经提到普通法系国家和大陆法系国家对于法院受理的标准存在着比较大的差异，《布鲁塞尔条例》的缔约国既包含大陆法系国家，也包含普通法系国家。如果该条例完全采纳大陆法系的做法，则对于缔约国中的普通法系成员国诉讼的当事人是不公平的。同样，条例如果完全采纳普通法系的做法显然会使缔约国中那些大陆法系成员国诉讼的当事人处于不利的诉讼地位。如果采取折中的办法，同时满足两大法系的两个程序的要求，那将会增加诉讼当事人的负担，延长法院作出是否中止诉讼的判断的时间。条例第30条规定判断法院是否已经受理取决于案件所属程序制度。此不仅协调了不同立法体制所表现的程序制度的矛盾和冲突，同时还能确保所有的申请人均站在同一起跑线上，按程序规范地进行诉讼。这种规定相对于布鲁塞尔公约来说是一个进步，但是仍存在两种程序在具体案件中的相互协调问题。

第四节 《民商案件外国判决的承认和执行公约》（海牙公约）

一 海牙公约

此公约是在海牙召开的国际私法会议上通过的。该公约的批准国为荷兰、塞浦路斯、葡萄牙。该公约第20条就国际民商事诉讼竞合问题作了规定。其第1款规定，两个国家受公约第21条规定的补充协议约束时，如果在一国法院提起诉讼，且在相同当事人之间，就同一事实以及同一标的已在其他国家法院诉讼，而这一诉讼的判决依本公约规定为前述国家当局有义务承认的判决时，前述国家的司法当局有权驳回起诉或延期判决。第21条规定，根据前几条的规定，这两个国家在成为本公约的缔约国之后达成有意义的补充协议之时，缔约国作出的判决在其他缔约国才能得到承认和执行。① 同时，公约第5条第3款还规定，相同当事人之间，基于相同事实以及同一标的诉讼：①在被请求国法院最初提起且正在进行审理；②已由被请求国法院作出裁决；③已由另一国法院作出裁判，并将依照被请求国法律予以承认与执行。在上述情况下，可以拒绝承认与执行该诉讼作出的判决。然而，上述规定的施行，有赖于缔约国之间订立一项补充协定。

从内容上看，海牙公约的规定与布鲁塞尔公约的规定有很大的不同。由于布鲁塞尔公约是欧共体国家之间在相互信赖的基础上缔结的，一缔约国的判决会自动得到其他缔约国的承认和执行。也就是说，布鲁塞尔公约各缔约国的判决在缔约国之间可以"自由地流通"。因此，在出现诉讼竞合的情况下，放弃管辖权具有一定的强制性。而根据海牙公约第20条和第21条的规定，对国际民商事诉讼竞合的处理仅为法院的权限，而非义务。而且其只限于缔结补充协议的缔结国之间的诉讼竞合。加上该公约只涉及外国判决的承认与执行，回避了直接管辖权的问题，内容单一。因此，有人评价该公约的规定与其草案相比是倒退了。但是，由于各国法律制度的不同，为了体现更多国家的利益，也为了更多的国家接受公约，在海牙国际私法会议作出这样的规定也是不得已的，其最直接的目的是扩大公约的适用范围。而且，现实也反映出了这个问题，到目前为止，这个公约也只有在当时的三个批准国起作用，且补充性的协定一个也没有缔结。

二 《选择法院协议公约》

海牙公约未对直接的国际管辖权作出规定，迄今为止只有塞

---

① 李旺：《国际诉讼竞合》，中国政法大学出版社，2002，第260页。

浦路斯、荷兰和葡萄牙三个国家参加，其影响力极为有限，而且在诸多方面尚有不完善之处。鉴于此，1992 年美国代表团向海牙国际私法会议建议，就民商事管辖权和相互承认与执行判决问题制定一项新的全球性的公约。美国代表团指出，司法管辖权的建立以及法院判决的域外执行，不仅是当事方所关心的问题，也是各国司法制度所关心的问题。各国都希望在本国和外国的司法实践中合理地解决下列四个问题：①基于案件的诉讼标的和当事人的情况，规定适当的法院管辖权；②基于案件的诉讼标的和当事人的情况，排除不适当的法院管辖权；③确保适当的外国管辖法院作出的判决能够得到承认与执行；④当外国法院的管辖权不适当时，拒绝承认与执行其判决。要解决上述四个问题，单靠每个国家各自为政是难以实现的。① 这个建议提出以后，立即得到了许多国家响应。1993 年，海牙国际私法会议第 17 次大会决定，将该问题划入组织的工作议程，并于 1999 年 10 月拟议出公约的草案。计划在 2000 年召开的第 19 届外交大会上完成起草，并通过公约。1997 年 6 月至 1999 年 10 月，起草公约的特委会共召开了 8 次会议，成果并不显著，仅通过投票表决的方式勉强达成了供外交大会审议的公约临时草案，绝大多数内容仍存在争议。2000 年 5 月海牙会议举行的总务及政策特委会决定推迟按原计划于 2000 年举行的第十九届外交大会，并将外交大会分为两个阶段：第一阶段外交大会于 2001 年 6 月召开，以协商一致方式进行；第二阶段外交大会于 2001 年年底或 2002 年前召开。但是，在 2001 年 6 月举行的外交大会第一阶段会议上，欧美双方在法律规则上的分歧不仅没有得到调和，反而进一步加深。本次会议最后虽然产生了替代 1999 年临时草案的"初前案文"，但绝大多数条款均未协商一致，且内容更为复杂，按原计划召开第二阶段外交大会并达成一个普遍接受的公约的目标已不可能实现。在这种情况下，海牙国

---

① 徐宏：《论承认与执行外国民事判决的管辖权条件》，载《中国国际法年刊》（1993 年卷），中国对外翻译出版公司，1994，第 251 页。

际私法会议不得不决定回避矛盾，缩小公约范围，仅将各方可能达成协商一致的一些属于"白色清单"① 的管辖基础，作为核心条款（包括商业案件中的选择法院协议、被告自愿接受法院管辖、反诉、被告所在地法院管辖、分支机构管辖权、信托、人身伤害侵权）重新起草公约，并成立了由公约 20 个有代表性国家专家组成的小范围的非正式工作组。工作组改变了工作方式，基本放弃起草大公约的计划，而集中就可以达成共识的规则进行起草。工作组更进一步认为可能达成共识的管辖依据只有一项，即基于当事人意思自治而达成的"选择法院协议"（choice of court agreement），并于 2003 年提出《排他选择法院协议公约工作组草案》。这样，十年前的"大公约"正式变为一项实实在在的"小公约"。此后，海牙国际私法会议围绕此草案分别于 2003 年 12 月及 2004 年 4 月在海牙召开了两次特委会，其间还经过多次非正式磋商，并经过 2005 年 6 月外交大会的艰苦谈判，才最终以协商一致方式通过了《选择法院协议公约》。该《选择法院协议公约》的形成，标志着第一项全球性的涉及民商事管辖权和判决承认与执行的国际公约最终得以诞生。

从其内容上讲，此公约是建立在当事人就争议达成一项选择法院协议的基础之上，即基于当事人的意思自治。从公约制定的目标来看，也主要是希望形成与 1958 年《承认及执行外国仲裁裁

---

① 海牙国际私法会议 1999 年 10 月形成了一项《民商事管辖及外国判决公约（草案）》，于第十九次大会讨论通过。这一草案是一项范围广泛，包括"白色清单"、"黑色清单"和"灰色清单"，涉及全面的统一各国涉外民商事案件管辖权和外国判决承认与执行的所谓"混合公约"（mixed convention）。具体而言，草案规定了三类管辖权以及与此相应的判决的承认与执行。第一类，草案列明缔约国法院应行使管辖权的情形（"白色清单"），根据白色清单中规定的管辖权作出的判决将依据公约承认与执行的条件与例外得到承认与执行。第二类，草案亦列明缔约国不能行使管辖权的情形（即过分的管辖权，又称"黑色清单"），各缔约国不得依此类规则行使管辖权，即使某缔约国据此作出判决，其他缔约国应拒绝承认与执行。第三类，对白色清单和黑色清单以外的灰色区域，缔约国可以根据本国法律中的其他规定行使管辖权，其他缔约国也可以根据本国法律自行决定是否承认与执行该类判决。

决公约》(纽约公约)并行的体制,并期望使更多的当事人选择法院诉讼而不是选择仲裁。因此,公约的基本规则非常明确:①当事人选择的法院具有管辖权并且必须受理案件;②当事人选择的法院以外的其他法院必须拒绝行使管辖权;③当事人选择的法院作出的判决应当得到承认与执行。在本公约体制下,如果在一项国际商事合同中载有选择法院协议条款,则不仅各国有关的管辖规则可以得到统一,有关法院作出的判决也可在其他国家得到承认与执行,以实现判决的自由流通,这在一定意义上有效地避免了诉讼竞合问题的产生。不过,由于管辖权制度涉及各国司法主权及重大经济利益,因此,公约三项基本原则的适用也是附有不少条件与例外的,这一方面是由于许多规则是各国在协调具有不同法律制度、经济利益的国家的管辖权和判决承认与执行制度中妥协和折中的结果,另一方面也是由于各国对公约的成功还抱有期待,但在一些重大问题上法律和利益明显不同,唯一可行的解决方案就是赋予公约足够多的灵活性,使其可以吸引更多的国家参加,并允许未来在实践中进一步发展、完善。

在排他选择法院协议的涵盖内容和适用范围上,该公约较以往也有一些突破。按照该公约的规定,排他选择法院协议是指双方或多方当事人缔结的为解决与某一特定法律关系有关的已发生或可能发生的争议,而指定某个缔约国的法院或某个缔约国的一个或多个特定法院的并且排除其他任何法院管辖的协议;同时,除非当事人另有明示约定,指定某个缔约国的法院或某个缔约国的一个或多个特定法院的选择法院协议应被视为排他的。排他选择法院协议必须用以下方式签订或以文件形式证明:①以书面形式;②以其他任何联系方式,且该方式能提供可获取的信息,使其日后能够被引用。另外,该公约还确立了排他选择法院协议有类似于"仲裁条款自治"的效力,即构成合同一部分的排他性选择法院协议应被视为与合同其他条款独立的条款。排他性选择法院协议的有效性不能仅因合同无效而受到质疑。上述规定只适用于国际案件,并且,本公约通过区分管辖权阶段和判决承认与执行阶段来定义"国际案件"。按公约的规定,在确定管辖权阶段,如果当事人在受理案件的缔约国居住,其他与纠纷有关的所有因素,包括选择法院的处所,只要与该缔约国有关,这起案件就是国际性的。在判决承认与执行阶段,只要寻求承认和执行一项外国判决,这起案件就是国际性的。同时,即使一起案件符合上述国际性特征,一国也可以作出两类声明排除公约在管辖权方面或承认与执行方面的适用:①声明其法院可能拒绝受理一项排他选择法院协议所包括的争议(如果除被选择法院的处所外,该国与当事人或者争议并无联系);②声明其法院可能拒绝承认或执行另一缔约国法院作出的判决(如果当事人在该被请求国居住,并且除被选择法院的处所外,当事人及与争议有关的所有其他因素,仅与该被请求国相关联)。

此外,公约还明确排除了一些特定事项的适用,包括以下方面。①本公约不适用于下列排他性选择法院协议:a. 自然人主要为个人、家庭或家人之目的(消费者)作为协议的一方;b. 涉及雇佣合同,包括集体合同。②本公约不应适用于下述事项:a. 自然人的身份及法律能力;b. 扶养义务;c. 其他家庭法事项,包括婚姻财产制度以及由婚姻或类似关系引起的其他权利义务关系;d. 遗嘱与继承;e. 破产、清偿或类似事项;f. 运输货物及旅客;g. 海洋污染,海事诉讼的责任限制,共同海损以及紧急拖船和救助;h. 反托拉斯(竞争)事项;i. 核损害的责任;j. 自然人或其代表提起的人身伤害诉讼;k. 不因合同关系产生的侵权而对有形财产造成的损害;l. 不动产物权以及不动产租赁权;m. 法人的效力、无效或解散,以及其机关所作决定的效力;n. 版权和邻接权以外的知识产权的有效性;o. 侵犯除版权和邻接权以外的知识产权,但有关侵权诉讼是基于违反当事人间与此种权利有关的合同提起,或者可以根据违反合同提起的除外;p. 公共登记项目的有效性。不过,虽有上述第②点的多项排除事项,公约规定了所谓的"初步问题"(即先决问题)使上述各项在一定情况下又纳入公约范围。公约规定：前述事项如其作为初步问题在诉讼中提出，则并不排除在公约之外；特别地，上述第②点所规定的事项作为答辩理由提出时，不应排除适用公约。但审理案件的法院可以中止或解除诉讼以待对初步问题有权的法院作出决定。而且，被请求法院可以拒绝承认与执行原审法院就此先决问题作出的决定，并在原审法院关于先决问题的决定与有权就先决问题作出决定法院的决定相冲突时，拒绝承认与执行原审法院的整个判决。

在管辖和承认与执行规则上，该公约确立了在国际民商事管辖中排他选择法院协议具有优先效力的原则。一方面，被当事人选择的法院必须行使管辖权，同时，被选择法院所在国以外的缔约国法院应拒绝管辖或中止程序。该公约规定：当事人可以在一项排他性选择法院的协议中指定，某缔约国的一个法院有权管辖适用该协议产生的争议，除非按该国法律，该协议是无效的和不能生效的。同时，具有管辖权的法院不应以该争议应由另一国家的法院审理为由拒绝行使管辖权。即原则上排除了不方便法院的适用。此外，当事人的选择也不是任意的，原则上，当事人的选择不应影响一国关于诉讼标的或者请求数额的管辖权限以及缔约国国内法院管辖权的分配。另一方面，公约为其他法院设立了明确的限制规则，即如果当事人达成一项排他性选择法院协议，除被选择法院所在国以外的缔约国法院应拒绝管辖或中止诉讼程序；除非：①按被选择法院的法律，该协议是无效的和不能生效的；②受理案件的法院地法律规定一方当事人缺乏签订该协议的能力；③给予该协议效力将导致明显的不公正，或者明显违背受理案件国家的公共秩序；④基于当事人不可控制的特别原因，该协议不能合理得到履行；⑤被选择法院已决定不审理此案。

公约规定的拒绝承认与执行理由有七项，分别如下。①该协议按被选择法院地法律是无效的和不能生效的。②按被请求地法律一方当事人缺乏签订该协议的能力。③提起诉讼的文书或同等文件，包括请求的基本要素：a. 没有在足够的时间内以一定方式通知被告其能够安排答辩，除非被告在原判决作出地出庭答辩但未就通知问题提出异议，而且判决作出地法律允许就通知提出异议；b. 被请求国通知被告的方式与被请求国有关文件送达的基本原则不符。④该判决是通过与程序事项有关的欺诈获得的。⑤承认或执行将会与被请求国的公共政策明显相悖，包括导致该判决的具体诉讼程序不符合被请求国基本的程序公正原则。⑥该判决与被请求国就相同当事人间争议所作的判决相冲突。⑦该判决与较早前第三国就相同当事人相同诉因所作出的判决相冲突，且第三国判决满足在被请求国得到承认或执行的条件。

在灵活性规则上，该公约也作了一些规定。该公约虽然排除了一些事项的适用，但中国及加拿大、俄罗斯代表表示还应照顾到国内法关于专属管辖的规定（如我国关于合资企业合同的规定等），应允许各国以声明方式排除更多特定事项；欧盟认为公约规则应有利于更多国家参加，支持灵活性的规定，并支持声明排除方式。此外，在知识产权排除范围问题上，中国及俄罗斯、澳大利亚等国均希望所有知识产权事项应排除在公约适用范围之外，声明条款对这些国家至关重要。各国基本同意建立此声明制度，以显示灵活性。但同时认为，该声明不能过于宽泛，应当提高门槛，并使声明的内容尽量透明、准确。公约规定：当一国有强烈利益不能适用第 2 条第 2 款外的特定事项时，其可作出不予适用的声明，但不得超出必要的范围，且声明排除的特定事项应当明确和精确定义；就声明排除的事项，对声明国而言不适用公约，对其他缔约国而言，如被选择法院是该声明国的法院时不适用公约。秘书长应当定期就公约执行情况，包括声明的执行情况的审查作出安排。同时，按照公约的规定，根据第 20 条作出的声明事项不受公约所谓"初步问题"的制约，即有关事项不管是作为初步问题还是作为主要问题提出，都不适用公约规则。此外，与传统的海牙国际私法会议公约相比，该公约还未明确规定排除保留。

该公约的灵活性还体现在可扩及适用于非排他性选择法院协议。虽然公约的主体仅就排他性选择法院协议的有关问题作了规定，但由于实践中还有非排他性的选择法院协议，一些国家如美国、澳大利亚提议公约亦包括此种情况，允许有关国家在自愿的基础上以相互声明方式承认与执行，并得到众多国家支持。公约规定：对基于非排他性选择法院协议行使管辖权的法院作出的判决，原审法院和被请求法院如相互声明可承认与执行该类判决，则判决可予承认与执行，条件是就相同当事人间相同诉因的案件不存在其他判决也不存在未决诉讼，而且原判决作出地法院是首先受案的法院。

现在看来，由于公约的通过采取的是协商一致的方式，各国在主要争议问题上经过了较充分的协商和激烈的讨价还价。因此，规则总体上具有灵活性并较为平衡地照顾到各国的主要关注点。从目前情况看，包括欧盟各国、美国、俄国等，对公约态度都较为积极，并准备启动相关批准程序。公约规定只要有两个国家批准就可生效。如前所述，公约显著的特点是有灵活性，允许参加国作出众多声明，排除公约在某些特定领域的适用，以照顾不同国家法律制度和规则。但是，如果各国作出的声明过多，会导致公约的适用范围和实际意义大打折扣。同时，各国法院在适用公约过程中如何对有关条款进行解释，也将直接影响当事人是否会信赖公约建立的体制。公约起草者们设立的与国际仲裁体制竞争的目标能否实现，还有待检验。但是，海牙《选择法院协议公约》是迄今国际社会最为关注的就私法进行国际统一的一个世界性的多边国际公约，更是该领域我国参与讨论和制定的第一个这样的公约。尽管公约起草的过程中各国利益冲突较大，但是，由于各国实现该领域法律规范统一的愿望要大于利益和观点不一所产生的阻力和障碍，应当说，该公约的通过标志着国际社会在私法的国际统一进程中又迈出了一大步。其重要意义在于，就国际私法而言，外国法院的判决能够获得广泛承认和执行。不同国家或法域的判决得到承认执行,实现冲突规范的统一,冲突法以及实体法的国际统一才更有实践意义。

第五节 《统一船舶碰撞中关于民事管辖权、法律选择、判决承认和执行方面若干规则公约》

为了统一处理船舶碰撞损害赔偿,1977年9月,里约热内卢国际海事委员会(CMI)第31次全体会议通过了《统一船舶碰撞中关于民事管辖权、法律选择、判决承认和执行方面若干规则公约》。该公约是为取代1952年缔结的《关于船舶碰撞民事管辖权若干规则的国际公约》而制定的。在这个公约的制定过程中,我国曾派员参加了会议。

该公约的适用范围是因船舶的灭失或损害而提出的碰撞诉讼管辖权、法律选择和判决的承认与执行。其所指的"碰撞",是指两艘或更多艘船舶(其中至少一艘是远洋船舶)的接触或由于操纵失误,或由于未遵守成文或不成文的航行规则而引起的事故,即使并未发生实际的接触。但该公约不适用军舰或专门用作公共、非商业性服务的政府船舶(渡船除外)以及基于合同而提出的请求。

该公约关于国际民商事诉讼竞合作了如下规定。公约第2条规定,如诉讼在一缔约国中尚未结案,则同一原告在别的缔约国中对同一被告提出的请求赔偿同一损害的任何诉讼都将中止进行。除非前一诉讼已被撤销,或者如果法院允许的话,已经中止进行。如果一缔约国已在诉讼中对案件的实体部分作出了判决,则诉讼中的一方不得在其他缔约国根据同一事实对诉讼中的对方提出进一步的诉讼,除非胜诉一方在作出判决的国家,判决不能得到全面的执行。

从上述规定我们可以得出如下的结论,此公约调整的对象只限于原告、被告相同的双重诉讼,诉讼的中止并不以缔约国法院判决将得到承认和执行为条件。客观上讲,该公约关于国际民商事诉讼竞合的规定,适用面较窄,制度规定也较死。

第六节 《汉堡规则》

1978年3月,根据发展中国家的要求,在联合国国际贸易法委员会的努力下,联合国海上货物运输公约外交会议通过了《联合国海上货物运输公约》(United Nations Convention on the Carriage of Goods by Sea),[①] 该公约也称《汉堡规则》。此公约是在1924年海牙规则的基础上修改形成的,于1992年11月生效。该公约的最大特点是加强了海上货物运输中承运人的责任。

关于管辖权的问题,该公约第21条规定,原告得在下列地点之一提起诉讼:a. 被告总公司所在地,如无总公司,则为被告经常居住地;b. 合同订立地,但被告在该地有分公司或代理公司;c. 装货港或卸货港;d. 提单指明的其他地点。此外公约还规定,扣押船舶地的法院具有管辖权。

对于由管辖权而产生的国际民商事诉讼竞合问题,该公约第21条第4款作了这样的规定:"①如已向根据本条第1款或第2款有管辖权的法院提起诉讼,或已由此法院作出判决,则除非首先受理诉讼的法院作出的判决不能在提起新的诉讼的国家执行,相同当事人之间不得就同一案情提起新的诉讼。②就本条而言,为了力求判决的执行而采取的措施,不应视为新的诉讼。③就本条而言,诉讼转移到同一国家的另一法院,或者依照本条第2款第1项转移到另一国家的法院时,不应视为提起新的诉讼。"

从《汉堡规则》的上述规定可以看出,由于海上货物运输的特殊性,公约对各缔约国之间管辖权的规定是非常明确的,此规

[①] 曹建明:《国际经济法论》,法律出版社,1995,第85页。

定与德国法的做法基本相同。就其产生的实效而言，该规定的存在在一定程度上避免了国际民商事诉讼竞合问题的产生，遏制了海上货物运输诉讼管辖权积极冲突的问题。我国虽未加入该公约，但实际上我国在制定《中华人民共和国海商法》时，一些原则上的规定做法参照了《汉堡规则》的规定，并考虑我国国情对一些规定作出了相应的调整。

第七节 《协议选择法院公约》

尽管国际社会普遍承认当事人之间的关于诉讼管辖法院约定的协议，但世界各国协议管辖的法律制度不同。为了强化统一性，或者旨在建立一个较为一致的标准，在世界范围内有必要制定协调各国协议选择法院的国际条约。在这样的背景下，在1964年10月第十届海牙国际私法会议上通过了《协议选择法院公约》。[①]

《协议选择法院公约》主要在三个方面作出了规定：①确认了当事人在条约规定范围内协议选择法院有效；②规定了选择法院协议的效力问题；③规定了当事人选择的法院作出的判决，在外国的承认与执行问题。此外，《协议选择法院公约》还规定，通过滥用经济权力或其他不正当手段协议选择法院的，此行为无效或可被宣告无效。公约对协议选择非专属裁判管辖法院所产生的国际民商事诉讼竞合问题也进行了规定。《协议选择法院公约》第7条规定，各方当事人在协议中，虽曾指明一缔约国的某个或某几个法院，但未排除其他法院的管辖权时，在有管辖权的任何法院中进行的诉讼程序，如可能导致一项为提出抗辩地国家所承认的判决，应构成未决诉讼的抗辩理由。

---

① 李双元：《中国与国际私法统一化进程》（修订版），武汉大学出版社，1998，第500页。

第八节 《承认离婚和分居公约》

1970年6月召开的第11次海牙国际私法会议通过的《承认离婚和分居公约》，以国籍和住所作为确定管辖权的依据。为了防止"挑选法院"现象的出现，保护被告的利益，公约还作了一些特别的规定。原告惯常居所地或住所地国家所作出的离婚判决要获得承认需要具备这样的条件，即该惯常居所地或住所地在诉讼开始前应至少居住持续1年，或者配偶双方必须惯常在那里一起居住；如果是以原告国籍作为判决得到国际承认的管辖权基础，则也应符合另外的条件，即原告还必须或者在该国有惯常居所或住所，或者在诉讼前的2年中连续居住，或至少不间断地在此惯常居住地居住不少于1年。然而，如果配偶双方都是作出判决国的公民，或者被告在该国有惯常居所，则无附加条件。

该公约在涉及国际民商事诉讼竞合的问题上作了如下规定（第12条）："各缔约国得中止离婚或分居之诉，如夫妻任何一方当事人在其他缔约国进行的有关婚姻关系的诉讼，尚在悬而未决之中。"此规定呈现两个特点：①将关联诉讼的竞合也作为该公约的规制对象，并不限于相同当事人之间的相同诉讼；②不以外国判决将得到承认为要件，此公约的规定接近英美法的做法。

第九节 《管辖权冲突示范法》

为解决国际社会以及美国各州所面临的诉讼竞合问题，1989年，美国律师协会国际法律和实践分委会制定了《管辖权冲突示范法》（以下简称《示范法》）。该《示范法》的制定者们认为，解决多国诉讼问题允许进行平行诉讼并不是可行办法；法定管辖权和审判管辖权是出于不同的政策考虑，并不能强求二者具有一致性；应通过限制外国判决的可执行性以达到不损害他国主权并限制平行诉讼的目的。鉴于此,《示范法》第 1 条规定:"本国的一项重要公共政策就是鼓励跨国民事争议尽早确定审理法院,而不是鼓励困扰诉讼,而且只执行与困扰诉讼、平行诉讼或不方便法院诉讼无关的外国判决。"

《示范法》确立了两步骤分析法。第一步骤,确定有管辖权的先受案法院为审理法院,其中,第 3 条规定了判定适当审理法院时所应参考的 14 种因素。这些因素主要包括当事人的权益、司法便利、国际礼让、各国公共政策等方面。第二步骤,对作出的判决的执行问题。《示范法》第 2 条确立了一般原则,若两个或两个以上的法院对同一诉讼同时审理,先作出判决的法院为适当的审理法院,该判决应当予以执行。平行诉讼先发生的法院有权对适当的审理法院作出书面的终局裁定;如果没有作出终局裁定,则被请求执行判决国的法院可以依据《示范法》第 3 条和第 4 条来判定适当的审理法院。由此可见,《示范法》首先规定判断适当审理法院,然后运用判决的执行作为当事方自愿限制多重诉讼的威胁利诱。[①]

当然,希望一部《示范法》解决现实中关于诉讼竞合的所有问题是不现实的,也是不可能的。本书将属于一国国内法的法律,归类到本章当中,是因为《示范法》提供了一个确立单一诉讼解决诉讼竞合的机会和切点。同时发展了通过判决的执行来鼓励国际民事诉讼当事人自愿减少重复的、不必要的、浪费的诉讼方式。它可以减少国际社会各成员国之间在管辖权竞合的状态下国家主权和法律制度的冲突,为国际社会从超出一国范围的角度解决国际诉讼竞合问题提供了一个解决的平台和制度框架,也为我们思考、解决国际诉讼竞合问题提供了一个新的思路和节点。

---

① 参见 Louise Ellen Teitz, P. 39。

第四章 我国国际民商事诉讼竞合的法律规制及司法实践

第一节 我国的国内立法及相关法律规定评述

我国国内的民事诉讼实行的是一事不两诉原则,一般不会出现诉讼竞合的问题。《民事诉讼法》第35条规定,两个以上人民法院都有管辖权的诉讼,原告可以向其中一个人民法院起诉;原告向两个以上都有管辖权的人民法院起诉的,由最先立案的人民法院管辖。第124条还规定:"对判决、裁定、调解书已经发生法律效力的案件,当事人又起诉的,告知原告申请再审,但人民法院准许撤诉的裁定除外。"最高人民法院《关于适用〈中华人民共和国民事诉讼法〉若干问题的意见》第33条规定:"两个以上人民法院都有管辖权的诉讼,先立案的人民法院不得将案件移送给另一个有管辖权的人民法院。人民法院在立案前发现其他有管辖权的人民法院已先立案的,不得重复立案;立案后发现其他有管辖权的人民法院已先立案的,裁定将案件移送给先立案的人民法院。"这样,国内民商事诉讼从法律的基础设计上直接杜绝了诉讼竞合存在的可能性,相比之下我国法律对于国际民商事诉讼中的诉讼竞合问题的规制尚不完善。但是在涉外审判司法实践当中经常出现此类问题,最高人民法院作出了相应的司法解释。

一 《关于中国公民申请承认外国法院离婚判决程序问题的规定》

1991年8月13日最高人民法院发布了《关于中国公民申请承认外国法院离婚判决程序问题的规定》。该规定第19条规定,"人民法院受理承认外国法院离婚判决的申请后,对方当事人向人民法院起诉离婚的,人民法院不予受理"。第20条规定,"当事人之间的婚姻虽经外国法院判决,但未向人民法院申请承认的,不妨碍当事人一方另行向人民法院提出离婚诉讼"。

二 最高人民法院《关于适用〈中华人民共和国民事诉讼法〉若干问题的意见》

1992年7月14日最高人民法院发布了《关于适用〈中华人民共和国民事诉讼法〉若干问题的意见》。该意见第15条规定,"中国公民一方居住在国外,一方居住在国内,不论哪一方向人民法院提起离婚诉讼,国内一方住所地的人民法院都有权管辖。如国外一方在居住国法院起诉,国内一方向人民法院起诉的,受诉人民法院有权管辖"。第306条规定,"中华人民共和国人民法院和外国法院都有管辖权的案件,一方当事人向外国法院起诉,而另一方当事人向中华人民共和国人民法院起诉的,人民法院可予受理。判决后,外国法院申请或者当事人请求人民法院承认和执行外国法院对本案作出的判决、裁定的,不予准许;但双方共同参加或签订的国际条约另有规定的除外"。

从上述规定情况看,我国的做法与意大利的做法相类似,以外国法院判决在我国承认申请时为准来判断我国法院是否可以进行诉讼。也就是说,只要外国法院判决未向我国法院申请承认,我国法院对产生的国际民商事诉讼竞合问题是采取放任的态度的。本书认为,从规定的本身和司法实践的角度上看,它是存在问题的。以意见第306条的规定为例,①从这条规定来看,我国在处理国际民商事诉讼管辖权冲突的时候，优先适用国际条约的规定，但这里的"国际条约"仅仅是指国际民商事判决的承认与执行的国际条约，还是包括有关国际民商事管辖权方面的国际条约，并不明确。②根据这条规定，在没有国际条约的情况下，我国是放任国际民商事诉讼竞合的，但是对于国际民商事诉讼竞合发生后如何处理却没有明确的规定。例如，法院受理起诉依据条件是什么，如果没有外国法院已经受理该案，我国法院是否可以受理？如果回答是肯定的，外国被告总可以在中国具有管辖权的法院提起一个否定之诉，只要获得在先判决就可以对抗外国法院的判决。这样做是不利于真正保护当事人的合法权益的。③该条还规定，"判决后，外国法院申请或者当事人请求人民法院承认和执行外国法院对本案作出的判决、裁定的，不予准许"。如果在我国和外国法院之间存在诉讼竞合，外国法院的判决在先应该怎么处理？如果在我国和外国法院正在进行平行地诉讼，第三国已先作出了判决并申请我国法院承认和执行，我国法院是否应该拒绝承认与执行？如果承认与执行判决并不与我国的公共秩序相悖，我国法院是否不予承认或执行外国判决，或者是否有必要还将我国的诉讼进行下去呢？这些问题在意见第306条均找不到答案。④从适用范围上看，该条只涉及国际民商事诉讼竞合中的对抗诉讼，而没有涉及重复诉讼，其适用范围是有限的。

三 《中华人民共和国国际私法示范法》的规定①

该示范法第三稿第52条规定，"除中华人民共和国缔结或者

---

① 1993年12月，中国国际私法研究会在深圳举行年会时，与会代表建议起草一部《中华人民共和国国际私法示范法》，以供我国政府有关部门和教学科研单位参考。1994年7月，在外交学院举行的第一次起草小组会议，完成了示范法第一稿，1994年在宁波年会上形成第二稿，1995年6月在深圳举行的起草小组第二次年会上形成了第三稿，1995年10月在北京会议上形成了第四稿，1996年10月在大连会议上形成了第五稿。此后，经过1997年10月在上海和苏州、1998年10月在井冈山、1999年10月在长沙反复讨论和修改，形成了第六稿。示范法共分五章166条。

参加的国际条约另有规定外，在外国法院对相同当事人之间就同一诉讼标的进行的诉讼已经作出判决或者正在进行审理的情况下，中华人民共和国法院一般不行使管辖权。但中华人民共和国不行使管辖权，当事人的合法权益无法得到实际保护的，中华人民共和国法院可以对同一诉讼行使管辖权"。第151条第4款、第5款还规定："如果中华人民共和国法院对相同当事人之间基于相同事实就同一标的进行诉讼的案件已经作出了发生法律效力的判决的，或者已经承认了第三国法院对同一案件作出的发生法律效力的判决的，中华人民共和国法院对于相同当事人之间基于相同事实就同一标的进行诉讼的案件正在审理或者已先受理的，则对外国法院作出的判决应予拒绝承认与执行"。

由此可见，在我国的立法和司法实践基础上，《中华人民共和国国际私法示范法》作出了相应的改进。其规定了在国际民商事诉讼过程中出现诉讼竞合的情况下，我国一般不行使管辖权。此示范法完善了国际民商事诉讼竞合的规定，但是还存在许多不足之处。第一，示范法中缺乏中止诉讼的规定，在司法实践中，经常会出现受理案件后法院发现自己行使管辖权不适当、不方便。此时，按国际上通行的做法，我国法院应主动中止本案的诉讼，指导当事人选择较为方便的法院诉讼，或认可他国法院的平行诉讼。第二，示范法第51条对外国法院管辖权施行限制的理由不够充分。仅以当事人的合法权益无法实现保护为由限制外国法院的管辖权，这样的理由实际上是不充分的。第三，第51条第5款的规定不尽合理，且与国际公约相悖。在海牙公约中，如被请求国对于相同当事人之间基于相同事实就同一诉讼标的进行的诉讼最初提起且正在审理，才可据之拒绝承认与执行外国法院的判决。而示范法第51条第5款规定"正在进行审理或已先受理"，这显然把在诉讼竞合情形下拒绝承认与执行外国判决的条件放得很宽，也是一个极不可取的做法。第四，按照我国《民事诉讼法》的规定，人民法院收到起诉状或者口头起诉，经审查，认为符合起诉条件的,应当在七日内立案,并通知当事人。在司法实践当中,我们常常认为立案意味着诉讼活动的开始。示范法对于诉讼竞合的规定涉及"首先受理"的问题,作为受理的标志在我国《民事诉讼法》及相关司法解释中尚未有具体规定,这是一个需要明确的而且是必须明确的法律问题。第五,在适用相关国际规定问题上亦显得不够全面,示范法中设置了在诉讼竞合的情况下关于优先适用我国缔结或者参加的国际条约的规定。但是,我国现行《民事诉讼法》规定了司法协助除可以根据有关国际条约外,也可以按照互惠原则进行。这样,示范法的规定就与我国现行《民事诉讼法》的有关规定出现了规定上的部分背离。

通过对我国关于国际民商事诉讼竞合问题的民事诉讼立法的研究,可以看到,到目前为止我国关于这些方面的规定还存在许多不足之处,其中很多内容与当前国际社会普遍认可的规定和适用方法不尽一致。有关规制国际民商事诉讼竞合问题的法律规定存在着方法单一、过于强调司法主权原则的问题。当然,涉及国家主权问题,维护本国在国际民事诉讼案件的司法管辖权是必要的,但是在当今全球经济一体化的发展趋势下,着重考虑本国的司法主权和本国利益,将影响我国与国际社会的交流和我国经济的发展。所以,我们国家关于国际民商事诉讼竞合的民事立法的中心就应当有所调整,不仅要考虑国际合作与相互协助的必要性,还要考虑国际礼让原则在解决管辖权冲突、规制平行诉讼中的重要作用。司法与国际接轨,首先要从观念上改变。尽管在我国的民事诉讼立法当中也有相关规定,即如果双方之间有缔结的国际条约,则首先要适用该条约。仅凭这一点,远未能达到预期效果,其结果也必将束缚我国对外经济贸易的发展。所以,为了能够达到保护这种市场主体合法权益的目的,我国应进一步完善和发展我国的民事诉讼立法。

第二节 我国缔结的双边国际条约中关于国际民商事诉讼竞合问题的规定

我国通过与其他国家签订司法互助条约的方式达到加强国际司法协作和协助目的。在这些条约中，涉及的主要问题是外国判决与我国判决或我国承认的其他国家的判决之间的冲突处理以及与我国诉讼系属的冲突的处理。根据这些条约，可将解决国际民商事诉讼竞合的方式分为以下三种类型。

一 国内判决优先原则

根据国内判决优先原则，对于相同当事人基于同一事实引发争议的案件，如被请求国法院已经作出了判决，或是承认第三国法院作出的判决时，被请求国可以不予承认和执行。1987年5月我国与法国签订的《中华人民共和国和法兰西共和国关于民事、商事司法协助的协定》就作了如上的规定。此协定于1988年2月8日生效。该协定第22条规定，"对有下列情形之一的裁决，不予承认和执行：①按照被请求一方法律有关管辖权的规则，裁决是由无管辖权的法院作出的；②在自然人的身份或能力方面，请求一方法院没有适用按照被请求一方国际私法规则应适用的法律，但其所适用的法律可以得到相同结果的除外；③根据作出裁决一方的法律，该裁决尚未确定或不具有执行力；④败诉一方当事人未经合法传唤，因而没有出庭参加诉讼；⑤裁决的强制执行有损于被请求一方的主权、安全或公共秩序；⑥被请求一方法院对于相同的当事人之间就同一事实和要求的案件已经作出确定的裁决，或者被请求一方法院已经承认了第三国法院对于相同的当事人之间就同一事实和要求的案件所作的确定裁决"。从这个规定上看，该协定对于关于双方国家法院的诉讼系属问题并没有作出单独规定,其第 22 条第 6 项也只是对关于两国法院判决冲突时的处理。这种规定的结果实际上均是依照两国的国内法的规定对国际司法实践中出现的问题进行处理。笔者在上文对关于法国规制国际民商事诉讼竞合的问题采取的外国判决承认可能预测说已做过介绍。法国规定,只要法国法院没有已经作出的判决,也没有承认其他国家的判决,如果中国法院受理在先,其判决将能够得到法国的承认。出现国际民商事诉讼竞合以后,法国法院的后诉将会被中止。我国在规定上却与此不同。即使我国没有已经作出的判决,也没有承认其他国家法院的判决,法国法院的诉讼先于我国法院的诉讼,我国法院也仍将继续审理。这种在外国法院判决的承认方面建立司法协助而在诉讼系属的效力方面不进行司法协调的做法是显而易见的。① 如法国法院的诉讼在先,我国法院的诉讼在后,在法国没有作出判决以前我国均可无视法国诉讼而进行审理。但是,如若法国法院作出判决而我国没有作出判决,即法国法院先于我国法院判决的,按照我国和法国之间的司法协助条约的规定,应该对法国法院作出的判决予以认可和执行。此时,若我国法院对该诉讼继续审理,已无丝毫实际意义。并且这种诉讼的结果只能是给我国法院及案件当事人造成时间和经济上的浪费,而无其他任何益处。

二 国内判决优先原则和国内诉讼优先原则

即对于相同当事人基于相同事实引发争议的案件,如果被请求国法院已经作出了判决,或者承认了第三国法院作出的判决,或者正在其国内进行审理的,可拒绝承认与执行外国法院的判决。按照此规定,只要案件正在被请求国审理,无论是被请求国法院先受理还是请求国法院先受理,即使请求国法院已经作出判

---

① 李旺:《国际诉讼竞合》,中国政法大学出版社,2002,第 243 页。

决，被请求国仍然可拒绝承认与执行对方法院的判决。1993年，我国与哈萨克斯坦共和国签订的《中华人民共和国和哈萨克斯坦共和国关于民事和刑事司法协助的条约》，[①] 同年，我国与乌克兰共和国签订的《中华人民共和国和乌克兰共和国关于民事和刑事司法协助的条约》，[②] 1991年我国与罗马尼亚签订的《中华人民共和国和罗马尼亚关于民事和刑事司法协助的条约》，[③] 1992年我国与西班牙签订的《中华人民共和国和西班牙王国关于民

[①] 《中华人民共和国和哈萨克斯坦共和国关于民事和刑事司法协助的条约》第21条：拒绝承认与执行。有下列情形之一的法院裁决，不予承认与执行：（一）根据作出裁决的缔约一方的法律，该裁决尚未生效或不具有执行力；（二）根据被请求承认与执行裁决的缔约一方的法律，被请求的缔约一方法院对该案件有专属管辖权；（三）根据作出裁决的缔约一方法律，未出庭的当事一方未经合法传唤，或在当事一方没有诉讼行为能力时未得到适当代理；（四）被请求承认与执行裁决的缔约一方的法院对于相同当事人之间就同一标的的案件已经作出了生效裁决，或正在进行审理，或已承认了在第三国对该案件所作的生效裁决；（五）承认与执行裁决有损于被请求的缔约一方的主权、安全或公共秩序。

[②] 《中华人民共和国和乌克兰共和国关于民事和刑事司法协助的条约》第21条：拒绝承认与执行。有下列情形之一的法院裁决，不予承认与执行：（一）根据作出裁决的缔约一方的法律，该裁决尚未生效或不具有执行力；（二）根据被请求承认与执行裁决的缔约一方的法律，被请求的缔约一方法院对该案件有专属管辖权；（三）根据作出裁决的缔约一方法律，未出庭的当事一方未经合法传唤，或在当事一方没有诉讼行为能力时未得到适当代理；（四）被请求承认与执行裁决的缔约一方的法院对于相同当事人之间就同一标的的案件已经作出了生效裁决，或正在进行审理，或已承认了在第三国对该案件所作的生效裁决；（五）承认与执行裁决有损于被请求的缔约一方的主权、安全或公共秩序。

[③] 《中华人民共和国和罗马尼亚关于民事和刑事司法协助的条约》第22条：拒绝承认与执行。一、对本条约第21条列举的裁决，除可按本条约第14条的规定拒绝承认与执行外，有下列情况之一的，在被请求一方境内不予承认或执行：（一）根据作出裁决一方法律，该裁决不具有法律效力和不能执行；（二）根据被请求一方法律，作出裁决的一方法院或其他主管机关对该案件无管辖权；（三）根据作出裁决一方法律，未参加诉讼的败诉一方当事人未经合法传唤，或在没有诉讼行为能力时未能得到适当代理；（四）被请求一方法院或其他主管机关对于相同当事人之间就同一标的的案件已经作出了生效裁决，或正在审理，或已先受理，或已承认了在第三国对该案件所作的生效裁决。二、被请求一方应将拒绝承认与执行的理由通知请求一方。

事、商事司法协助的条约》① 等都作了此类的规定。该原则的具体内容为，被请求承认与执行裁判的缔约一方的法院对于相同当事人之间就同一标的的案件已经作出了生效裁决，或正在进行审理或已经承认了在第三国对该案所作出的生效裁决，不予承认和执行对方法院判决。这是大多数双边条约规定的模式。其中，《中华人民共和国和罗马尼亚关于民事和刑事司法协助的条约》除上述规定外，将内国法院"已先受理"也作为拒绝对方法院判决的理由之一。这种方法体现了内国判决优先原则和内国诉讼优先原则。由此可见，在对方国家的诉讼即使将近结束甚至已经作出了判决时，只要没有向内国法院提出承认与执行的申请，内国法院就可以受理案件，从而阻止对方国家判决的承认和执行。这样规定的结果给当事人提供了利用本国判决阻止对方国家判决在本国的承认与执行较为便利的通道。

三 国内判决优先原则与国内先诉优先原则

对于相同当事人基于同一事实引发争议的案件，如果被请求国法院已经作出了判决，或者承认第三国法院作出的判决，可以不予承认和执行请求国法院判决。而且被请求国法院不能因其正在审理而断然地拒绝承认或是执行请求国法院判决。1989 年我国与蒙古国签订的《中华人民共和国和蒙古人民共和国关于民事和

---

① 《中华人民共和国和西班牙王国关于民事、商事司法协助的条约》第 22 条：拒绝承认与执行。对有下列情形之一的裁决，不予承认与执行：（一）根据本条约第 21 条的规定，作出裁决的法院无管辖权；（二）关于自然人的身份或能力方面，提出请求的缔约一方法院适用的法律不同于按照被请求的缔约一方的国际私法规则应适用的法律，除非所适用的法律导致裁决结果相同；（三）根据作出裁决的缔约一方法律，该裁决尚未生效或不具有执行效力；（四）根据作出裁决的缔约一方法律，在缺席判决的情况下，败诉一方当事人未经合法传唤；（五）无诉讼行为能力人未经合法代理；（六）被请求的缔约一方法院对于相同当事人之间就同一标的的案件正在进行审理或已经作出了生效裁决，或已承认了第三国对该案件作出的生效裁决。

刑事司法协助的条约》①，1991年我国与意大利签订的《中华人民共和国和意大利共和国关于民事司法协助的条约》②，1995年我国与塞浦路斯签订的《中华人民共和国和塞浦路斯共和国关于民事、商事和刑事司法协助的条约》③ 等采用了该种模式。此外，我国同希腊、保加利亚签订的司法协助的协定也分属于该种情况。上述条约指出，就内外判决冲突，应采取内国判决优先的原则。

国内先诉优先原则以本国法院受理为由拒绝承认外国法院的判决，而不论诉讼是否正在被请求国审理。根据这些条约的规定，如果本国法院受理在先，那么其后受理案件的他国所作出判决就得不到承认和执行。其判断是否承认外国判决的依据便是受理的先后顺序。但上述条约中并无规定外国诉讼受理优先于国内诉讼的解决办法。换而言之，其无对判决作出前是否中止本国诉讼的

---

① 《中华人民共和国和蒙古人民共和国关于民事和刑事司法协助的条约》第18条：拒绝承认与执行。……（四）被请求的缔约一方法院对于相同当事人之间就同一标的的争讼案件已经作出了生效裁决，或已先受理了上述案件，或已承认了在第三国对该案件所作的生效裁决。

② 《中华人民共和国和意大利共和国关于民事司法协助的条约》第21条：拒绝承认与执行。除下列情形外，裁决应予承认并被宣告可予执行：……（四）被请求的缔约一方法院对于相同当事人之间就同一标的的案件已经作出了生效裁决，或已承认了在第三国对该案件作出的生效裁决。

③ 《中华人民共和国和塞浦路斯共和国关于民事、商事和刑事司法协助的条约》第25条："承认与执行的条件。一、第24条所指的裁决在下列条件下应被承认与执行：（一）根据作出裁决的缔约一方法律，该裁决是最终的和可执行的；（二）据以作出裁决的案件不属于被请求的缔约一方法院的专属管辖；（三）在缺席裁决的情况下，根据在其境内作出裁决的缔约一方的法律，未参加诉讼并被缺席裁决的一方当事人已被适当地通知应诉；（四）被请求的缔约一方法院事先未就相同当事人之间的同一诉讼标的作出最终裁决；（五）在作出该裁决的诉讼程序开始前，相同当事人未就同一诉讼标的在被请求的缔约一方法院提起诉讼；（六）被请求的缔约一方认为裁决的承认或执行不损害其主权或安全；（七）裁决的承认或执行不违反被请求的缔约一方的公共秩序或基本利益；（八）根据被请求的缔约一方的法律，裁决不论基于何种理由，都不是不可执行的；（九）裁决或其结果均不与被请求的缔约一方任何法律的基本原则相抵触；（十）根据第26条的规定，裁决不是由无管辖权的法院作出的。二、被请求的缔约一方的主管法院就裁决的承认或执行作出决定时，不应有任何不适当的迟延。

规定。这时,当内国对外国的判决予以承认,那么内国法院的审理便失去意义;当内国诉讼不止,便会导致法院及当事人人力、物力、财力的浪费。

第三节 我国学者关于国际民商事诉讼竞合的观点

一 大陆学者的观点

从国际民商事诉讼竞合问题的研究来看,我国学者将诉讼竞合称为"国际民商事诉讼中的一事两诉和互诉"或"国际二重起诉"。对于该种诉讼情况,学者的观点主要分为两类。一种是"以一事可两诉为主,一事不两诉例外"。另一种则是"一事不两诉为主,一事可两诉例外"。① 1994 年 10 月 25 日至 11 月 1 日于宁波召开的国际私法年会上,在对有关专家、学者起草的《中华人民共和国国际私法示范法》的讨论中,当涉及"一事两诉、一事再理"时,持第一种观点的学者主张采取"肯定式"立法,即"除中华人民共和国缔结或参加的国际条约另有规定外,外国法院对相同当事人之间就同一诉讼标的进行的诉讼已作出判决或正在审理的,中华人民共和国法院为保护当事人的合法权益,仍可对同一诉讼行使管辖权"。不言而喻,持另一种观点的学者则主张采取"否定式"立法,即"除中华人民共和国缔结或参加的国际条约另有规定外,外国法院对相同当事人之间就同一诉讼标的进行的诉讼已作出判决或正在进行审理的,中华人民共和国法院一般不行使管辖权"。两种说法至今争议颇多,尚无定论。② 李双元、欧福永以及屈广清主张如下。①除中国缔结或参加的国际条约另有规定外,

---

① 徐卉:《国际民商事平行诉讼研究》,载《诉讼法论丛》第 1 卷,法律出版社,1998,第 339 页。
② 徐卉:《涉外民商事诉讼管辖权冲突研究》,中国政法大学出版社,2001,第 274~275 页。

在外国法院就相同当事人间就同一诉讼标的的诉讼已作出判决或正在审理的情况下，中国法院一般不对能够预期到我国法院能够承认或执行外国判决所涉纠纷行使管辖权；已经受理的诉讼，则应当予中止。但我国法院不行使管辖权则会导致当事人合法权益受到侵害，或将有损于我国的国家利益、公共利益、法律基本原则的，中国法院可以对同一诉讼享有管辖权。②当中国法院就相同当事人之间同一标的诉讼已经作出生效判决，或中国法院最先受理且正在审理的相同当事人之间同一标的诉讼，那么对于外国法院所作出的有关判决应予拒绝承认与执行。① 此观点与中华人民共和国国际私法示范法第 54 条的规定相似。同时，此观点还认为，中国的涉外民商事诉讼制度在关于国际民商事诉讼竞合的法律规制问题上应确立"不方便法院"的理论，并应体现在立法中。② 当然，就"不方便法院"理论进入我国法律条文的问题，大部分国内学者也持相同观点。此理论在中华人民共和国国际私法示范法中已有规定："对本法规定中华人民共和国法院享有管辖权的诉讼，如中华人民共和国法院认为实际行使管辖权时对当事人及案件审理极不方便，且有其他法院对该诉讼的审理更为方便时，经被告申请，可以决定不行使管辖权。"

二 我国台湾学者的观点

我国台湾学者将国际民商事诉讼竞合分为"原告、被告共通型"及"原告、被告逆转型"两种类型。关于如何规制国际民商事诉讼竞合问题，台湾学者有这样三种主张。①规制消极说。即不管同一诉讼是否已经系属于外国法院，本国法院得就有国际管辖权之同一诉讼为审判。这种学说与法国法系国家学者的观点相近。此说的主要理由是，要求本国法院依职权调查有无在外国有双重起诉系不当之过分要求，且将发生本国法院的审理迟延。何况目前在国际上尚

---

① 李双元：《国际民商事诉讼程序导论》，人民法院出版社，2004，第 189 页。
② 李双元：《国际民商事诉讼程序导论》，人民法院出版社，2004，第 198 页。

无完整明确之国际管辖规则可循,注意国际双重起诉问题,势必增加当事人在不方便国家进行诉讼的负担,而且在面对现代企业活动范围及世界各国的实际情形下,发生国际双重起诉是无法避免之事,因此承认国际双重起诉之事亦有其必要。②承认预测说。即在外国法院系属的同一诉讼,其判决若将来在本国有被承认的可能时,本国法院应驳回同一诉讼在本国的起诉。这与德国法系国家学者观点接近。③适合之法院地说,又称利益衡量说。主要是采取英美的思想方法。在发生诉讼竞合时,将本国法院与外国法院二者进行比较,从而判断判决由何国法院裁决时较适用。依此说,本国法院得视诉讼个案具体情形判断,除应考虑承认预测说所谓的承认可能性以外,还应另外多方考虑其他利益要素,从而最后判断是否应归本国法院就同一诉讼进行审理。①

三 香港学者的观点②

有关国际民商事诉讼竞合的法律规制问题,我国香港学者主张适用"更合理诉讼地"原则。在香港判例法中首次全面应用和解释了更合理诉讼地原则的判例为 1987 年由香港上诉法院判决的"麦阮迪案"。该案例将更合理诉讼地原则适用于香港,至今仍为香港法院决定是否应当停止或继续对某案行使管辖权的指导权威。

香港法院所采取的更合理诉讼地原则包括下列要件。①被告必须证明香港不是审理有关案件的合理诉讼地,并且同时证明除香港之外还有一个更合理或更合适的诉讼地。②被告必须证明如果在香港的诉讼继续进行的话,他将被不公正地剥夺其在另一个更合理诉讼地进行诉讼时所理应享有的权利和个人诉讼优势。③法院在行使自由裁量权时,必须权衡原告和被告的权利、诉讼优势,以及继续诉讼和更换诉讼地对他们各自权益的影响,并且考虑保持司法制度的正义性、连贯性和合理性的需要。

---

① 陈荣宗:《国际民事诉讼之法律问题》,《法学丛刊》(台北)1996 年第 2 期。
② 莫世健:《香港"更合理诉讼地"原则浅议》,《政治与法律》1993 年第 3 期。

对此，香港学者认为，更合理诉讼地原则存在两个重大缺陷。一是更合理诉讼地原则是以法院自由裁决权为基础的，其适用过程有极大的主观性。二是"更合理"概念的确定没有明确的标准。从逻辑上讲，已接受起诉的法院必须是一个合理诉讼地，否则法院不应当接受和审理该案件。在冲突法中，法院管辖权的冲突在于几个竞争管辖权的法院均为合理诉讼地，否则尚未受理案件的法院就无权与已经接受案件的法院争夺管辖权。合理与不合理之间只是程度之别，并且往往只有一线之差。因此，更为合理的诉讼地的确定，不可避免地是使用判断者的主观意识的结果。更合理诉讼地原则的这一特点使该原则有一定的不稳定性，也成为完善该原则的内在局限。但是，在法院还没有创造和发展出更合理的解决管辖权的冲突法原则之前，更合理诉讼地原则仍然是香港唯一的解决管辖权冲突的普通法原则。

第四节　我国国际民商事诉讼竞合规制方法的不足之处

我国对国际民商事诉讼竞合一直都采取放任主义，而且容许一事两诉的发生。只要涉外民商事诉讼和我国有关系，都会尽可能地让我国法院来管辖，即使这个纠纷在外国法院已经提起诉讼或者作出了判决。但是随着涉外民商事案件的增多，我国也逐渐意识到了这个问题，比如在《民事诉讼法》中规定了协议管辖制度。此外，我国先后也和许多国家签订了司法协助条约。

在管辖权方面，我国《民事诉讼法》第265条规定：因合同纠纷或者其他财产权益纠纷，对在中华人民共和国领域内没有住所的被告提起的诉讼，如果合同在中华人民共和国领域内签订或者履行，或者诉讼标的物在中华人民共和国领域内，或者被告在中华人民共和国领域内有可供扣押的财产，或者被告在中华人民共和国领域内设有代表机构，可以由合同签订地、合同履行地、诉讼标的物所在地、可供扣押财产所在地、侵权行为地或者代表机构住所地人民法院管辖。

同时，第266条规定了专属管辖，因在中华人民共和国履行中外合资经营企业合同、中外合作经营企业合同、中外合作勘探开发自然资源合同发生纠纷提起的诉讼，由中华人民共和国人民法院管辖。除了特殊管辖和专属管辖外，我国还对普通管辖和协议管辖作出了一系列的规定。在协议管辖中又对明示和默示作出了相关规定，即允许涉外合同或涉外财产权益纠纷的当事人，以书面协议选择与争议有实际联系的地点的法院管辖；选择中国法院管辖的，不得违反中国关于级别管辖和专属管辖的规定；原告向中国法院起诉，被告未对中国法院的管辖提出异议，且应诉答辩的，视为认定中国法院具有管辖权。由此可以看出，我国也通过协议管辖来预防国际民商事诉讼竞合的产生，但是这根本不能有效地解决这个问题。

如前文所述，我国与多个国家签订了双边司法协助条约。这些条约的存在虽然有一定的积极意义，但是并不能有效地解决诉讼竞合，因为我国坚持的是国内判决和诉讼优先的原则。没有与我国签订司法协助条约的国家，其判决往往不会得到我国法院的认可和执行。

一 我国过于强调涉外民商事案件的管辖权

当前，我国《民事诉讼法》对国际民商事诉讼竞合问题并没有明确的规定，但是1992年最高人民法院《关于适用〈中华人民共和国民事诉讼法〉若干问题的意见》中，第306条和第15条涉及这一问题。意见第306条规定："中华人民共和国人民法院和外国法院都有管辖权的案件，一方当事人向外国法院起诉，而另一方当事人向中华人民共和国人民法院起诉的，人民法院可予受理。判决后，外国法院申请或者当事人请求人民法院承认和执行外国法院对本案作出的判决、裁定的，不予准许；但双方共同参加或者签订的国际条约另有规定的除外。"意见第15条规定："中国公民一方居住在国外，一方居住在国内，不论哪一方向人民法院提起离婚诉讼，国内一方住所地的人民法院都有权管辖。如国外一方在居住国法院起诉，国内一方向人民法院起诉的，受诉人民法院有权管辖。"

这种放任态度对我国处理民商事诉讼竞合问题是有一定消极影响的。即使外国法院已经在审理案件或者作出了判决，只要一方当事人向我国法院起诉，我国法院就可以受理，且对外国法院作出的判决不予承认和执行。外国法院也将采取同样的方法，对我国法院作出的判决也不予承认和执行，这样只会使得情况更为复杂。我国强调本国的管辖权虽然有利于维护国家的司法主权，但是对当事人来说无疑是加重了其负担，也不利于国家间关系的发展。

二 我国规制平行诉讼的立法严重缺乏

我国当前的《民事诉讼法》并没有对规制国际民商事诉讼竞合问题作出明确的规定。1992年最高人民法院《关于适用〈中华人民共和国民事诉讼法〉若干问题的意见》虽然作出了相关规定，但是意见中只是强调我国对涉外民商事案件的管辖权，并没有有效地解决问题。2000年的《中华人民共和国国际私法示范法》对诉讼竞合问题也作出了许多规定，但是这并不具备法律效力，其不能成为法院判决的依据。立法的严重欠缺导致法院无法可依，即使国内的不同法院，对这一问题的做法也不一致。没有统一的法律来解决国际民商事诉讼竞合问题，不但会给当事人带来不必要的麻烦，而且我国司法的权威性也将会受到极大的损害。

三 我国缔结的关于诉讼竞合方面的国际条约有限，而且存在不足之处

目前，我国只与法国、乌克兰、罗马尼亚、哈萨克斯坦、西班牙、蒙古国、塞浦路斯、意大利等为数不多的国家缔结了双边司法

协助条约，可以说我国缔结或参加的双边或者多边司法协助的国际条约是十分有限的。在有些条约之中，也存在不合理之处。比如，我国与法国签订的《中华人民共和国和法兰西共和国关于民事、商事司法协助的协定》第22条第六项就体现了内外国判决冲突时内国判决优先的原则，也就是说只要我国法院已作出发生法律效力的判决，对方国家的判决就得不到承认与执行。我国与意大利、蒙古国签订的司法协助条约就体现了内国先诉优先的原则，也就是说只有内国法院的受理在先，对方国家法院的受理在后的，才可以拒绝承认对方国家法院的判决。由此可以看出，条约也存在不足之处，如果处理不好，对法院和当事人都会造成时间和经济上的浪费。

显然，我国在规制国际民商事诉讼竞合的问题上还存在很多不足，没有吸收和引进外国的一些先进制度。我国在处理涉外民商事案件时主要把维护本国的司法管辖权放在第一位。维护本国司法管辖权固然重要，但是国际礼让原则和国际合作与协助的必要性也是我国需要考虑的问题。因此，在国际民商事诉讼竞合的问题上采取放任的方法对我国与外国民商事的合作与发展是极其不利的。

第五节　我国关于国际民商事诉讼竞合的司法实践

如前所述，我国关于国际民商事诉讼竞合问题的法律制度是不完善的。就现行的民事诉讼制度而言，对于国际民商事诉讼竞合的问题，司法实践当中基本上采取的是放任诉讼竞合的无限制说，调整和规制的办法也较为单一。

一　旅美华侨张雪芬重复起诉离婚案①

旅居美国的中国公民张雪芬，为达到与居住在中国上海市的

---

① 林准：《国际私法案例选编》，法律出版社，1996，第118页。

中国公民贺安廷离婚目的，向我国上海市中级人民法院起诉，同时也向其居住地的美国法院起诉。我国法院受理后，案件尚未审理终结前，美国法院已就同一案件作出了判决。在这种状态下，就我国法院是否还应作出判决的问题，上海市高级人民法院向最高人民法院请示。最高人民法院在 1985 年 9 月 18 日的批复中指出，在张雪芬未撤回向中国法院起诉的情况下，按《民事诉讼法（试行）》第 20 条第 1 款的规定①，中国受诉法院得依法作出裁决，不受外国法院就同一案件是否作出判决的影响。该批复还进一步指出，关于华侨向居住国法院起诉离婚，其国内配偶不应诉，或外国法院判决离婚后，其国内配偶不上诉，而另外向中国法院提起离婚之诉，中国法院是否受理的问题，因中国领域内的中国公民的婚姻关系，受中国法律的保护和调整，按《民事诉讼法（试行）》第 21 条第 2 项的规定②，中国法院应予受理并依法裁决。

二　中国公民忻清菊与美国公民曹信宝离婚案

中国公民忻清菊与美国公民曹信宝 1944 年在中国结婚。1990 年，曹信宝在美国密苏里州杰克逊郡巡回法院取得与忻清菊的离婚判决。并于 1990 年 3 月来中国，在宁波市民政局涉外婚姻登记处办理了与他人结婚登记（后来该登记被有关部门撤销）。中国公民忻清菊则于 1991 年 12 月 14 日向宁波市中级人民法院提起离婚诉讼。宁波市中级人民法院经审理认为，曹信宝所持的美国法院的离婚判决因其未向我国有管辖权的法院申请承认该判决，该美国法院的离婚判决书在我国不具有法律约束力。原告、被告仍是合法夫妻，现忻清菊向法院提起离婚之诉，并无不当，人民法院

---

① 《民事诉讼法（试行）》第 20 条第 1 款规定："民事诉讼由被告户籍所在地人民法院管辖；被告的户籍所在地与居所地不一致的，由居所地人民法院管辖。"
② 《民事诉讼法（试行）》第 21 条规定："下列民事诉讼，由原告户籍所在地人民法院管辖；原告的户籍所在地与居所地不一致的，由居所地人民法院管辖：……（二）对不在中华人民共和国领域内居住的人提起的有关身份关系的诉讼……"

应予以受理并依法审理,此属受诉人民法院管辖的范围。此案后经法庭主持调解,双方当事人达成了离婚协议。

三 日本公民大仓大雄离婚案①

日本公民大仓大雄与中国上海妇女朱惠华结婚,后双方在日本共同生活。其在日本共同生活一段时间以后,发生纠纷。大仓大雄在上海市中级人民法院起诉离婚。原告之所以在中国进行离婚诉讼,其目的是保住其在日本的财产不受损失。此案夫妻双方婚后住所地在日本,婚姻事实以及有关夫妻财产也在日本,因此,我国法院认为,如果诉讼在中国,既不便于双方当事人的诉讼,也不利于查清夫妻关系的真实情况,更无法查明大仓大雄在日本的财产,难以保护当事人的合法权益。为此,上海市中级人民法院决定不行使司法管辖权,告知大仓大雄在日本法院起诉。后日本法院审理后判决双方离婚,并判令大仓大雄给付朱惠华折合近十万元人民币的日币。

四 赵碧琰确认产权案②

此案是一起国际财产诈骗侵权案,涉诉的财产主要在日本,诈骗人主要也都在日本。原告在中国,有些证据和证人也在中国,某些诈骗人还在中国被捕。但是对于该案件的管辖,我国法院认为,从传讯证人、搜集证据等方面看,日本法院受理对当事人更为方便,因而不予受理。

从上述的旅美华侨张雪芬重复起诉离婚案、中国公民忻清菊与美国公民曹信宝离婚案两个案例可以得出这样的结论,我国法院目前对待国际民商事诉讼竞合问题的态度是完全不理会外国法院是否已行使管辖权,肯定的是我国法院的管辖权,对国际民商

---

① 盛勇强:《涉外民事诉讼管辖权冲突的国际协调》,《人民司法》1993 年第 9 期。

② 刘振江:《涉外民事经济法律研究》,中山大学出版社,1991,第 425~439 页。

事诉讼竞合不作任何法律规制。此种做法虽然在我国现行法律中没有明确规定，但最高人民法院《关于适用〈中华人民共和国民事诉讼法〉若干问题的意见》第 15 条和第 306 条的规定都涉及这一部分内容。从现行国际诉讼竞合规制的通行做法上看，笔者认为，此种做法是不合适的。第一，此与国内民事诉讼中对待平行诉讼的态度不协调，不一致。我国现行的民事诉讼法律对国内民事诉讼中的平行诉讼持绝对的否定态度，不允许国内有平行诉讼情况的存在。对于此问题，《民事诉讼法》第 35 条①、第 124 条②第五款均有规定。第二，这样做不利于当事人权利的保护与国际民商事关系的稳定。在旅美华侨张雪芬重复起诉离婚案、中国公民忻清菊与美国公民曹信宝离婚案两个案例中，如果美国法院依据美国法律作出离婚判决，中国法院依据中国法律作出不予离婚的判决；或是中国法院作出离婚判决，美国法院作出不予离婚判决，必然造成当事人"跛脚婚姻"。这一不稳定状况，增加了双方当事人的痛苦，会使当事人的权利义务关系长时间处于不稳定状态。第三，浪费了国家的诉讼资源，增添了当事人的诉累。如旅美华侨张雪芬重复起诉离婚案原告基于同一诉讼目的，同时向美国、中国两国法院起诉，造成了两国司法资源的浪费，增加了当事人的诉讼负担。第四，不利于国际司法协助的顺利进行。我国在国际诉讼竞合上的此种态度，过多地强调了国家主权，而忽视了国际协调。国际司法协助对于相对独立的主权国家而言是相互的，对于外国法院判决的无视态度很容易招致外国法院的报复，使我国法院的判决在外国得不到承认和执行，这将使中国的涉外民事纠纷复杂化，不利于涉外民事纠纷的解决（除非中国缔结的

---

① 《民事诉讼法》第 35 条规定："两个以上人民法院都有管辖权的诉讼，原告可以向其中一个人民法院起诉；原告向两个以上有管辖权的人民法院起诉的，由最先立案的人民法院管辖。"

② 《民事诉讼法》第 124 条第 5 款规定，对判决、裁定、调解书已经发生法律效力的案件，当事人又起诉的，告知原告申请再审，但人民法院准许撤诉的裁定除外。

有关国际条约另有规定)。第五,可能导致当事人"选购法院",即当事人选择某一个其认为可能会作出有利于他的判决或裁决的国家法院进行诉讼。① "选购法院"对被告不但是不利的,而且破坏了国际民商事活动的稳定性。

日本公民大仓大雄离婚案、赵碧琰确认产权案实质上是我国法院适用了"不方便法院原则"(Doctrine of Forum Non Conveniens)。我国一些学者在认为上述两案例中中国法院适用了不方便法院原则的同时,主张借鉴美国法院关于不方便法院原则的司法实践适用不方便法院原则。从上述两案的审判过程看,适用此原则需要一方当事人向法院提出申请,法院在考虑当事人的申请理由后,可以作出停止诉讼或驳回起诉的判决或裁定。在停止诉讼的情况下,如外国法院对诉讼不合理地延迟过久,该诉讼可以重新进行。在驳回的情况下,法院对此案件不再有管辖权。其实这一原则在我国有关的司法解释中亦有体现。如1983年12月27日,外交部、最高人民法院、民政部、司法部、国务院侨务办公室颁布的《关于驻外使领馆处理华侨婚姻问题的若干规定》第2条第3款规定:"夫妻双方均是居住在国外的华侨,他们要求离婚,原则上应向居所地有关机关申请办理离婚手续。"该条还规定:"如他们原是在外国婚姻登记机关办理结婚登记或举行结婚仪式的,他们的离婚案件国内不受理。"不过,这是一条成文法的规定,与美国法院法官的自由裁量权适用不方便法院原则是有本质区别的。不方便法院原则作为预防国际民商事管辖权的积极冲突,解决国际民商事诉讼竞合的一种司法措施,有其特殊的作用。我国有关立法应当确认不方便法院原则,从而使我国关于国际民商事诉讼竞合法律规制的方式更为合理,更加符合国际通行规定。

---

① 程晓莲、吕国民:《国际民事管辖中的选购法院与选择法院》,《河北法学》1998年第5期。

第五章　国际民商事诉讼竞合规制的法律体系设置和实现途径构想

评述国际社会关于国际民商事诉讼竞合的相关规定，意在寻找现存法律体制的框架下，更为有效地解决国际民商事诉讼竞合问题的办法。在研究确认国际民商事诉讼竞合规制的法律体系设置之前，有必要对现今国际社会通行的关于国际民商事诉讼竞合规制的方法和法学家们的观点学说进行一下总结。可将现今国际上通行的解决国际民商事诉讼竞合问题的方式，归结为四种国内法机制。①

第一种机制为中止本国诉讼或驳回本国诉讼以尊重他国法院的诉讼。其理论根据为先受理原则、承认预期理论、不方便法院原则。

第二种机制为发布禁诉命令限制在外国的诉讼。禁诉令是由一国法院所作的，对系属该国法院管辖而在外国法院诉讼的一方当事人下达，禁止该方当事人参加预期或者未决的外国法院诉讼的命令。禁诉令是普通法系国家特有的解决国际民商事诉讼竞合的方式。

第三种机制是允许两个诉讼继续同时进行。这种方式是指发生国际民商事诉讼竞合的时候，法院既不中止或者驳回本国诉讼，又不禁止当事人在外国进行诉讼，出现两个诉讼在不同国家提起并继续进行的情况。可以说，前面两种机制都是在确定管辖权阶段解决国际民商事诉讼竞合的问题，而这一机制则是在判决的承认和执行阶段解决国际民商事诉讼竞合问题。采取这种机制的国

---

① 张淑钿：《论解决国际诉讼竞合的四种国内法机制》，《前沿》2005年第3期。

家认为,诉讼双方当事人都有权选择最好的法律、最佳的救济、最为满意的程序制度,取得快速的判决,并尽快使判决得到执行。在不发布禁诉令的情况下,这一规则几乎没有任何限制,为当事人提供了挑选法院的极大自由。如果一方当事人不愿意另一国法院对案件进行审理,他可以尝试要求驳回起诉或者限制诉讼,在这些行动不能达到目的的情况下,他可以拖延外国法院诉讼的时间,等待另一国法院首先作出判决,然后在判决的承认和执行阶段对外国法院的判决提出异议。同时,为了防止由于两个诉讼继续同时进行而导致出现两个相互冲突的判决,一些国家采取了既判力优先、本国判决优先两种处理方式。

第四种机制是允许当事人自由选择审判法院。此种方式载于1989年美国律师协会起草的《管辖权冲突示范法》,旨在鼓励当事人自行确定审判法院,从而自动放弃在其他法院诉讼以解决国际民商事诉讼竞合问题。此种机制提供了确认单一诉讼的机会,同时发展了通过判决的执行来鼓励当事人主动减少重复、不必要浪费的诉讼方式。1991年,美国康涅狄格州采纳了《管辖权冲突示范法》,将其作为《关于国际债务和诉讼程序公共法令》中的一部分。

为解决诉讼竞合的问题,有关国家根据自身的立法特点和司法实践,将上述四种机制的内容有机地并用或单一使用。比如美国,它就采取了允许诉讼同时进行、"不方便法院原则"、未决诉讼和禁诉命令,司法实践中还采用了预期理论。

按照世界各国现行的关于规制国际民商事诉讼竞合问题的基本做法和方式,可以看出,国际社会以成文法的方式对国际民商事诉讼竞合进行法律规制并不多。对于实践中出现的有关问题,各国往往需要借助学者们的有关学说和判例进行解决。目前看,对国际民商事诉讼竞合的法律规制,通行的主要有以下三种学说。[①]

---

① 刘力:《国际民事诉讼管辖权研究》,中国法制出版社,2004,第198~199页。

第一,规制消极说。此说主张调整国内民商事诉讼管辖权的原则不应类推适用于国际民商事诉讼管辖权冲突的解决。也就是说,规制国际民商事诉讼竞合不能采用国内诉讼竞合的规制办法。对国际民事诉讼,一国法院可以不管同一诉讼是否已为外国法院受理,依然具有管辖权。① 一言以蔽之,各国不应限制平行诉讼。其理由是:①有关各国法院没有义务调查外国法院是否受理同一诉讼;②从诉讼效率的角度上讲,如果有关国家法院关注一事是否两诉或多诉,势必拖延审理期限而降低诉讼效率;③国际社会尚无普遍认可的国际条约可以遵循,国际诉讼竞合问题在所难免。但此学说从司法经济和当事人的负担来看,是不足取的。各国坚持本国判决的效力,易产生跛形法律关系。同时在外国法院判决被申请执行时,也会引起内外判决的冲突。从法学的基本理论上讲,此学说具有狭隘的本国主权思想,缺乏国际协调精神,不适应当今国际社会的发展。

第二,承认预测说。该学说的基本原理在于只要外国法院的起诉在先,本国法院的起诉在后的,以外国法院的判决将来能得到承认为要件,限制本国法院的诉讼。其理论支点在于如果放任一事两诉,对于国内民商事诉讼和国际民商事诉讼都是不利的。既然各国国内立法和实践都不允许平行诉讼的存在,也应当禁止国际平行诉讼的产生。这种学说认为,只要外国法院的判决将来能够得到内国法院的承认,应使其优先。应当说这种与外国法院的判决承认与执行制度相呼应的理论学说,比较符合诉讼经济的要求,如果得以实施,将会有效地防止原告滥用诉讼权利。因此,笔者认为在规制国际民商事诉讼竞合问题上,此观点是值得提倡的。但是,此种学说同样也存在着无法回避的问题。正如英美等国学者所批判的,外国法院判决的承认可能性的预测是很困难的,国际诉讼的先后顺序只以提起诉讼的时间先后来决定是否合理尚

---

① 陈荣宗:《国际民事诉讼与民事程序法》(第五册),三民书局有限公司,1998,第 24~25 页。

值得探讨。① 另外还有一种情况，外国法院有间接管辖权，而内国法院具有直接管辖权。如果只以外国法院判决将能得到内国法院承认为条件放弃诉讼，也会使经济力量较好的当事人处于有利地位，这有损于司法的公正性。

第三，适合之法院地说。该学说也称为利益衡量说、比较衡量说。其思想来源于英美法中的最密切联系说和政府利益分析说。此说主张在解决国际民商事诉讼竞合时，应综合分析各种情况，由法院进行比较衡量，裁定外国法院和内国法院哪一个是合适的法院。此学说构建在一个灵活标准之上，可以综合考虑多种情况。利益衡量的范围既可以包括国家利益、法院利益、当事人利益，也涉及互惠、对等以及外国法院判决的可执行性等综合因素。该学说与法官的自由裁量权紧密相连。也正是如此，过度地信赖法官的自由主观裁量又无具体的成文法规定可供遵循，也使其在规制国际民商事诉讼竞合中产生了较大的随意性。当内国法院认为本国是"最合适的法院"时，也往往会出现内国诉讼和外国诉讼平行进行的可能，从而产生矛盾的判决。

在综合考虑上述观点和各国的做法之后，对于解决国际民商事诉讼竞合问题，笔者认为可以按照下列方向予以思考。

第一节 关于规制国际民商事诉讼竞合法律体系设置

一 建立国际民事诉讼程序统一法（形成全球性的国际民事诉讼管辖权公约）

屈广清教授在《国际民事程序统一法研究》中就国际诉讼统一法的最新发展动向作了这样的论述："本世纪以来，世界经济逐渐呈现经济国际化，区域经济集团化的发展趋势，客观上要求统

---

① 李旺：《国际诉讼竞合》，中国政法大学出版社，2002，第315页。

一地调整国际经济活动和国际民事诉讼活动的规范。越来越多的国家出现了以单行法规规定国际民事诉讼规范的立法趋势。近年来制定的国际民事诉讼公约也改变了过去总是制定包括各方面内容的综合性公约的做法，使得公约的内容正日益专门化，内容也更加符合当今的实际。"他认为，未来国际诉讼统一法的发展趋势为，各国国际（涉外）民事诉讼程序的完善、发展和趋同，诉讼冲突规范的建立、健全和逐渐退出历史舞台，国际诉讼统一法条约的完备及最终实现整个国际诉讼制度全球的趋同和统一，国际诉讼统一法将成为真正统一法典、"一统江湖"。①

其实，国际社会的发展也正是这样。如果不局限于在经济、政治、法律等这些层面上，当今社会同以往的最大区别表现为国家间的相互作用和相互融合。因此，映入我们眼帘的也是感受最深的是经济全球一体化。也正是源于此，西方国家的一些学者提出了法律全球化（the globalization of law）的理念和设想。按照西方国家的法学家们的构想，所谓法律全球化实际就是"不受任何国家控制的经济或政治势力""超国家的法律"和"独立于国家之外的立法过程"。英国伦敦政治经济学院法学教授 G. Teubner 在《无国界法律的全球化》一书中这样定义法律的全球化问题："指在公民社会的各个部门创建了大量无中心的，独立于国家之外的立法过程。技术标准化、职业规则的产生、人权、跨国公司内部组织的规章、缔结契约、仲裁以及其他商法制度，就是已在广阔的全球范围体现的，由私政府制定规则的形式。这些规则要求独立于各国国内法的全球范围内的效力，并与国际公法规则保持相对距离，它们并不是由国家正式行为产生的，而是来自奇怪的自我生效的矛盾行动。"② 应当说，这些观点从其产生开始就受到多方面的质疑和批判，我国的国际私法学者也对此持否定态度，认

---

① 屈广清：《国际民事程序统一法研究》，中国经贸出版社，2001，第 11 页。
② 参见 G. Teubner, *Global Law Without A State*, 1996, Foreword。

为这种理论是不切实际的幻想,① 是先前"世界法"的翻版等。虽然旨在设立一个世界多个国家都遵循的民事诉讼法律规范,因受各国主权和民族习惯的影响是不可能实现的,但是任何人都应当正视法律趋同化的趋势。应当注意到,在国际民事诉讼管辖权问题上,伴随着"习惯居所"的普遍被接受,英美与欧洲大陆国家长期的对立的矛盾冲突已趋于协调。协议管辖也逐渐为国际社会所普遍接受。② 法律趋同化表现为在国内法的创制和运作过程中,越来越多地涵盖国际社会的普遍实践与国际惯例,各国积极参与国际法律统一的活动等。③ 我们说,法律趋同化是世界经济全球化产生作用的结果,是经济基础决定上层建筑的经济规律运行的必然结果。这种结果符合当今求同存异,共同发展,加强国际合作的主流精神。因此,有人就认为,所有国家的法律,甚至是任何两个国家的法律,假设在所有问题上都观点一致,那是必不可取的,因为这是不可能的;可是,在所有文明国家的法律中,一些最重要的观点,应该是相同的,而且亦没有什么不方便之处。④

从世界经济发展的历程上看,由于生产力的高度发展,市场经济的自动力使世界各国产生了打破地域进行经济合作的愿望,带动国际社会在二战以后形成了一系列有关经济交往和合作的全球性国际公约。而且,伴随国际经济的快速发展,人类社会也将共同面临越来越多的生存危机,比如,生态环境恶化,贫困失业,人口膨胀等。这些问题的解决有赖于国际社会的通力合作,国际社会的合作已经成为各国谋求共存和发展的最佳选择。也正因为如此,各国普

---

① 沈宗灵:《评法律全球化的理论》,载《国际经济法论丛》第 4 卷,法律出版社,2001,第 1 页。
② 李双元:《市场经济与当代国际私法趋同化问题研究》,武汉大学出版社,1994,第 2 页。
③ 李双元:《市场经济与当代国际私法趋同化问题研究》,武汉大学出版社,1994,第 3 页。
④ 边沁:《道德与立法原理》,载《西方法律思想史资料选编》,北京大学出版社,1993,第 499 页。

遍参与的全球性国际公约也为某类事项的解决提供了一种极佳的途径。海牙国际私法会议从 1992 年开始就着手缔结一项关于民商事案件国际管辖权和外国判决的承认与执行的多边公约，并在 1999 年 10 月拟定了《民商事管辖权及外国判决公约（草案）》（Convention on Jurisdiction and Foreign Judgments in Civil and Commercial Matters）。该公约草案就解决国际民事诉讼竞合问题而言具有一定先进性。但鉴于大陆法系和英美法系在诸多法律问题上的分歧，该公约草案的谈判和通过遇到许多阻碍，一直到 2005 年 6 月才通过了《选择法院协议公约》。而且，公约的内容与设立公约的初衷也有了根本上的不同。但是，我们看到这种努力的意义更多地在揭示涉外民商事管辖权的确定和行使中的合理性因素，而非直接明确无误地确定管辖权本身。从制定公约而展开的激烈争论中，我们看到的是目前对于由法律或条约直接规定的管辖权，在各国间正在达成一个共识，让我们感到的是国际社会从未放弃过相融与合作的努力。已有的关于规制国际民商事诉讼竞合的成果，已为各国合作架起了一座桥梁。从发展趋势看，国际诉讼统一法是国际私法发展的必然结果。[①] 因为国际诉讼统一法将在一定范围和程度上统一有关国家的诉讼法，其规定无须间接指引而直接适用。作为一种更多解决国际民商事竞合及其他法律冲突方式的国际法制度，已显示出巨大的发展潜力。[②] 随着法律趋同化的进一步发展，通过缔结多边条约的方式，一定能够建立起符合各国要求的、更加透明的、更为公平的、更加便利的国际诉讼制度，使国际民商事诉讼竞合不再有产生的条件。而在具体的规定设计上，应当考虑两个方面的内容。首先，对国际民商事诉讼管辖权应当确定一个一致的原则。这个一致的原则应当建立在合理性的基础之上。正如国际法院的成员 Gerald Fitzmaurice 在 Barcelona Traction 一案的判决中所论述的："在目前的情形下，国际法没有对国家施加硬性的严格的划定国家管辖权范围的规则……但它确实给

---

① 屈广清：《国际民事程序统一法研究》，中国经贸出版社，2001，第 11 页。
② 《国际贸易法文选》，赵秀文译，中国大百科全书出版社，1993，第 55 页。

每个国家设定了一个义务,即在处理涉及外国因素的案件中,将适度和克制(moderation and restraint)作为法院行使管辖权的限度,并且避免对属于其他国家行使的更适当或者更适宜的管辖权的不当侵犯(undue encroachment)。"① 其次,建立国际社会通行的外国法院的判决的承认和执行公约,以保证各国涉外民商事判决能够在国际社会的普遍范围内得到"自由流通"。

二 意思自治

意思自治理论由 16 世纪法国学者杜摩兰(西方学者称之为"当事人意思自治之父")首倡。其最初的含义为:"契约关系应该适用当事人自由选择的法律予以调整。"其学说与当时资产阶级所倡导的"契约自由"思想相吻合,因而得到了胡伯、萨维尼、孟西尼和斯托雷等一大批法学家的赞同,使之得以传入英美法系和大陆法系各国。1804 年《法国民法典》将此原则隐含在"契约自由原则"中,1865 年《意大利民法典》将此原则作为合同法律适用的首要原则。之后,英国、美国、日本等一些国家先后将意思自治原则在立法和司法中加以肯定和适用。意思自治原则现今已成为国际社会在处理国际性合同准据法方面和有关合同的国内法方面的一致原则。意思自治原则符合国际民商事流转活动对自由的需要。作为一项法律适用原则,它也符合法律规范必须是一般正义、效率及安全等价值承载者的要求。② 正因为如此,其为有关国际民商事法律适用结果的可预见性提供了一个独特的思考点。这种方法是国际社会致力于消除法律冲突、统一法律适用原则所提倡的唯一的广为接受的方式。而且,就现代的意思自治原则而言,它在扩大当事人选择法律范围的同时,又以国际条约和各国

---

① 参见 Barcelona Traction, Light & Power Company Case (*Belgium v. Spain*) [1970] ICJ Rep. 3。
② 刘仁山:《"意思自治"原则在国际商事合同法律适用中的适用限制》,《武汉大学学报》(哲社版)1996 年第 4 期。

国内法的规定对当事人的这种自由选择予以了一定的限制。可以说，现代的意思自治原则从内容到结构都更加完善和科学。

笔者认为，不能仅仅将其作为一项法律适用原则，而应将其纳入国际民商事诉讼管辖权的领域，以此来解决国际民商事诉讼竞合问题。针对意思自治原则的内涵，曾有学者指出，从法哲学层面理解，意思自治是个人主义、自由主义哲学思潮的产物；从公私法划分层面理解，意思自治是指私法自治，对公法主体行使公权力不适用。它不是具体法规的具体指导原则，而是整个私法的灵魂；从冲突法层面理解，意思自治指当事人有协商选择处理纠纷所适用的准据法的权利；从民事诉讼法层面理解，诉讼法上的选择主义和处分权主义是私法自治在公法领域的直接延伸。[①] 事实上，各国都有协议管辖或合意管辖的国内法规定，只不过是出于各国法律的实际情况在具体内容规定上稍有差异。近些年来，一些国际公约也都肯定了意思自治原则在民事案件管辖权方面的积极成果。因此，如果将协议管辖上升到一定的高度，对于解决因各国管辖权的积极冲突而产生的国际民商事诉讼竞合问题会具有极其重要的意义。

三　最密切联系原则

根据最密切联系原则，某管辖法院在处理某一国际民商事法律关系或国际民商事案件时，不按原来单一、机械的连结因素决定应适用的法律，而应该综合分析与该国际民商事法律关系相关的各种因素，从中找出最本质的联系，并以此为标志去适用法律。同当事人意思自治原则相同，最密切联系原则起初也是作为法律选择的一种方法出现的。其萌芽可以追溯到19世纪德国国际私法学家萨维尼的"法律关系本座说"。其认为每个法律关系必然而且只有一个"本座"。由此他为不同的法律关系构筑了一整套机械的

---

① 参见 http://www.chinalaw.com.cn/lawthesis, asp。

法律选择规范体系。但是这种方法过于呆板和落伍，尤其在国际经济流转速度加快的今天，某一国际民商事纠纷或某一国际民商事法律关系只与一个国家或地域存在联系的可能性已大大降低，所以，从20世纪50年代开始，美国在一些判例当中①确立了"重心中心"、"最强联系地"和"最密切联系"等观念，此后逐渐演变成一种新的法律选择理论——最密切联系原则。

最密切联系原则要求法院依据案件具体情况，在立法者提供的某些标志的指导下判断应该适用的法律。实际上，最密切联系原则就是以法官的主观自由裁量代替僵固的法律规定，其核心在于寻找出与国际民商事案件或民事法律关系有最密切联系的因素。它与传统方法的主要区别在于它的灵活性和对传统连结点以外因素的考虑。虽然这些因素的选择和取舍是以法官的自由裁量为基础的，但要在与案件有联系的众多因素（连结点）中确定其中一个或几个为"最密切联系点"也并不是件容易的事。因而在有关国家的立法或司法实践中，各国也对需要的因素进行了规定。其中包括：①案件与有关法域的联系分别达到什么程度；②有关法域法律的内容，隐含在法律中的政策、立法目的及其数量制约关系；③案件中的判决给有关法域增加或减少利益的比重；④判决对当事人是否公正及公正程度等。②

作为一种灵活性的法律选择方法，最密切联系原则已不仅仅适用于合同和侵权领域。越来越多的国家将这一原则规定在其国内立法当中，一些国际公约也采纳了这一观点。可以说，正因为各国在一些原则问题上存在着难得的一致性认识，才使得最密切联系原则更加符合现实需要，更具有其他法律制度所不具有的重要意义。笔者认为，最密切联系原则完全可以引入到国际民商事

---

① 这些案例包括奥廷诉奥廷案（*Auten v. Auten*）和1964年贝科克诉杰克逊案（*Babcok v. Jackson*），上述案例参阅杜新丽主编《国际私法教学案例》，中国政法大学出版社，1999。

② 蔡镇顺：《国际私法教学案例选编》，人民法院出版社，1998，第65页。

案件管辖权领域,用以解决出现的国际诉讼竞合问题。如果最密切联系原则成为国际民商事案件确立管辖权的被国际社会广为认同的法律制度,那么,将会从根本上杜绝或遏制国际诉讼竞合问题的产生。实际上,这种可能已在有关国家的立法和司法实践中成为现实。英美等普通法系国家适用的"不方便法院原则"和日本的"特殊情势原则",应该说是最密切联系原则在解决国际诉讼竞合问题上的延伸。在国际民商事诉讼竞合的问题上,因为国际民商事案件具有跨国性的特点,也因为各有关国家的主权,管辖权的积极冲突在所难免。因此,该问题在现有的法律制度上不可避免。而且,如果没有国家之间的礼让、克制,这种问题也将会愈演愈烈。最密切联系原则开创了一种解决国际诉讼管辖权问题的积极冲突,说服案件涉及国放弃管辖权,从而最大限度地避免国际诉讼竞合的新办法。这就是各国对待国际民商事诉讼管辖权的行使不仅要考虑本国立法产生的管辖权,而且,要按照最密切联系原则的要求,更多地考虑案件当事人的住所、居所、国籍、公司所在地、公司营业地、合同签订地、合同履行地、行为发生地和结果地等众多因素的联系以及联系的密切程度,从而确立一个更适合审理国际民商事纠纷的管辖法院,避免国际民商事诉讼竞合问题的出现。应当说,最密切联系原则在解决管辖权积极冲突、避免国际民商事诉讼竞合方面更为理性,更要求国家对自身主权权力的自我抑制。

第二节　解决国际民商事诉讼竞合的法律途径

一　先受诉法院原则

先受诉法院原则是指同一当事人就同一争议基于同一事实及同一目的,同时在两个或两个以上国家的法院进行诉讼,原则上应为先受诉国家的法院享有管辖权。这一原则是解决诉讼竞合问题的基础原则。适用该原则时,应注意以下几方面的问题。

(1) 当同一当事人就同一诉讼已经在某国提起诉讼时，其他国家一般不应受理或应停止诉讼。一般来说，后一受诉法院在知道当事人就同一诉因已在他国提起诉讼时，应不再受理；如果已经受理且诉讼正在进行之中，则后受诉法院应暂停诉讼。当然，这并不是绝对的。不予受理或暂停诉讼应考虑外国法院行使管辖权是否合理，能否为当事人提供全部的合理的救济，与本国法院的专属管辖权是否相互抵触等因素。《瑞士联邦国际私法法规》第9条之（1）就规定："如果相同当事人间对相同标的已在国外进行诉讼，瑞士法院如预测外国法院在合理的期限内将作出能在瑞士得到承认的判决，瑞士法院即中止诉讼。"日本一些学者也认为，对于相同当事人的同一诉讼，如果外国的未决诉讼可能作出的判决将来在日本获得承认的可能性很大时，应禁止国内重复起诉或者至少在外国诉讼的结局明确之前中止国内诉讼。英国法院在解决这类问题时，发展了未决诉讼原则和禁诉命令制度。由于禁诉命令有干涉他国司法主权之嫌，因此较少使用，大部情形是采取未决诉讼原则即中止本国法院诉讼程序的进行。有关的国际公约也采纳了该原则。如海牙国际私法会议特别委员会1999年10月30日通过的《民商事管辖权及外国判决公约（草案）》第21条第1款规定：如果相同当事人在不同缔约国的法院进行诉讼，而且这些诉讼是基于相同的诉因，则不论其寻求何种救济，只要先受诉法院有管辖权且预期其将作出能够按照本公约在后受案法院得到承认与执行，后受案法院应中止诉讼，除非后者按第4条或者第12条享有专属管辖权。1968年在布鲁塞尔订立的《关于民商事案件的管辖权及判决执行公约》第21条第1款也规定：相同当事人间就同一诉因在不同缔约国法院起诉时，首先受诉法院以外的其他法院应主动放弃管辖权，让首先受诉法院受理。其他各国的司法实践及有关判例对此也基本认同。

(2) 当事人之间同一案件已经由外国法院作出判决，此时内国法院应承认该项判决。当然，正如1971年海牙国际私法会议

《民商事案件外国判决的承认和执行公约》第 4 条的规定，承认此类判决一般要求以作出该判决的外国法院有管辖权为要件。但即使依内国法或国际条约该外国法院不具有管辖权，而该法院基于便利原则行使了管辖权且作出了判决，只要该案件不属于内国法院的专属管辖范围，且该判决公正合理，没有危及内国公共秩序，为避免诉讼竞合的发生，内国法院也应承认该外国法院的判决，不再受理或暂停诉讼。海牙国际私法会议常设局在 1998 年的《为准备有关民商事案件的国际管辖权与外国判决力公约的预备草案概要》第 23 条就采纳了该原则，其并没有要求作出判决的外国法院必须具有管辖权。该条规定：相同当事人之间就同一诉讼标的的一项诉讼已经在一缔约国法院审理，后受诉法院应中止诉讼，如果它预计到先受诉的法院会在合理的期间作出一个依据本公约能够在本国得到承认的判决。需要强调的是，并非必须承认所有的外国判决。除了要求外国法院的判决公正合理，不属于内国法院专属管辖范围，不危及内国公共秩序外，据 1971 年在海牙订立的《民商事案件外国判决的承认和执行公约》第 5 条第 3 款的规定，如果同一当事人之间基于同样事实以及具有同一标的诉讼：①在被请求国法院首先提起并正在进行中，或②诉讼已在被请求国作出判决，或③诉讼已在另一缔约国作出判决，而该判决已具备在被请求国予以承认和执行的必要条件，否则内国法院可以拒绝承认与执行外国法院对该诉讼作出的判决。

二 不方便法院原则

关于不方便法院原则，本书在介绍英美国家关于国际民商事诉讼竞合的法律规制时曾有过阐述。它本身的含义是指对某一案件具有国际民商事诉讼管辖权的法院，综合当事人是否便利参加诉讼以及法院自身审理案件的便利程度等因素，如果自认为不方便管辖该案件，倘若另一国法院对该诉讼同样具有管辖权且这种管辖更加方便和合适，也符合当事人和大众的利益，则不行使管辖权的制度。① 不方便法院原则起源于英美普通法系，在实际操作中具有很强的法官自由裁量性，表现出随意性的特点。这种随意性表现为法官认定本国法院不方便的理由或依据和法官裁量别国法院管辖的适当性或便利性的标准。从理论上讲，适用不方便法院原则的基本条件是存在另一个便利的可替代法院，原告在那里能够得到充足救济。② 一般而言，受诉法院法官要考虑下列事项。①原告在可替代法院可以获得充足救济；原告在其他法院能获得与受诉法院提供的救济实质上相同的救济，否则受诉法院不能以不方便法院为理由拒绝管辖。原告不因替代法院适用的法律不同于受诉法院所适用的法律而处于不利地位。②原告是否存在羞辱被告或给被告制造不必要的困扰与花费的可能。③可替代法院所作判决的效力问题或可执行性。④受诉法院管辖案件的效率和经济负担等。③ 在这些考虑的事项当中，一类涉及当事人之私人利益，另一类则涉及法院地公共利益。

美国联邦法院所倡导的不方便法院原则的基本内涵是当法院发现为了重大司法公正的利益，诉讼应在另一法院审理时，该法院可根据适当的条件中止或解除全部或部分诉讼（此为美国《统一州际和国际程序法》第1.05节的规定）。此时考虑的是当事人的利益和司法的结果。总体上讲，美国不方便法院原则的适用完全取决于法官的自由裁量权。鉴于此，美国联邦法院创设了一种限制法官无限自由裁量的方法——利益平衡分析法。但是如何平衡私人利益和公共利益，如何确立美国法院为不方便法院而外国法院为充分可替代法院，正如前文所介绍的那样，美国联邦最高

---

① 刘铁铮：《国际私法论丛》，三民书局股份有限公司，2000，第264页。
② 参见 *Gulf Oil Corp. v. Gilbert*, 330 U.S. 501, 67 S. Ct. 839, 91 L. Ed. 1055 (1947)。
③ 参见 *Hoffman v. Blaski*, 363 U.S. 335, 80 S. Ct. 1084, 4 L. Ed. 2d 1254 (1960); *Varkonyi v. Varig*, 22 N.Y. 2d 333, 239 N. E. 2d 542 (1968); *Dekaware, L. & W. R. R. v. Ashelman*, 300 Pa. 291, 150 A. 475 (1930); *Domingo v. Statle Marne Lines*, 253 A 2d, 78 (Del. Super 1969)。转引自刘铁铮《国际私法论丛》，三民书局股份有限公司，2000，第265页。

法院并没有形成一个明确的标准或方法。与美国法院权衡"私人利益"和"公共利益"的做法相比，英国法院更注重"私人的便利"。在不方便法院实践中，最密切联系原则构成了英国法院法官中止诉讼的自由裁量权的理论基础和主要参考因素。除此之外，英国法院还要考虑对人的便利性（包括原告、被告、证人以及其他任何第三方）、对法院的便利性、公共政策、应适用的法律，等等。而同属英美法系的澳大利亚和加拿大在不方便法院原则的适用上与英美两国也有不同。澳大利亚倾向于采用方便法院原则，即如果被告不能证明澳大利亚法院明显不当，那么澳大利亚法院就是方便法院，可以继续诉讼程序。加拿大法院在适用不方便法院原则时没有采用英国不方便法院适用规则中的两步骤法，[1] 其采取的是一步骤法，即主张被告承担举证责任来证明外国法院的适当性和加拿大法院审理的不方便性。加拿大法院在对方便与否的判断中，更多考虑的是各方当事人在不同法院诉讼的实际困难，包括双方证人和书面证据的来源，一方当事人是否有办法强制其证人到庭，等等。[2] 而在大陆法系国家中，我们说，虽然有个别国家施行与不方便法院原则相类似的有关制度，但从总体上看是拒绝不方便法院原则的。出于大陆法系自身特点，其普遍遵循依法办事的思路，一旦案情符合成文法规定的管辖条件，法院就有义务受理该案件。大陆法系国家将法律的安全性视为优先性的目标。[3] 另外一个思考点是大陆法系国家将不方便法院原则绝对

---

[1] 英国的两步骤法为：英国在适用不方便法院原则过程中，首先要求被告承担举证责任来证明存在一个可替代法院，且比英国法院明显地更为适当；如果原告想要阻止英国法院中止诉讼的话，原告必须承担举证责任以证明案件在英国法院审理的必要性和正义性。

[2] 参见 *Peterson v. AB Bacho Ventilation* (1970) 107 DLR (3d) 49 (BC SC); *Canadian Commercial Bank v. Carpenter* (1989) DLR (4th) 734 (BCCA)。

[3] 参见 Lagarde, Le principede Proximte dans le droit international Prive contemporain, 199 Recueil des cours (1986 - I), pp. 152 - 154。转引自胡永庆《不方便法院原则比较研究》，载陈光中、江伟主编《诉讼法论丛》第 4 卷，法律出版社，2000，第 509 页。

化地理解并定性为法官的自由裁量权。有很多大陆法系国家历来都是限制法官权力的,法官在审理案件中的权力受到法律规则的限定和导引。[1] 此外,一些国家如意大利、德国、法国、希腊等认为不方便法院原则涉及违宪问题。如《意大利宪法》第25条规定,"任何人不得被剥夺他由法律规定的自然的法官裁决的权利"。这意味着诉讼程序一旦开始,法院就不能再来解决管辖问题,也就不能拒绝管辖。但是绝对地说大陆法系国家就排斥不方便法院原则也是不正确的,依然有个别大陆法系国家或者在某些个案中采取了不方便法院原则的分析方法,或者运用其他替代规则来行使某种程度上的裁量权。比如日本,因为它是以德国法为蓝本兼容美国法要素的结合体,其诉讼制度应当说比较完善,也比较特殊。日本的"特殊情势"其实就是不方便法院原则的变种。日本最高法院在1981年马来西亚航空公司案(*Michiko Goto etd. v. Malaysian Airline System Berland*)中就作了这样的判定,认为"国际民事诉讼管辖权的行使应当依据保证公平对待当事人、适当及迅速审判的公正原则而定……当案件涉及国际方面时,法院管辖权的行使存在着特殊情势(special circumstance),法院可以改变法定管辖权"。[2] 但这种"特殊情势"与英美的不方便法院原则还是有区别的。其区别在于适用特殊情势原则并不以存在可替代法院为先决条件,其结果是驳回诉讼或终止诉讼,而不能中止诉讼或附有条件地终止诉讼。其拒绝管辖是源于管辖不便而认定不具有管辖权,而不是不方便法院原则所指的本身具有管辖权而出现管辖不便的问题。

从理论和实践两个角度来分析,不方便法院原则是在综合考虑诉讼成本、当事人利益、司法救济的公正有效等因素之后,要

---

[1] 沃森:《民法法系的演变与形成》,李静冰译,中国政法大学出版社,1992,第238~246页。

[2] 参见 International Judicial Jurisdiction and the Malaysian Airline Decision, 26 Hogaku Seminar (Vol. 2), pp. 20–24 (1982)。

求法院从国际协调的角度出发对本国法院的管辖权进行自我抑制。不方便法院原则的一个重要的理性价值就是防止和解决管辖权的积极冲突,从而有效地阻止国际民商事诉讼竞合的发生。这对于解决在国际社会尚无有效机制统一管辖权依据和解决国际民商事诉讼竞合的问题是有积极意义的。因此,有的学者认为,"鉴于裁判管辖权的有扩张行使基础之趋势及为避免管辖行使之冲突,不便利法庭原则实可作为一国法院在对管辖权做明智决定之工具"。[①] 但是,不方便法院原则的实际运用所产生的效果未必就能实现这种理性价值。首先,实施该项制度的国家主要集中在英美法系,而英美法系国家的实际做法也存在个体差异。其次,从不方便法院原则的内在结构上讲,该项制度的行使依赖于法院的自由裁量,法官的主观思想在决定是否中止本国法院诉讼时起主导作用,使得不方便法院原则适用有着较大的随意性,不同的法官极有可能使同一案件在不同法院得出不同结论。再次,英美法系国家在对待外国原告诉讼案件问题上,大多无障碍地允许适用不方便法院原则而中止本国诉讼。这样,原本希望通过诉讼获得充分司法救济的原告就可能面临诉讼无门的境地,这与国际民事诉讼管辖的理念是相违背的。而且大多数大陆法系国家根本不适用不方便法院原则,其更希望以限定的成文法方式来确定管辖权和解决国际诉讼竞合问题。没有统一性规定的不方便法院原则的适用就其理性价值而言毫无疑问是要受到质疑的。

即使如此,本书仍认为不方便法院原则是解决国际民商事诉讼竞合问题的一条极好的途径。这种方式现在看来仍然是符合诉讼经济和诉讼效率原则的。但由于不方便法院原则自身结构的问题及两大法系的差异,如将其作为解决诉讼竞合的一个途径,必须对其进行变革,变革的着眼点应为适用标准。其中,最好的办法是采用最密切联系原则。不方便法院原则的特点也是其不足为法官的自由裁

---

① 刘铁铮:《国际私法论丛》,三民书局股份有限公司,2000,第264页。

量权。"一个最基本的决定,就是关于继续审理还是中止诉讼,其也依赖于法官的自由裁量权,它是如此宽泛和模糊,以至于就等于是一个直觉的过程。"① 而且现有的衡量"标准"不利于当事人预见,尤其为大陆法系国家所不能接受。因此,有人曾主张回归不方便法院原则的早期标准,考察其特定法院地是否为不方便的法院地,而不是寻找更适当的法院地。但是这种标准适用时仍然摆脱不了现实所考虑的事实因素,仍要涉及公共利益因素和私人利益因素,只有当所有的因素综合衡量,明显支持被告的主张时,法院才可适用"不方便法院原则"而中止诉讼。② 但是,权衡私人利益和公共利益的标准应限定在与诉讼有关的范畴。私人利益考虑的因素应当包括外国证人作证的可能性及其费用,各种证据的可得性,诉讼语言的选择,外国原告支付有关费用的可能性,诉讼文书的送达,判决实现的可能性,等等。相对于私人利益而言,公共利益的联系性应当更为广泛一些,其思考的范围,应当摒弃一国的地域观点,不仅要考虑一个国家自身的利益和需要,而且要从整个国际社会的共同利益出发,去考虑方便法院的问题。由与诉讼有最密切联系的国家进行审理,减少或杜绝国际诉讼竞合的产生,彻底根除蹩脚判决的出现。这样做的结果会更有利于维护国家主权和当事人合法利益,将更有利于国际社会和谐的民商事法律秩序的建立。因此,我们说,将最密切联系原则作为不方便法院原则适用所考虑的最重要的因素,是解决国际民商事诉讼竞合最有效的途径。

三 一事不两诉原则

一事不能两诉在各国国内的民事诉讼中已成为一条被普遍适用的法律原则。也正是这样一个强制性规定的存在,有效地杜绝

---

① 参见 Roberson, *Forum Non Convenies in America and England*, 103. L. Q. R. pp. 414 – 415 (1987)。
② 胡永庆:《不方便法院原则比较研究》,载陈光中、江伟主编《诉讼法论丛》第4卷,法律出版社,2000,第530~531页。

了国内民事诉讼的诉讼竞合问题。而将其作为解决国际诉讼竞合的一条途径，是否具有合理性和可适用性呢？理论上讲，目前国际社会对国际诉讼竞合有四种态度：一是停止或中止内国法院的诉讼而让位于外国诉讼的继续进行；二是限制或停止外国法院的诉讼而继续内国诉讼；三是允许诉讼竞合；四是让当事人自由选择。一事不两诉原则目前还未成为国际社会解决国际诉讼竞合的基本原则。其原因主要是主权问题、管辖权问题，以及外国法院的判决承认和执行问题。作为一种概括性地解决国际民商事诉讼竞合的方式，国际社会的通行做法主要有两种：一是停止本国法院的诉讼，英美国家称之为未决诉讼中止命令方式；二是停止或限制外国诉讼，英美国家称之为禁诉命令方式。如果从积极意义上考察国际社会关于国际民商事诉讼竞合的通行做法，第一种方法是最好的，其对于防范和解决国际民商事诉讼竞合是有积极意义的。这种方法是国家自我抑制主权的最好佐证。第二种方法有利于维护国家主权，但涉嫌对外国主权的侵害。实事求是地讲，国际民商事诉讼竞合的这两种解决途径无非采用一事不两诉的原则，要么中止本国诉讼，要么中止与本国诉讼平行的外国诉讼，其结果是将由于国际诉讼管辖权的积极冲突而产生的平行的两个或多个诉讼归为一体。在有关国家的立法和实践中，除采用不方便法院原则予以解决以外，主要采取这样两种方式。

有人曾经将中止本国诉讼与不方便法院原则联系在一起，认为不方便法院原则是中止本国诉讼的一个前提条件。应当说，这种表述有一定的道理。客观上讲，中止本国诉讼与不方便法院原则存在着密切的联系。在英美法系国家，未决诉讼是法官行使自由裁量权以决定是否中止本国诉讼的一个重要的考虑因素。在这些国家，未决诉讼本身并非一个独立的原则，它只是不方便法院原则的一个方面。[①] 在英美法系的国家当中，中止内国诉讼往往与

---

① 肖凯：《国际民事诉讼中未决诉讼问题比较研究》，载《中国国际私法与比较法年刊》第4卷，法律出版社，2001，第51页。

不方便法院原则共同使用，如果内国法院的审理极不方便，则以不方便法院为由设定中止诉讼命令中止内国法院的诉讼程序。但二者存在着比较大的区别，一是两者的结果不同。未决诉讼命令的结果是中止本国诉讼，而不方便法院原则的结果是拒绝行使管辖权或撤销诉讼。前者的结果是处于一种待定状态，在外国法院放弃审理时可以自行恢复诉讼程序。倘若外国法院下达具有约束力的判决，颁布未决诉讼命令的法院将依据国际礼让撤销本国法院的诉讼。[①] 后者的结果则是确定的，此决定一经作出，内国法院将永远失掉对案件的管辖权。二是适用条件不同。未决诉讼命令的适用源于一事两诉；而不方便法院原则的适用则需要满足有可替代法院、诉讼便利、国家公共利益和私人利益的权衡，以及未决诉讼情况等。三是法律地位不同，在英美国家，不方便法院原则是一个独立的法律适用原则，其适用非常灵活和宽泛，对于解决国际民商事诉讼竞合问题具有重要的意义；但未决诉讼方式的采用只能附属于不方便法院原则的运用。

实事求是地讲，就其结果而言，一事不两诉要么中止本国诉讼，要么中止外国诉讼，最终使处于两国之间为一事而平行存在的两个诉讼归为一体。这种方式应当说是解决国际社会存在的诉讼竞合问题的比较好的途径之一。各国在有关法和实践中也将其作为一个积极而有效的解决国际民商事诉讼竞合的方法，其在近些年也呈现出多元化的趋势。但是，我们不可将这种途径作为解决国际民商事诉讼竞合的特效药。事实上，由于国际社会没有形成一个关于管辖权的共识或普遍接受的公约，诉讼竞合问题所带来的困扰不可能在短时间内得到解决。一事不两诉的途径就是要求有关国家在国际民事诉讼管辖权上自我克制，但在现有的国际社会的政治条件下，这显然是比较困难的。所谓的途径也只能是应大力提倡的一种积极的方式而已。

---

① 李旺：《国际诉讼竞合》，中国政法大学出版社，2002，第46页。

四 协议管辖

（一）协议管辖方式

依通说，按照协议的不同方式可以将协议管辖分为：明示协议管辖和默示协议管辖两种。但也有少数学者持不同意见，他们认为：所谓的"默示协议管辖"与协议管辖有实质上的不同，两者不存在隶属关系，亦即所谓的"默示协议管辖"实质上并不属于协议管辖的范围，而是分属于另一类独立的管辖制度即应诉制度（或接受管辖，有的学者称其为推定管辖）。两者在适用范围、效力特征、有关法院确立其管辖权的直接依据，以及法理基础、目的、价值取向等方面均有不同。

笔者认为在此应采取通说，因为默示协议管辖在性质上属于协议管辖，被告尽管在诉讼前并没有与另一方当事人达成管辖协议，但通过其行为默示同意原告选择的管辖法院，从而可以推定双方当事人在诉讼启动后达成了管辖法院的合意。即便在当事双方事先已达成管辖法院协议的情况下，也可以理解为双方重新合意变更了管辖法院。

默示协议管辖是指原告在无管辖权的法院起诉（即便双方当事人事前已达成管辖之合意），被告出庭（或委托律师出庭）应诉并在答辩期间对管辖权没有提出异议，或者进行了实体答辩，或者进行了反诉，从而推定原被告双方就由该法院管辖审理双方争议达成了合意的制度。根据各国的实践和一些国际公约的规定来看，下列行为被视为被告已接受管辖：①被告出庭应诉，在答辩期间对受案法院的管辖权没有提出异议；②被告反诉；③被告出庭且对案件进行了实体答辩。

关于默示协议管辖，有两个问题需要指出。一是各国在承认默示协议管辖的同时，对它又作了一些限制。这些限制集中表现在特别出庭（special appearance）制度上。所谓特别出庭制度，是指被告出庭的目的并不是就争议的实质问题进行辩论，而是针对法院的管辖错误提出异议，要求将争议移交给有管辖权法院审理，或者为维护已被扣押的或有被扣押危险的标的物，或者为要求解除扣押而出庭。这种出庭不得视为被告同意有关法院的管辖权，因此它不产生赋予有关法院对争议管辖权的法律效力。《美国第二次冲突法重述》第81条规定："特别出庭，一州对出庭仅为抗辩对其管辖权的自然人将不行使司法管辖权。"在英国，如果某人出庭的唯一目的是对管辖权表示异议，则出庭不能构成自愿接受管辖。二是如果被告既对管辖权提出异议，又对争议实质问题提出答辩，能否视为已默示同意。在一些西方国家里，确定被告是否默示同意法院管辖权，主要看其是否就争议实质问题作了答辩，而不问其是否同时也对管辖权提出了异议。如在英国，若被告消极地不出席法庭，可构成不承认法院管辖之因素；假若被告不但出席，并积极地去抗辩法院的管辖权，当然更应构成不承认法院管辖权之因素。但假若被告又对本案加以实体上言词辩论以促使法官作出对他有利的判决，那么被告既不能否认法院之管辖权，又想得到对他有利之判决，此时他应被视为承认法院之管辖。而根据我国《民事诉讼法》的规定，默示同意法院的管辖权须同时具备对管辖权未提出异议和应诉答辩两个条件。因此，在我国，上述情况不能产生赋予法院管辖权的结果。

（二）协议管辖案件适用的范围

协议管辖案件适用的范围即当事人可以通过合意选择管辖法院的性质。几乎所有采用协议管辖法院的国家都在此问题上作了限制性规定。传统国际私法的理论和实践大都将允许协议管辖的范围限定在民商事财产纠纷上，而对于人的身份、能力、婚姻家庭、破产、社会保障等领域则并未加以限制。

但随着时间的推移，协议管辖开始涉及身份、婚姻家庭、继承等领域。例如，1984年《秘鲁民法典》第2058条和第2062条规定，协议管辖适用于"世袭财产案件（即合同之债、侵权之债、财产物权）以及诉因与秘鲁有实际联系的当事人明示或默示接受秘鲁法院管辖的自然人的身份和能力或家庭问题的案件"。1982年《土耳其国际私法和国际诉讼程序法》第31条规定，在不违反土耳其专属管辖权和公共秩序的前提下，当事人就合同事项等争议可以通过合意提交外国法院管辖。《美国第二次冲突法重述》（第32、33、43、45条）对协议管辖案件的范围未作限制。在英国，对人诉讼可合意管辖。1968年欧盟《关于民商事案件的管辖权及判决执行公约》第17条规定，合意管辖案件范围不受限制，不过根据公约第1条，公约不适用于：自然人的身份或能力，夫妻财产制，遗嘱或继承，破产、清偿协议及其他类似程序，社会保障，仲裁。《协议选择法院公约》第2条规定该公约应适用于为具有国际性质的民事或商事事件而缔结的关于选择法院的协议，但不适用某些事项。

可见，国际私法实践上有扩大协议管辖范围的趋势。我国协议管辖案件的范围较窄。根据《民事诉讼法》的规定，当事人可以合意选择管辖法院的争议的范围限定在"涉外合同或涉外财产权益纠纷"。

（三）协议选择管辖的法院

第一，当事人协议选择一个还是多个管辖法院。

当事人既可以协议选择一个也可以协议选择多个管辖法院。但是当协议选择多个管辖法院时，便会产生协议管辖的排他性问题。选择多个管辖法院的协议从具体条款来看存在两种情况：一是当事人在协议中列举多个法院，由首先启动争议解决程序的当事人从中选择一个法院解决争议；二是当事人在协议中约定两个法院（常常是各选一个），约定首先启动争议解决程序的当事人到对方选择的法院解决争议。

第二，当事人协议选择管辖的法院原先是否为有管辖权的法院。

我国有的学者甚至有的国际私法教科书的观点是，协议选择管辖法院使原来有管辖权的法院丧失管辖权，无管辖权的法院拥有管辖权。笔者认为这种观点是值得商榷的，这种依当事人之间的协议而行使管辖权的法院，有的是依法律本身就对案件具有管辖权，比如当事人可以在几个同时具有管辖权的法院中选择其中一个或多个管辖；也有的是当事人的协议才使得原来依法律对案件无管辖权的法院有管辖权。

第三，协议管辖法院与案件之间的牵连性问题。

当事人是否必须选择与争议有"实际"或"直接"联系的地点的法院管辖，或是甚至允许当事人依合意选择与争议毫无联系的地点的法院管辖。这是国际私法理论界争议最多、国际私法实践中经常遇到且操作差异较大的问题。

对于这一问题存在两种截然相反的主张。一些国家要求当事人协议选择的法院地点必须与争议有"实际"联系，其意图是避免将来案件审理过程中在取证和法律适用等方面可能会出现的困难和不便，强调联系因素是为了更好地保护当事人的利益。如1982 年南斯拉夫《法律冲突法》和 1928 年《布斯塔曼特法典》规定当事人可选择一方国籍国或住所地国或主要事务所所在地国法院管辖。《协议选择法院公约》第 15 条对此从反向作了规定："任何缔约国得保留对选择法院协议不予承认的权利，如果争端与所选择的法院并无联系。"

与此相对应的是一些国家允许当事人协议管辖的法院与争议不存在一定联系。有的甚至认为当事人作出的协议管辖的行为就建立起了管辖法院与合同争议之间的联系。其意图是尊重当事人绝对的、真正的意思自治的选择，当事人可以协议选择一个与争议毫无联系的中立国法院来中立地、公正地处理他们之间的纠纷。虽然，由一个非当事人双方所属国以外的第三国法院来管辖处理双方纠纷，在诉讼中可能会有诸多不便，但承认协议选择第三国法院管辖条款的效力，也有其合理性。

（1）选择法律适用与选择管辖法院具有内在联系。虽然选择适用的法律与选择管辖法院，分属于实体与程序两个不同领域，但是这两个领域并不是毫无关系的。一般来说，双方当事人之所以选择某一第三国法律作为处理争议的准据法,通常是出于对该第三国法律的熟悉、理解或者信任,因此也造成了在选择实体法的同时选择了由该国法院管辖。这便是涉外合同的法律适用与法院管辖之间存在着的内在联系。当事人选择的准据法所属国与选择的管辖法院所属国是同一国家,这并不特殊,在国际民商事贸易合同中,此类条款是比较常见的,特别是在选择第三国法律作为合同准据法的情况下,同时选择该国法院管辖更为常见。

(2) 由该第三国法院管辖符合当事人的意愿。从当事人角度看,当事人共同选择了在该国法院进行诉讼,从逻辑上可以认为,因为双方对该国法律更为熟悉,对适用该国法律所产生的后果更为了解,甚至在履行中也将依据该国法律来规范自己的履行行为,所以双方将在该第三国进行诉讼所可能产生的种种不便置于次要地位。至于发生纠纷以后,由于双方已经就可能发生的争执确定了一个唯一的准据法,同时也确定了处理该争议的管辖法院,从而就使当事人可以预见对该争执的判决,也使得当事人任何一方既不可能选择有利于自己的法律来适用,也不可能选择有利于自己的法院起诉而造成对他方的不利。因此,双方当事人对其合同关系所持有的这个目的,显然符合各文明国家的国际私法的理想,即对当事人公平的理想。适用该国法律对双方当事人来说,应该是更为公平的。

(3) 由被选择适用法律国家的法院管辖有利于案件审理。由于当事人不属本国,由被选择适用法律国家的法院管辖案件,在诉讼中有许多不便,却也具有许多有利因素。第一,可以免除法律查明方面的困难。在当事人约定适用第三国法律的情况下,其他国家(包括双方当事人的所属国)的法院管辖案件,实体审理中最困难的问题往往是对外国法(即该第三国法律)的查明问题。但是由该第三国法院审理案件,该国法官对本国法最为熟悉,理解得也最为深刻,因此,也就不再存在处理涉外案件时所谓对外国法的查明问题,由该国法院管辖案件从这一层面上看是更为有利的。第二，可以避免某种利害关系上的冲突。由于审理案件的法院是当事双方自己选定的，非当事人任何一方的所属国，与当事人双方没有利害关系冲突，处于一种"中立国"的地位，因而能够更客观公正地审理和裁判。

从各国国内立法和国际公约看，不要求实际联系的主张有着更为广泛的认同。1999年海牙《民商事管辖权及外国判决公约（草案）》第4条不再要求实际联系突破了联系要求的限制。

我国的立法坚持了实际联系的原则，采取了第一种主张。虽然立法解释和司法解释没有对"实际联系"的具体含义及内容作出具体规定，但参照《民事诉讼法》第34条和第265条的规定，可以看出"实际联系"应考虑的仅是表面形式联系。《民事诉讼法》第34条规定："合同或者其他财产权益纠纷的当事人可以书面协议选择被告住所地、合同履行地、合同签订地、原告住所地、标的物所在地等与争议有实际联系的地点的人民法院管辖，但不得违反本法对级别管辖和专属管辖的规定。"第265条规定："因合同纠纷或者其他财产权益纠纷，对在中华人民共和国领域内没有住所的被告提起的诉讼，如果合同在中华人民共和国领域内签订或者履行，或者诉讼标的物在中华人民共和国领域内，或者被告在中华人民共和国领域内有可供扣押的财产，或者被告在中华人民共和国领域内设有代表机构，可以由合同签订地、合同履行地、诉讼标的物所在地、可供扣押财产所在地、侵权行为地或者代表机构住所地人民法院管辖。"可见我国立法或司法解释并未在确定"实际联系"时对内在实质上的联系作出要求。但是内在实质上有联系的地点，如处理争议的准据法所在地，从联系的程度上看，它所产生的联系比表面形式上的联系更为密切。当然，当事人也可以通过合意选择某国的法律作为处理双方争议的准据法来"创制"与该国法院的实际联系，因为当事人选择法律是无任何限制的。从审判实践看，我国法院对"实际联系"采取了较为严格的标准。1997年厦门海事法院审理的中国保险股份有限公司香港分公司诉荷兰铁行渣华邮船公司和福建省头海运总公司案可以清楚地体现实际联系原则的严格执行。本案原告系一批货物的保险人,两被告系该批货物的承运人。第一被告荷兰铁行渣华邮船公司的香港代理签发了提单,货物实际交由第二被告福建省头海运总公司所属"中钢28号"轮承运,起运港台湾高雄,目的港福州马尾。船舶在该航程运输途中因故沉没,货物灭失。原告在依保险合同理赔后,取得代位求偿权,提起诉讼,请求厦门海事法院判令二被告赔偿损失。第一被告在提交答辩状期间对案件管辖权提出异议,认为根据提单背面条款第25条的规定,运输合同项下的任何诉讼必须由荷兰鹿特丹法院审理,任何其他法院无权审理有关的纠纷,因此本案应由荷兰鹿特丹法院管辖。厦门海事法院经审查认为:提单约定的鹿特丹法院仅为本案其中一个被告的住所地法院,鹿特丹非本次运输货物的起运地、中转地、目的地以及海事事故发生地,与本案争议并无实际联系。依据《民事诉讼法》第38条、第244条的规定,法院于1997年4月3日裁定:驳回被告荷兰铁行渣华邮船公司对本案管辖权提出的异议。法院认为一方当事人的住所地不符合法律所要求的"实际联系"的标准。

不过我国《海事诉讼特别程序法》(1999年12月25日第九届全国人大常委会通过)对实际联系原则作出了调整和突破。该法第8条规定:"海事纠纷的当事人都是外国人、无国籍人、外国企业或者组织,当事人书面协议选择中华人民共和国海事法院管辖的,即使与纠纷有实际联系的地点不在中华人民共和国领域内,中华人民共和国海事法院对该纠纷也具有管辖权。"

此外,对当事人协议选择的法院的限制还表现:在选择法院时,不得违反专属管辖的规定,不得直接或间接地导致降低国际公约规定的最低标准,不得与保护弱者规则相抵触,不得与所协议选择的法院采用的不方便法院原则相抵触,等等。

我们这里所论述的协议管辖是指当事人在争议事项发生之前

或之后,为解决他们之间的争议事项,而达成的约定管辖法院的协议。这种协议的结果就是确认争议的管辖权法院。第一种可能是使本无管辖权的法院因管辖协议而获得管辖权;第二种可能是使本有管辖权的法院因管辖协议而失掉管辖权;第三种可能是两个同时具有管辖权的法院因管辖协议的存在而使其中一个失去管辖权,或者说确认其中一个法院为具有管辖权的法院。世界各国对协议关系的认识和规定是不一致的,美国法院传统上拒绝承认协议管辖的效力。但随着国际贸易追求的确实性和可预见性的需要,美国联邦最高法院于1972年在Zapata案件中开创了肯定协议管辖的先河。[①] 德国虽没有专门针对国际民事诉讼管辖权作出规定,但基于国际民事案件可比照国内民事诉讼法规定的原则,德国《民事诉讼法》第38、39、40条关于协议管辖的规定同样适用于国际民商事案件,承认当事人选定法院的协议是有效的。协议管辖的目的就是通过约定的方式使对当事人之间纠纷具有管辖权的法院成为唯一,从而有效地避免国际民商事诉讼竞合现象的产生。如果国际社会对管辖协议的效力认识上是统一的,那么这种途径就会彻底解决在特定当事人之间就国际民商事诉讼而产生的竞合问题。但是,我们应当认识到,这只是一个理想中的结果,或者说它只是一个理论上的结果。世界各国主权独立原则的固有存在,各国民事立法和实践对待当事人利益的司法救济程序的差异,以及各国之间司法协助的对等和互惠,都阻碍着这种理想结果的实现。

但现实同样也让我们看到,尊重当事人的意思自治已经成为国际社会倡导的一个原则。就协议管辖的问题,各国在允许当事人协议选择法院的同时,根据本国的司法救济制度,相应地对当事人的选择作出了一定的限制。这主要表现在以下方面。①对协议管辖事项的限制。允许当事人协议管辖一定的法律关系。比如,

---

① 刘力:《国际民事诉讼管辖权研究》,中国法制出版社,2004,第254页。

匈牙利1979年的《国际私法》规定协议管辖的事项只能是因国际经济合同所发生的争议。1984年《秘鲁民法典》第2058条和第2062条规定，协议管辖的事项及于"世袭财产案件"（即合同之债、侵权之债、财产物权）以及诉因与秘鲁有实际联系的当事人明示或默示接受秘鲁法院管辖的"自然人的身份和能力或家庭问题的案件"。[1]瑞士1989年国际私法将协议管辖的范围扩展到家庭、继承和物权领域。[2]②协议管辖不能变更专属管辖。一个国家确立专属管辖的效果就是不管是否存在另一个有权作出判决的法院，都无条件地保留进行诉讼和作出判决的权利，[3]协议管辖不能对抗专属管辖。③形式要求。即管辖协议是否以书面形式形成。我国和日本等要求管辖协议必须以书面形式作出。而英美国家一般持宽松态度，不要求管辖协议必须以书面形式订立。从该形式要求的发展趋势看，各国立法和国际公约对管辖协议的书面要求放宽，只要形式要件符合有关国家的国内法要求即可。④内容限制。其主要包括协议不违反公共秩序、协议无瑕疵等。不得违反法院地国的公共秩序或公共政策是国际社会立法共同强调的一个内容。协议无瑕疵是指双方当事人在订立管辖协议时的意思表示真实，不存在虚伪陈述、胁迫、欺骗等不公正手段或其他不合理情势。其也称为当事人议价力平等。[4]作为管辖协议的内容，确立双方当事人平等地位和完全的独立的意思表示一致是极为重要的，各国有关此方面的规定也较为一致。《美国第二次冲突法重述》第80条规定，除非协议是"不公平或不合理的"，

---

[1] 张兰兰：《国际民事诉讼协议管辖制度的发展趋势》，《法学杂志》2000年第3期。
[2] 1989年瑞士国际私法第5条规定，协议管辖的事项为"财产事项方面"。引自陈卫佐《瑞士国际私法法典研究》，法律出版社，1998，第265页。
[3] 李双元：《走向21世纪的国际私法——国际私法与法律趋同化》，法律出版社，1999，第25页。
[4] 高凤仙：《美国国际私法之发展趋势》，台湾商务印书馆股份有限公司，1990，第156~158页。

否则管辖协议就应被确认有效。① ⑤实质有效性,即协议法院与案件的牵连关系。总体上讲,对此有两种态度:一种态度主张选择法院不须与案件有关联,其认为这样做可以保证法院的中立性和公正性,可以保障当事人的充分自由;另一种主张当事人所选法院与案件有联系,这种联系可方便审理过程中的取证,适用法律和方便当事人诉讼等。另外,各国在管辖协议期间,协议管辖法院的中立性和专业性方面也有不同的限制。

虽然从理想的角度来看,国际社会应完全尊重当事人协议管辖,这对于国际民商事诉讼竞合问题来说不失为彻底的解决方式,但由于现实与理想的差距过大,各国也只能通过限定协议管辖的方式寻求该路径未来各国认识上趋于一致而达到畅通。笔者认为,虽然协议管辖不可避免地涉及有关国家的立法主权、公共秩序及互惠原则等,因此,肯定协议管辖的法律效力,同时辅助对其一定的限制对于使国际社会认识趋向一致是必要的,但是,不管怎样,肯定当事人在选择法院上的意思自治,都是避免和减少管辖权的积极冲突,解决国际民商事诉讼竞合问题的一个重要办法。因此,我们要积极倡导各国肯定管辖协议的排除效力,作为私权的保护措施,应当充分尊重当事人的选择。

五 强化国际司法协调——麦克思韦尔通讯公司(Maxwell Communication Corporation,MCC)重整案给我们的思考②

MCC 是一家由英国公司控股的跨国公司,它在世界各地有 400 多个子公司,主要从事信息服务,拥有电子出版物、普通书籍出版等业务。截至 1991 年秋天,MCC 已经拖欠银行借款 2000 万美元。MCC 担心银行在英国申请破产程序将严重制约其经营,于是,MCC

---

① 高凤仙:《美国国际私法之发展趋势》,台湾商务印书馆股份有限公司,1990,第 156~158 页。
② 石静霞:《跨国破产的法律问题研究》,武汉大学出版社,1999,第 170 页。

的一家美国子公司，根据美国破产法第 11 章的规定，于 1991 年 12 月 16 日向纽约南部地区破产法院提出了重整申请。MCC 希望美国破产法支持企业重整的一贯政策能对其提供新的机会。为了保护英国债权人的利益，第二天，英国伦敦高等法院作出裁定，根据英国 1986 年破产法对 MCC 开始整顿程序。① 这样，在 MCC 重整案中，同时进行英国整顿程序与美国重整程序构成了平行重整。

（一）同时进行的两种主要程序的协调

1991 年 12 月 20 日，英国法院对其整顿程序指定了联合管理人（joint administrators），美国法院对其重整程序指定了审查人（examiner）。审查人和联合管理人通过广泛的讨论，草拟了一份"协议书"，为两国程序的协调沟通了大致的框架。英美两国法院在 1992 年 1 月分别通过了该协议书。协议书规定的目标是：联合管辖人和审查人要协调行动，使两个程序相互配合，为债务人重整和复议的目的使 MCC 的财产达到最大化。根据这一目标，协议书规定了以下几项主要内容。①英美两国法院承认联合管理人为 MCC 的公司监管（corporate governance）人，但审查人对联合管理人的监管行为有随时要求协商的权力。②协议书的核心内容是审查人和联合管理人之间关于公司日常经营管理问题的协议。协议书规定，MCC 最重要的两个公司——麦克米兰公司（Macmillan Inc.）和官方航空指导公司（Official Airline Guides Inc.，OAG）——原来的管理人员不变，确认他们对自己公司和下属的子公司、分公司（M&O 集团）有继续管理的职权，但这种管理要受到联合管理人的监督。③议定书还规定了涉及 MCC、M&O 集团以及 MCC 其他子公司的各种交易的效力问题。④在相关的排除期内（exclusivity period），如果联合管理人对其他子公司申请重整程序，需要征得

---

① 参见 Lay Lawrence Westbrook, "A More Optimistic View of Cross Border Insolvency", *Washington University Law Quarterly Fall*, 1994, p. 16, 转引自石静霞《跨国破产的法律问题研究》，武汉大学出版社，1999，第 171 页。

审查人或破产法院的同意。⑤为所有当事人的利益考虑,除了某些调查性和报告性的义务之外,协议书还赋予审查人协调两国程序进行的义务。对于程序进行中所产生的争议,审查人有权力从中调停。为了保证审查人这些义务和职责的顺利进行,协议书对审查人提供了一些相应的权力。实质上,由联合管理人和审查人建议并须两国法院同意的协议书在某些方面构成了关于 MCC 跨国重整的双边协议。联合管理人和审查人的上述合作,是为了找到一种机制,使两个平行程序及两国法院能协调工作,便利 MCC 的重整。如果缺少这样一种机制,两国法院所采取的行动或作出的裁定可能会产生许多冲突,MCC 的重整将举步维艰。

(二) 管辖权、礼让、域外效力和法律选择等问题的协调

审查人和联合管理人除了要协调两个程序的顺利进行之外,还需要解决程序中所产生的诸如管辖权、礼让、域外效力和法律选择等一系列法律问题。当 MCC 的最大债权人之一——巴克莱银行 (Barclays Bank) 试图寻求将其得到的优惠转让合法化时,这些法律问题就同时产生了。MCC 曾与巴克莱签订了一份外汇合同,后来 MCC 违约,到了 1991 年 10 月,MCC 已经向巴克莱透支了 3000 万美元。巴克莱银行要求 MCC 迅速归还这笔钱。双方几次交涉后,MCC 在 1991 年 11 月 26 日将这笔款项归还了巴克莱银行。之后不到一个月,MCC 就提起了重整程序。联合管理人与审查人分析和调查了 MCC 在申请重整前对巴克莱的这笔支付,根据英国和美国的破产法,都可能构成优惠转让。但是,巴克莱向伦敦高等法院申请,禁止 MCC 和联合管理人在美国提起任何可撤销交易的诉讼,并获得了法院颁发的临时禁令。巴克莱试图申请法院宣布 3000 万美元的支付根据英国法不构成优惠转让,从而想使禁令成为永久性的。对此,审查人向美国破产法院申请,如果英国法院支持巴克莱银行的禁令申请,则美国法院应当允许审查人提起诉讼,撤销该优惠转让行为。联合管理人也向伦敦高等法院申请,请求驳回巴克莱银行的申请。

巴克莱的申请产生这样几个法律问题：优惠转让应当适用哪个国家的法律，哪个国家的法院具有合适的管辖权，英国和美国法院应当如何对待对方法院的管辖权和所作出的裁决，英国和美国关于可撤销交易的法律适用范围，等等。这些问题的解决最后以伦敦高等法院驳回巴克莱银行的禁令申请而告结束。伦敦高等法院的理由是，应当坚持议定书中所强调的合作、礼让等原则。尽管英国和美国的破产法都主张域外效力和世界范围的管辖权，但在关于优惠转让的问题上，该院认为，由美国法院进行管辖是公平合理的。巴克莱的禁令申请除了有损于两国程序之间的合作之外，不能起到其他的积极作用，所以美国法院有权授予审查人提起撤销该优惠转让的权力。巴克莱向英国上诉法院提起上诉，上诉法院维持了伦敦高等法院的裁决。在是否给予禁令的问题上，上诉法院认为英国法院必须考虑促进两国程序相互协调的重要性，即使这种协调要求英国法院尊重美国法院的裁决，英国法院也应当这样做。

在美国进行的一个与 MCC 案有关但又是相对独立的诉讼程序中，美国法官也同样认识到在解决跨国重整的问题中礼让和司法合作原则的重要性。在强调跨国重整中礼让的重要性时，美国法院认为在跨国重整案中，如果法院忽视礼让原则的重要性，便非常容易引起混乱。对于跨国重整所产生的复杂而独特的法律问题，目前有很少的原则能够对此予以指导。但很显然，协调程序的进行无疑是非常关键的。基于礼让的考虑，在 MCC 一案中，两国法院相互同意对方所指定的联合管理人和审查人的权力及地位，英国法院对巴克莱禁令的撤销说明了对美国法院的尊重，美国法院没有理由不这样做。[1] 此案给我们探讨和研究解决国际民商事诉讼竞合的途径留下了这样的思考。

---

[1] 参见 Evan D. Flaschen & Ronald J. Silverman, "Maxwell Communication Corporation PLC: The Importance of Comity and Co-operation in Resolving International Insolvencies," in *Current Issues in Cross-Border Insolvency and Reorganization*, edited by E. Bruce Leonard and Christopher W. Besant, Graham & Trotman, London/Dordrecht/Boston, 1994, pp. 42-44。

思考之一，强化国际司法协作和相互尊重，使在现有的法律框架下，人为地架设一条解决国际民商事诉讼竞合问题的途径。在 MCC 一案中，两国法院和当事人都在努力创造相互合作的机会和规则。而且，在承认了合作的必要性之后，两国法院为 MCC 的重整建立一个良好的环境，即两国法院尽量避免程序的冲突。这种合作的态度为 MCC 重整案的顺利解决奠定了一个良好的基础，也为我们研讨和解决国际民商事诉讼竞合问题提供了一个良好的思路和解决途径——广泛的理解和合作。

思考之二，国际礼让和管辖权的自我限制是解决国际民商事诉讼竞合的另一条好的途径。在国际民商事诉讼中，理论上讲解决司法冲突的最令人满意的办法应当是由双方缔结的国际条约或参加的国际公约来调整有关问题。在缺少公约的情况下，对管辖权进行自我抑制是非常重要的。伦敦高等法院的做法是以积极的态度，从有利于 MCC 重整案的顺利解决的角度出发，对出现的国际诉讼竞合问题展示出管辖权的积极冲突的自我抑制。如果所有涉及国际民商事诉讼竞合的两国法院都按此规则去考虑自己的管辖权问题，那么关于国际民商事诉讼竞合问题的解决将会展现出另外一个场景，不论是对于杜绝国际民商事诉讼竞合问题的出现，还是对于解决国际民商事诉讼竞合所带来的法律后果都是有积极意义的，MCC 重整案的重整经验是值得借鉴的。

第六章　我国区际诉讼竞合的法律规制

　　由于港澳台地区的历史背景特殊，自香港与澳门回归祖国，内地与两个特区之间成为一个主权下的三个独立法域，再加上台湾地区，我国就形成了"一国、两制、四域"复杂的法律局面，成为继美国、英国、加拿大等国家之后非常典型的多法域国家。在中国，四法域在行使立法权和司法权时相对独立，互不牵涉，这样一来，各区际的法律必然就会有复杂冲突。在涉及港澳台民商事司法实践过程中，由区际法律冲突所引起的区际诉讼竞合已然是我们当前遇到的一个鲜明的法律障碍，成为当前涉港澳台民商事司法实践中亟须解决的突出问题。区际诉讼竞合问题的有效解决对我们的法治建设和经济文化的发展起着重要的作用。

　　区际诉讼竞合是指当事人就同一民商事争议同时或先后向人民法院或港澳台地区的法院起诉，并由人民法院或港澳台地区的法院同时或先后受理的情形。引起竞合产生的法律事件是相同的事实即同一个案件。只有存在不同的法域才可能产生诉讼竞合，因为只有不同的法域才会有不同的法律制度体系。不同的法域，一般存在两种情况，一是不同国家间形成的不同的法域，这种情况下导致的法律冲突是国际性的，即产生国际诉讼竞合；二是一个独立国家主权范围内存在不同的法域，这就是区际诉讼竞合。区际诉讼竞合是多法域国家特有的现象。中国是一个单一制国家，但随着香港和澳门的顺利回归，以及台湾地区同内地的经济、文化等各部门交往的不断加深，内地与港澳台之间在法律层面的区际法律冲突问题也日益突出。事实上，我国已经形成了"一国两制三法系四法域"的多法域局面。就内地与港澳台之间的平行诉讼而言,具有同一争议的案件的相同当事人,在内地、香港、澳门、台湾四法域中的任意两个或两个以上地区的法院起诉的,都属于区际诉讼竞合的范畴。国际诉讼竞合在不同主权国家的法院之间进行,而区际诉讼竞合只存在于一个独立国家主权范围内不同法域间,而就内地、港、澳、台而言,四法域地位独立平等,各地拥有不同的法律习惯和自成体系的包括管辖权规范在内的法律规则,这就使四域间产生的竞合问题更为错综复杂。

区际诉讼竞合的构成应满足以下三个条件。

(1) 相同的当事人。双方当事人之间必然有联系。在诉讼竞合中,当事人彼此间的联系表现在三个方面:第一,相同的原被告,即同一案件的两个诉讼中双方当事人具有一致性;第二,当事人在不同法域的两个诉讼中原被告身份位置转换,即原告变被告,被告变原告;第三,在两个诉讼中,并不要求当事人完全一致,只要存在当事人的重合,就有可能产生区际诉讼竞合。

(2) 相同法律事实。不同的法律事实只会引起不同的两个诉讼,只有以相同的法律事实在不同区际提起诉讼才会引起诉讼竞合,这是区际诉讼竞合产生的基础。相同法律事实,是指引起两个诉讼的案件是同一个案件,并且争议事项一样。然而,我们在作出判断时,不能仅根据两个诉讼请求在形式上的一致就作出肯定的结论。总之,只有存在相同法律事实,当事人提起的两个诉讼才会是平行的,才会导致诉讼竞合。

(3) 诉讼在不同的法域进行。在同一法域内进行的诉讼一定不会出现竞合现象,因为同一法域内的各法院都适用相同的法律规范,管辖权都经过明确划分,根据"一事不再理"原则,对于同一事实不会存在多重起诉现象,最终只会有一个法院获得管辖权,也就是说最后只能由一个法院对案件进行管辖。如在内地港澳台四法域任何单独法域进行诉讼都只适应该法域立法,就不会产生区际诉讼竞合了。

第一节 我国区际诉讼竞合产生的原因

这里笔者所讨论研究的产生这种状态的主要因素有以下几个方面。

一 内地与港澳台分属不同的法域

从历史上看，港澳地区虽然一直是我国的领土，但是我国在相当长的一段时期内未能对港澳地区实行管治，无法在这两块土地上行使主权，以至于香港、澳门地区与内地分别产生和存在着不同的独立的法律体系。虽然香港、澳门已经回归祖国，但在"一国两制"方针指导下，回归后的香港和澳门与内地适用不同的法律制度，而由此产生的法律冲突也愈加明显。

由于受"一国两制"方针的影响，港澳台地区仍将保持原有的法律制度基本不变。这样一来，四地之间将分别属于我国内部实行不同法律制度的四个法律区域。在错综复杂的法律背景之下，四个法域处理涉外民商事纠纷的法律依据各不相同，有着自己的特点和方式。[①] 又由于内地港澳台四地是四个不同的法域，其各自的法院体系也肯定不相同。在这种法律框架下，四地都有各自审理涉外民商事案件所适用的冲突规则与规范。由于分属不同的法域，四地必然存在着不同法院体系。四地之间既不存在共同的上级法院，也不存在协调这种管辖权积极冲突的协议或规则。四地法院在司法实践中，均依照所在地区国际私法的冲突规则来解决区际的私法冲突。在民商事案件的管辖权问题上，四个法域法院基本上都以内域法"有效管辖"为原则，按本法域的法律规定行使司法管辖权，并不考虑我国其他法域对区际管辖权的规定，也不因不同法域的其他法院受理相同当事人之间的同一诉讼或已就

[①] 黄进：《中国的区际法律问题研究》，法律出版社，2001。

该项诉讼作出判决而受影响。如果不同法域间存在共同适用的某项规定或协议用来解决涉及其他法域的管辖权冲突问题，那么当冲突产生时就可以根据该规定或者协议来确定最终管辖法院。然而，我国四法域间并不存在这种可以共同适用的规定或协议，而是各自按照本法域的规则或规定来进行处理。正因如此，区际诉讼竞合问题变得异常严峻。这实际上为诉讼竞合的产生提供了客观的基础。

二 四地之民事诉讼法关于管辖权的规定各不相同

我国四个法域在立法和司法管辖权方面是相互独立的，并且各法域关于民商事案件管辖权的规定各不相同。四地在审理处理民商事案件方面所依据的是各不相同的冲突规则与规范，但相互之间都没有约定或制定专门用来解决四地之间管辖权冲突案件的规范与规则。四地法院在司法实践当中对于审理涉及区际民商事案件的诉讼程序，均是依照各自地区的涉外程序法律规则来确定，适用各自地区的法律规则，彼此间缺乏有效的协助及协调机制，我国四法域在民商事管辖权问题上尚未达成任何可以解决这种法律冲突的协议。针对涉港澳台案件来讲，如果内地法律和港澳台法律同时规定各自区域内法院都拥有管辖权，这就会产生管辖权的实际冲突，当事人也正是意识到这一点、利用这一点，才会在不同法域不同法院进行多次起诉。

理论上讲，就其管辖的分类而言，可分为专属管辖、普通管辖和拒绝管辖三大类。属专属管辖的，则不承认其他法域的法院对此类案件的管辖权，它是一种排他性的管辖。我国《民事诉讼法》规定"不动产由不动产所在地法院管辖"，"港口作业由港口所在地法院管辖"。台湾"民事诉讼法"规定，"因不动产之物权或其分割或经界涉讼者，专属不动产所在地之法院管辖"。"禁治产之声诉请，专属应禁治产人住所地之法院管辖"。拒绝管辖适用于与某一法域的管辖权无关和与该法域的居民不存在任何属地联系或属人联系的案件。普通管辖则指除专属管辖之外的案件，法院所具有的管辖权。我国《民事诉讼法》第21条规定，"对公民提起的民事诉讼，由被告住所地人民法院管辖；被告住所地与经常居住地不一致的，由经常居住地人民法院管辖。对法人或者其他组织提起的民事诉讼，由被告住所地人民法院管辖。同一诉讼的几个被告住所地、经常居住地在两个以上人民法院辖区的，各该人民法院都有管辖权"。第23条规定，"因合同纠纷提起的诉讼，由被告住所地或者合同履行地人民法院管辖"。此类管辖的特点是某一法域在主张对某些种类的民事案件具有管辖权的同时，并不否认另一法域的法院对此类案件的管辖权。就四地而言，由于每一个不属于专属管辖范围但又没有被排除出某一法域的管辖范围的案件，都处于平行管辖之下，四地法院都可能对之行使管辖权，这是我国区际平行诉讼产生的最直接的原因。

三　当事人受诉讼利益驱使，自由选择受诉法院

意思自治原则是民法的一项基本原则，在民商事诉讼中表现为"不告不理"的原则，只有当事人才能决定是否进行诉讼，也可以说，诉讼是根据当事人意志发动的。在区际民商事诉讼中，案件审理结果由当事人承担，直接影响到当事人的自身利益，当事人往往会尽可能地减少资源耗费的成本追求利益最大化。在民商事诉讼中，当事人可以依据自己的意思，对某一案件所适用方法和途径进行自主选择。双方当事人可以针对案件自己来选择在哪一法域的哪一法院提起诉讼，以便更好地实现自身诉求；除此之外，当事人还可以通过对受诉法院进行选择来确定审理案件所适用的法律，因为通常一个法院审理案件所依据的是本法域现行法律，内容比较明确，案件审理结果是当事人能够预见到的。具体表现为：在各方当事人没有对审理法院作出选择的情况下，各方当事人受各自利益的驱动，依据自己的意志，在法定条件内，

对受诉法院进行选择，要求对他有利的某一国或某一法域的法院对案件进行审理。当事人自己选择管辖法院，可以获得诉讼上的便利，获得充分的司法救济，从而保障自己的诉讼利益。这些利益主要指当事人能从所选择的法域法院获得比其他法域法院诉讼更有利的判决。但是，这样当事人就获得了发起平行诉讼的条件——当事人可以在一个有管辖权的法院起诉，同时又可以依据协议管辖赋予另一个法域内法院以管辖权。① 总之，无论当事人是出于何种目的而发起区际平行诉讼，其对诉讼利益的追求都导致了诉讼竞合现象的产生。如果当事人未受诉讼利益驱使而在不同法域进行多次诉讼，那么即使四法域关于管辖权的规定各不相同，也不会发生诉讼竞合。只有当事人同时或先后在两地发起基于同一法律事实所提起的诉讼，才会有可能造成诉讼竞合的问题。

四 四地之间的经济往来日趋紧密，市场经济主体之间频繁的交往产生了大量的民商事纠纷

随着香港、澳门的回归，在两地与内地之间，市场经济主体之间的经贸往来及其他民间往来逐渐增多。随着1987年年底海峡两岸的隔离状态被打破，两岸关系已逐步走向缓和，民间交往的单向、间接向有限的双向、直接发展。2000～2002年，海峡两岸间接贸易总额分别达到305.33亿美元、323.4亿美元、446.6亿美元；祖国大陆批准台资投资项目分别为3108个、4214个、4853个，协议金额分别为40.42亿美元、69.14亿美元、67.4亿美元；实际利用台资分别为22.96亿美元、29.8亿美元、39.7亿美元。② 与四地经济交往和人员往来规模的不断扩大相一致，大量的民商事案件产生了。内地法院受理涉港澳台的民商事案件，如婚姻、

---

① 文柳：《内地与香港区际平行诉讼解决机制初探》，硕士学位论文，苏州大学法学院，2010，第30页。
② 王建源：《关于两岸民商事平行诉讼问题及解决对策的调研报告》，《人民司法》2006年第4期。

继承、房地产、票据、租赁、债务、知识产权、侵权等案件，也呈逐年上升趋势。据相关统计，从 1997 年到 2011 年，人民法院共审结各类涉港澳台案件 135000 多件，其中，涉港案件约 85840 件、涉澳案件约 5380 件、涉台案件约 43804 件。另外，据初步统计，1999 年至 2011 年，内地法院和香港法院之间互为委托，送达的民商事司法文书各有 10760 件和 1226 件。同一时期，内地法院委托澳门法院送达民商事司法文书、调查取证有 395 件。相反，澳门法院委托内地法院送达民商事司法文书、调查取证有 155 件。2009 年 6 月至 2015 年 6 月，人民法院办理涉台司法互助案件已经超过 1.9 万件，其中协助台方送达文书案件 17799 件，协助台方调查取证案件 313 件，请求台方送达文书案件 1219 件，请求台方调查取证案件 46 件。① 再如涉台案件，1999 年最高人民法院统计为 1129 件，而到 2001 年则为 1848 件。四地民商事纠纷的大量产生、当事人对诉讼法院选择的自由性为我国区际平行诉讼的产生提供了客观条件。

另外，祖国大陆当事人在台湾寻求司法保护的权利受到了人为的限制。依国际社会的法律通行规定，当公民的合法权益受到侵犯时，寻求通过诉讼程序进行司法救济是一项基本的公民权利。但是，由于两岸之间的特殊境地，大陆居民入台诉讼受到人为的阻滞。台湾的"大陆地区人民进入台湾地区许可办法"规定，大陆居民以诉讼方面的事由申请进入台湾地区仅限于两种情形：①大陆地区人民经司法机关羁押且所犯为死刑、无期徒刑或最轻本刑为五年以上有期徒刑之罪者，其父母、配偶、子女或大陆红十字会人员得申请进入台湾地区人道探视；②大陆地区人民因刑事案件经司法机关传唤者，得申请进入台湾地区进行诉讼。此规定硬性排除了大陆居民以提起或参加民商事诉讼为由进入台湾地区的可能性，造成了实际上的两岸当事人诉讼地位的不平等，使

---

① 参见中国广播网《人民法院涉港澳台工作稳步发展》。

一些本应在台湾地区应诉的案件不得不在人民法院提起重复诉讼，以保护自己的合法权益。这是我国区际平行诉讼产生原因区别于其他复合法域国家的一个独有的特点。

这种特殊情势，必然会带来相应的负面结果。随着香港、澳门的回归，不同法域在区际民商事管辖方面长期坚持的"有效管辖"原则所表现出的不合理的弊端已日见明显。因此，不同法域在区际民商事管辖权方面的协调和统一规则的建立势在必行。如果硬性地将国际私法规则适用于区际私法规则，既不利于加强本国不同地区之间的交流与合作，也不利于一个国家内部司法的统一和协调。不仅如此，现阶段国内法院针对我国区际平行诉讼采取了不同做法。一种意见认为应当按审理国内民商事案件的程序审理涉港澳台案件，确定答辩、上诉、公告送达期限以及案件的管辖问题。其根据是香港、澳门已经回归，我国政府已对其恢复行使主权，台湾是中国领土不可分割的一部分，涉港澳台案件应当是我国特殊的国内案件，虽然港澳台三地实行的是独立的司法体制，但是将涉港澳台案件视为涉外案件，完全适用涉外民商事程序的规定不妥。① 另一种意见认为应当参照适用涉外民商事诉讼的规定，其根据是：①最高人民法院发布的《关于涉外民商事案件诉讼管辖若干问题的规定》明确了涉港澳台案件参照涉外案件处理的原则；②根据最高人民法院《关于严格执行案件审理期限制度的若干规定》，审理涉港澳台的民商事案件的期限，参照审理涉外民商事案件的规定办理，不受国内民商事案件审理期限的限制；③最高人民法院《关于如何确定涉港澳台当事人公告送达期限和答辩、上诉期限的请示的复函》指出，"对港澳台当事人在内地诉讼时的公告送达期限和答辩、上诉的期限，应参照我国民事诉讼法涉外编的有关规定执行"。最高人民法院上述规定的理论支

---

① 上海市高级人民法院：《关于如何确定涉港澳台当事人公告送达期限和答辩、上诉期限的请示》（沪高法〔2000〕485号），载万鄂湘主编《中国涉外商事海事审判指导与研究》，人民法院出版社，2003，第72页。

点和根据在于我国在"一国两制"的框架下，内地与香港、澳门、台湾地区在民商事领域实行不同的法律制度，港澳台地区的当事人在内地法院起诉、应诉或上诉时，需要履行一定的认证、公证或者转递手续。人民法院的司法文书目前尚无法采用与对内地当事人完全相同的方式对港澳台当事人送达。为保障境外当事人在内地参加民商事诉讼时的诉讼权利和实体权利，对于涉及香港特别行政区、澳门特别行政区和台湾地区当事人的民商事诉讼，在法律适用和诉讼程序上参照涉外民商事诉讼的规定处理。尽管如此，最高人民法院的上述规定也只是对涉港澳台民商事案件的集中管辖、审理期限、答辩、上诉、公告送达期限可以参照我国《民事诉讼法》有关涉外民商事案件的规定执行，至于审理涉港澳台民商事案件的其他程序，比如管辖权问题，是否可以参照适用涉外规定，仍然是不明确的。在管辖的问题上，如果按照审理国内民商事案件的程序规定审理涉港澳台案件，根据《民事诉讼法》第35条关于"两个以上人民法院都有管辖权的诉讼，原告可以向其中一个人民法院起诉；原告向两个以上有管辖权的人民法院起诉的，由最先立案的人民法院管辖"的规定，以及第124条第5项关于"对判决、裁定、调解书已经发生法律效力的案件，当事人又起诉的，告知原告申请再审，但人民法院准许撤诉的裁定除外"的规定，对四地之间的平行诉讼应当持否定的态度。如果参照审理涉外民事案件的程序规定审理涉港澳台民商事案件，根据最高人民法院《关于适用〈中华人民共和国民事诉讼法〉若干问题的意见》第306条关于"中华人民共和国法院和外国法院都有管辖权的案件，一方当事人向外国法院起诉，而另一方当事人向中华人民共和国法院起诉的，人民法院可予受理。判决后，外国法院申请或者当事人请求人民法院承认和执行外国法院对本案作出的判决、裁定的，不予准许；但双方共同参加或签订的国际条约另有规定的除外"的规定，以及第15条关于"中国公民一方居住在国外，一方居住在国内，不论哪一方向人民法院提起离婚诉讼，国内一方住所地的人民法院都有权管辖。如国外一方在居住国法院起诉，国内一方向人民法院起诉的，受诉人民法院有权管辖"的规定，对发生在我国的区际平行诉讼不应加任何限制。从上述情况看，我们可以得出如下结论：由于我国立法和相关司法解释对涉港澳台民事案件在程序适用上的规定不明确，国内法院对我国存在的区际平行诉讼的态度和实际操作出现了不一致，亟须对此在立法上作出相应的调整。

第二节　我国四法域涉外民商事管辖制度

在"一国两制四域"法律体系下，四地处理涉外民商事案件所适用的法律规范和冲突规则各不相同，并且都没有制定适用于解决区际管辖权冲突的规范与规则。四地法院在司法实践过程当中都是根据本地区的涉外法律程序和规则来确定涉及区际性民商事纠纷的诉讼程序，彼此间缺乏有效的协助及协调，以下对四地的涉外民商事管辖制度[①]的法律规定和立法实践等进行剖析。

一　内地

在司法实践过程中，内地对涉及港澳台的民商事案件的处理是按照涉外民商事案件的处理方法和原则进行的，其法律依据是最高人民法院在1987年10月发布的《关于审理涉港澳经济纠纷案件若干问题的解答》，其中专门规定：审理涉港澳台的经济纠纷案件，在诉讼程序上依照《民事诉讼法》中关于涉外民商事诉讼案件程序的特别规定来进行办理。

由此可见，内地处理涉外民商事案件管辖权问题的基本法律依据是《民事诉讼法》中关于管辖权问题的普遍性规定以及关于涉外民商事诉讼管辖权的特别性规定。涉及港澳台案件，在诉讼

---

① 徐卉：《涉外民商事诉讼管辖权冲突研究》，中国政法大学出版社，2001。

程序上比照上述规定来办理。除《关于审理涉港澳经济纠纷案件若干问题的解答》外，还有最高人民法院《全国沿海地区涉外、涉港澳经济审判工作座谈会纪要》、全国人大常委会《海事诉讼特别程序法》对海事诉讼案件管辖有特别性规定。

1. 一般地域管辖在确定管辖权时，首先采用"原告就被告原则"，即以被告住所地作为一般地域管辖的依据

首先，《民事诉讼法》和有关司法解释规定，对公民提起的民商事诉讼，由被告住所地的人民法院管辖；被告住所地与经常居住地不一致的，由经常居住地人民法院管辖。其次，采用"被告就原告原则"，对不居住在我国境内的人提出的有关身份的诉讼，对下落不明或者宣告失踪的人提起的有关身份的诉讼，对被劳动教养的人提起的诉讼，对被监禁的人提起的诉讼，由原告住所地或者经常居住地人民法院管辖。最后，特别确立了涉外离婚案件的管辖权，根据最高人民法院《关于适用〈中华人民共和国民事诉讼法〉若干问题的意见》第13条至第15条规定：在国内结婚并定居国外的华侨，如果定居法院以离婚诉讼须由婚姻缔结地法院管辖为由不受理，当事人向法院提出离婚诉讼的，由婚姻缔结地或一方在国内的最后居住地人民法院管辖；在国外结婚并定居国外的华侨，如定居国法院以离婚诉讼须由国籍所属国法院管辖为由不予受理，当事人向人民法院提出离婚诉讼的，由一方原住所地或在国内最后居住地人民法院管辖；中国公民一方居住在国外，一方居住在国内，无论哪一方向人民法院提起离婚诉讼，国内一方住所地的人民法院都有权管辖；如国外一方在居住国法院起诉，国内一方向人民法院起诉的，受诉人民法院有权管辖。

2. 特殊地域管辖

特殊地域管辖包括涉外合同纠纷和其他财产权益纠纷两部分。我国《民事诉讼法》第265条规定：因合同纠纷或者其他财产权益纠纷，对在中华人民共和国领域内没有住所的被告提起的诉讼，如果合同在中华人民共和国领域内签订或者履行，或者诉讼标的物在中华人民共和国领域内，或者被告在中华人民共和国领域内有可供扣押的财产，或者被告在中华人民共和国领域内设有代表机构，可以由合同签订地、合同履行地、诉讼标的物所在地、可供扣押财产所在地、侵权行为地或者代表机构住所地人民法院管辖。可以看出，我国对于涉外合同纠纷的管辖是很宽松的。只要上述地点中的一个在我国领域内，我国人民法院就可以依法行使管辖权。其他财产权益纠纷主要规定在《民事诉讼法》第 24 条至第 32 条中：因保险合同纠纷提起的诉讼，由被告住所地或者标的物所在地人民法院管辖；因票据纠纷提起的诉讼，由票据支付地或者被告住所地人民法院管辖；因公司设立、确认股东资格、分配利润、解散等纠纷提起的诉讼，由公司住所地人民法院管辖；因铁路、公路、水上、航空运输和联合运输合同纠纷提起的诉讼，由运输始发地、目的地或者被告住所地人民法院管辖；因侵权行为提起诉讼的，由侵权行为地或者被告住所地人民法院管辖；因交通事故损害赔偿提起的诉讼，由事故发生地，车辆、船舶最先到达地，航空器最先降落地或者被告住所地人民法院管辖；因船舶碰撞或者其他海事损害事故请求损害赔偿提起的诉讼，由碰撞发生地、碰撞船舶最先到达地、加害船舶被扣留地或者被告住所地人民法院管辖；因海滩救助费用提起的诉讼，由救助地或者被救船舶最先到达地人民法院管辖；因共同海损提起的诉讼，由船舶最先到达地、共同海损理算地或者航程终止地人民法院管辖。

3. 专属管辖

关于专属管辖各国都有不同的规定，其所涉及的内容大多关系国家和人民利益，因此对某些具有特别性质的涉外民商事案件强制规定只能由特定国家的内国法院行使排他的专属管辖权。我国《民事诉讼法》第 33 条、第 266 条对以下四类案件规定了专属管辖权：①因不动产纠纷提起的诉讼由不动产所在地法院专属管辖；②因港口作业发生纠纷提起的诉讼，由港口所在地人民法院专属管辖;③因继承纠纷提起的诉讼,由被继承人死亡时的住所地或主要财产所在地的法院专属管辖;④因在中华人民共和国境内履行的中外合资经营合同、中外合作经营合同、中外合作勘探开发自然资源合同发生纠纷提起的诉讼,由中国法院专属管辖。另外,根据《海事诉讼特别程序法》第7条的规定,因沿海港口作业纠纷提起的诉讼,由港口所在地海事法院管辖;因船舶排放、泄漏、倾倒油类或者其他有害物质,海上生产、作业或者拆船、修船作业造成海域污染损害提起的诉讼,由污染发生地、损害结果地或者采取预防污染措施地海事法院管辖;因在中华人民共和国领域和有管辖权的海域履行的海洋勘探开发合同纠纷提起的诉讼,由合同履行地海事法院管辖。

4. 协议管辖

关于国际民商事案件的协议管辖集中规定在我国《民事诉讼法》第242条和第243条中,它包括明示协议管辖和应诉管辖。"涉外合同或涉外财产纠纷的当事人可以用书面协议方式选择与争议有实际联系的地点的法院管辖,选择中华人民共和国法院管辖的,不得违背本法关于级别管辖和专属管辖的规定。"这是明示协议管辖的规定,而且规定协议必须是书面协议,口头协议无效。应诉管辖是指在没有书面协议的情况下,如果一方向特定法院起诉,另一方对该法院行使管辖权不提出异议,无条件应诉答辩或者提出反诉,那么该法院也可以行使管辖权。此时,同样不得违反关于级别管辖和专属管辖的规定。之所以把它归类为协议管辖,是因为当事人以自己的行为承认了管辖权。

5. 国际条约

我国缔结或者参加的有关国际民商事诉讼管辖权的国际条约主要有1953年参加的《国际铁路货物联运协定》、1958年参加的《统一国际航空运输某些规则的公约》、1965年参加的《关于向国外送达民事或商事司法文书和司法外文书公约》、1983年参加的《讨论国际货物销售代理公约》等。我国与一些国家的双边经贸协定、双边司法协助或领事条约中也规定了管辖权的确定原则,例如,1987年中法关于民事、商事司法协助的协定采用"原告就被告原则"确定直接国际民商事诉讼管辖权以及对外国法院判决的承认与执行的间接国际民商事诉讼管辖权。

二 香港地区

按照《香港特别行政区基本法》的有关内容,香港回归祖国怀抱以后,成立香港特别行政区,对香港原来的法律法规,除去和《香港特别行政区基本法》相互冲突的或经香港特区政府的立法机关修改的,其他的均可以继续使用。可见在香港实行的法律有《香港特别行政区基本法》、被保留的香港地区原有法律和香港特别行政区立法机构制定的法律。除此之外,经中央审查和同意,在1997年7月1日前,香港地区通过英国政府,由英国缔结的或参加的部分国际条约也适用于香港地区。同时,1997年7月1日以后,中国参加的非外交类国际条约也扩展适用于香港特别行政区。但不可否认的是,英国的普通法在香港的司法实践中有着深厚的影响。关于调整国际冲突的法律散见于一些相关的判例法和成文法中,并没有一部专门的冲突法。受英美普通法系国家影响,香港地区各种法律中的冲突法规则既可以用于调整香港和其他国家之间的国际冲突,也可以用于调整香港和内地、澳门、台湾之间的区际冲突。

对一般的涉外民商事诉讼,香港地区沿袭英国的"实际控制说",即法院对于案件的管辖有着实际的支配力,比如被告身在香港、能够被传唤到庭或者判决能够被有效执行。依据"实际控制说",香港地区将涉外民商事案件分为对人诉讼和对物诉讼两大类。对人诉讼是指当事人之间的诉讼,要求被告作为或不作为某一特定行为,判决仅仅对诉讼当事人有约束力,一般财产问题、侵权行为都列入该类诉讼。对物诉讼是指原告根据财产权利向他人主张财产权益的诉讼。法院判决不仅约束当事人,也约束所有对该财产提出权利主张的第三人,包括决定物之所有权或其他权利的诉讼,海上诉讼,有关身份的诉讼,诸如婚姻效力、离婚、子女确定等。

对于无法在香港地区境内对被告送达传票的诉讼,经原告起诉申请许可令,香港地区法院也可以行使域外(扩大)管辖权,但此种管辖权是法官的一种自由裁量权,因此这种管辖权的行使要经过严格的审查。原告要充分举证此申请符合《香港高等法院规则》的相关规定,证明案件的可诉性及管辖的适当性。

除上述一般管辖和特别管辖外,香港地区还有协议管辖和排除管辖制度。相比中国内地,香港地区协议管辖的范围极为广泛,没有涉外合同或者涉外财产纠纷的限定;形式也极为灵活,书面协议或口头协议均可。受英国法影响,香港解决区际和国际民商事诉讼管辖权冲突运用更合理诉讼地原则,确立了不方便法院原则。香港上诉法院于1987年判决的"麦阮迪案"在香港判例法中首次全面运用和解释不方便法院原则。此后,香港法院据此判例的指导把不方便法院原则广泛地运用于涉外民商事诉讼中。适用不方便法院原则时,法官必须综合权衡原告和被告的利益、审理案件的费用、判决结果的公正性等因素。

三 澳门地区

与香港情况类似,澳门法律体系明显沿袭葡萄牙,属于大陆法系地区,其法律特点是以成文法为主。澳门现行的法律由两部分构成。第一,原有葡萄牙法律的本土化。澳门地区"原有法律"从形式和内容上都深受葡萄牙的影响。在民商法领域,葡萄牙先后将《葡萄牙商法典》《葡萄牙民法典》《葡萄牙民事诉讼法典》等延伸用于澳门地区,在澳门地区进入过渡期后开始将上述法律进行本土化,形成了适用于澳门地区的民商法体系。在不与澳门基本法相抵触的情况下对"原有法律"进行修订、编撰、清理,使之成为澳门本地的法律。第二,《澳门特别行政区基本法》。《澳门特别行政区基本法》的起草工作历经4年5个月，于1993年3月31日正式颁布，成为继《香港特别行政区基本法》之后又一部体现"一国两制"方针的宪法性文件。《澳门特别行政区基本法》规定：澳门特别行政区除了外交和防务由中央人民政府负责外，享有行政管理权、立法权、独立的司法权和终审权。从上述可以看出，本地化了的三大法典与中央人民政府制定的《澳门特别行政区基本法》一起，构成了澳门法律体系的基础。

《澳门民事诉讼法典》第15条对涉外民商事管辖权作了一系列规定：①法律事实发生地原则，即作为诉因之事实或任何组成诉因之事实在澳门发生的，则澳门法院享有管辖权；②一事两诉原则，如果作为被告的澳门居民在外法域的法院就同一事实被诉，且原告非澳门居民时，只要该被告在其居住地法院提起相同诉讼，该原告得在当地被起诉；③联系地原则，如果不在澳门法院提起诉讼，有关权利将无法实现，且拟提起的诉讼与澳门之间在人或物方面存在应予考虑的连接点。在处理区际民商事案件时，比照涉外民商事案件有关管辖权的规定进行处理。由此可见，澳门也把与内地、香港、台湾有关的民商事案件当作涉外案件来处理。从《澳门民事诉讼法典》第15条第2款和第3款规定可以看出，澳门法院受理了以澳门居民为被告的诉讼，如果该澳门居民以原告身份在澳门法院针对同一案件也提起诉讼的话，则澳门法院具有管辖权。澳门法院可以基于实现权利的需求，因案件与澳门存在联系而主张享有管辖权。这些处理平行诉讼的规定与内地相似，都是极力主张自己法院的管辖权，而对平行诉讼采取听之任之的态度。

《澳门民事诉讼法典》是澳门民商事领域的重要法律渊源。虽然该民事诉讼法典对于澳门的涉外民商事案件纠纷的管辖权并没有进行针对性的规定，但是在司法实践中，澳门法律规范中有关民商事案件管辖制度的规定不仅适用于本区域内的，还可以适用于涉及本区域外的民商事案件。《澳门民事诉讼法典》是澳门现行民商事案件司法管辖权制度完整体系中极其重要的一部分。

四 台湾地区

台湾地区的立法受到日本法律的影响。日本的诸多重要法律，如商法、刑法、民事诉讼法和刑事诉讼法等，都不同程度地照搬了法国、德国的立法成果。国民党到台湾后，把具有大陆法系特色的六法全书带到了台湾，并在台湾延续了清末以来的变法修律的成果。因此台湾地区民事诉讼法是以德国法为蓝本，并间接参考了日本明治维新后仿效德国法制定的法律。台湾地区法律制度对区际管辖权的规定主要有以下几个方面。

1. 普通管辖

台湾民事诉讼法律制度将普通管辖称为普通审判籍，确定了"原告就被告"原则，无论被告是当地居民还是外国人，只要其在台湾有住所、居所或曾有住所，台湾法院就一概享有管辖权。此规定表现在2000年2月9日公布的修订后的"民事诉讼法"第1条当中："诉讼，由被告住所地之法院管辖，被告住所地之法院，不能行使职权者，由其居所地之法院管辖。""被告在台湾现无住所或住所不明者，以其在台湾之居所，视为其住所；无居所或居所不明者，以其在台湾最后之住所，视为其住所。""在外国享有治外法权的台湾人，不能以前两项规定确定管辖法院者，以台湾政府所在地视为其住所地。"同时，"民事诉讼法"规定被告住所的确认依据为台湾"民法"第20条第1项的规定，即"以久住之意思住于一定之地域者，即为于该地有住所"。当民商事案件中的被告为法人时，通常以其国籍、主事务所及主营业所为管辖依据。台湾"民事诉讼法"第2条第1项规定"对于公法人之诉讼，由其公务所所在地之法院管辖"；第2项规定"对于私法人或其他得为诉讼当事人之团体之诉讼，由其主事务所或主营业所所在地之法院管辖"；第3项规定"对于外国法人或其他得为诉讼当事人之团体之诉讼,由其在台湾之主事务所或主营业所所在地之法院管辖"。

2. 特别管辖

特别管辖在台湾被称为特别审判籍,实指就特定事件在台湾地区任何地方法院有管辖权而言,其有关规定集中在"民事诉讼法"第3条至第19条,但是,此类管辖在一定条件下也可能与普通管辖或专属管辖相重合。特别管辖涉及的案件包括不动产纠纷、船舶纠纷、财产权纠纷、契约纠纷、社员资格纠纷、海难救助纠纷、票据纠纷、侵权行为纠纷、财产管理纠纷、登记纠纷和继承案件等。

3. 协议管辖

协议管辖,在台湾通常被称为合意管辖。台湾"民事诉讼法"中与之相关的规定为第24条:"当事人得以合意确定第一审管辖法院。但以由一定法律关系而生之诉讼为限。""前项合意,应以文书证之。"其中,第25条规定了应诉管辖,也就是通常意义上的默示协议管辖:"被告不抗辩法院无管辖权,而为本案之言辞辩论者,以其法院为有管辖权之法院。"第26条规定了合意管辖的限制:"前两条之规定,于本法定有专属管辖之诉讼,不适用之。"总的来说,台湾地区的协议管辖主要有以下规定:第一,管辖协议须书面订立或书面证明;第二,管辖协议只能约定初审法院的管辖;第三,协议管辖事项限于因一定法律关系而发生的争议,例如,因买卖或赠与的法律关系所发生的损害赔偿争议等;第四,管辖协议不违反台湾"民事诉讼法"上的专属管辖规定;第五,被告不以法院无管辖权进行抗辩而出庭进行言辞辩论的,视为应诉管辖。

总之,纵观我国两岸四地各个法域的现状,每一个法域都相互独立,不属于其他法域的管辖范围,但每一法域管辖的案件,都应该在平行的管辖之下,每一个法域的法院都有对之行使管辖权的可能性,所以两岸四地之间的民商事管辖权冲突就不可避免,这也就产生了区际平行诉讼的问题。

第三节　我国区际诉讼竞合的法律规制

一　解决我国区际诉讼竞合问题需要明确的几个原则

（一）坚持各法域平等原则

坚持各法域平等原则，即同等对待内地和港澳台四地的民商事法律，保证其法律地位平等。要想解决内地、港澳台之间的区际诉讼竞合问题，首先四地区必须相互尊重彼此法域法律地位的独立性，平等对待对方法律，同时也要平等对待对方法域当事人。如果不这样做，因法域不同而对当事人区别对待，那么必然会影响四地之间经贸正常往来，进而阻碍我国经济社会的整体发展。在解决区际诉讼竞合时，要尊重对方法域的法律规范、法律原则以及对方法院所作出的判决，尊重彼此法域的平等地位，建立彼此间司法协作和互相信赖关系，这是解决各地诉讼竞合的基础。

（二）尊重当事人意思自治原则

这里所说的意思自治原则是指案件双方当事人可以根据自己的意志选择并决定由某一法域法院对其案件进行审理。在解决我国区际诉讼竞合问题的过程中，不仅要坚持各法域平等的原则，使各法域当事人处于平等的法律地位，还应遵循当事人意思自治原则，允许当事人之间就受诉法院进行选择。在涉港澳台案件当中，通过协议选择确定管辖法院，是一个行之有效的解决方法，既是对当事人意思自治原则的践行，又能顺利地解决四地间的诉讼竞合问题。

（三）加强司法协商原则

与国际诉讼竞合不同的是，内地与港澳台是属于同一国家的不同法域，主要是诉讼当事人个人利益的碰撞，没有公共利益的冲突。所以，四地间诉讼竞合的解决应在"一国两制"的大框架下，以维护国家法治权威、公平高效解决纠纷为出发点，通过加强司法协商方式来处理区际管辖权冲突问题。司法实践证明，通过司法协商的方式来处理管辖权冲突问题，不会触及各地法律规范，各地都能接受，并且能较快得以适用。例如，在最高人民法院和香港特区政府进行充分司法协商的基础上完成的《关于内地与香港特别行政区相互执行仲裁裁决的安排》，两地分别根据各自状况以恰当方式实施该安排内容，起到了良好的实际效果。

（四）"一事不再理"原则

一事不再理是民商事诉讼当中的重要基本原则，被国际上多个国家共同认可。其基本内涵是双方当事人不得就同一案件提起两次诉讼。根据我国民商事法律有关规定：如果存在多个对案件有管辖权的法院，原告可对审理法院进行选择；如果原告向不同法院提起多次诉讼，则由先受理案件的法院进行管辖。对这一规定应当理解为禁止重复起诉，即禁止一案两诉，相同当事人基于同一案件事实所提起的诉讼已经被人民法院立案受理的，就不应该再次提起诉讼。虽然此原则在我国没有明确适用的规定，但此原则的提出能有效避免重复诉讼，进而减少诉讼竞合的产生。

二　构建我国区际诉讼竞合的解决机制

（一）制定一个关于我国"一国四域"民商法律冲突的法规，合理确定四地之间的民商事案件管辖权的依据

鉴于国际上有关国家的司法实践，考虑到我国内地与港澳台地区作为不同法域的特殊事实，又考虑到加强和扩大我国内地与港澳台之间的经贸合作和民商事交往的实际需要，从四地都拥有独立的立法权这个事实出发，笔者认为可以通过我国立法机构的单独立法，制定专门用于调整我国内地与港澳台地区法律冲突的法规，确立以有效管辖为基础、以合理管辖为目的的区际民商事

管辖权冲突规则,改变彼此间不加限制的管辖权冲突原则,解决管辖权冲突以及司法协助等问题。事实上,这种统一区际民商事司法管辖权限根据的做法是非常可行的。从法律体系进行划分,内地、澳门和台湾同属于大陆法系,而香港属于英美法系;根据英美法系关于管辖权的规定,无外乎区分对人诉讼和对物诉讼,内地、澳门和台湾关于管辖权的确定也各有特色;但是,鉴于四地之间有着近乎同一的良好的文化背景,加之当前各国立法和司法实践及国际公约的成熟经验,这种做法当是可行的。在普通管辖上要以被告惯常居所地标准来贯彻"原告就被告"的原则。如果被告有多个居所,以最后居所地为准。在专属管辖上,各地区应一致将不动产案件列为专属管辖案件,凡涉及不动产的案件由不动产所在地法院专属管辖。在特别管辖上可分三类情况加以规定。①合同案件由当事人选择法院管辖,当事人没有选择或选择无效,由与案件有最密切联系的地区法院管辖。②侵权案件由侵权行为地法院管辖,侵权行为地包括侵权行为发生地和损害结果发生地。如果在两地选择上当事人没有协商一致,可采用最密切联系的原则由法院加以确定。③动产法定继承案件由被告继承人惯常居所地、遗产所在地法院管辖。

在现实状态下,就四地民商事诉讼管辖权进行协调和统一的难度是很大的。首先的难题就是台湾问题。台湾将祖国大陆和香港、澳门区别对待,出台了"台湾地区与大陆地区人民关系条例"、"台湾地区与大陆地区人民关系条例施行细则"、"香港澳门关系条例"、"香港澳门居民进入台湾地区及居留定居许可办法"和"大陆地区人民在台湾地区定居或居留许要办法"等。从我们国家的实际状况来考虑,祖国大陆与香港、澳门、台湾的差异更大。如此情况之下,如果过度强调区际民商事司法管辖权的协调统一,反而会阻挠和破坏祖国大陆和台湾已然建立起来的良好的交流和合作环境,更不利于四地民众之间的民商事交往。所以笔者认为,考虑目前的情况,在大的前提下考虑建立统一的区际冲突规范的同时，应将台湾的问题暂时搁置。由大陆和港澳、大陆和台湾、港澳与台湾分别就区际民商事管辖权的问题进行协调，以便有一个能够适应现时情况的，行之有效地解决区际诉讼竞合的办法。

因此，鉴于我国四地间经济往来的逐步加深，区际诉讼竞合问题越来越突出，在"一国四域"复杂的法律大框架下，要想继续加强和扩大四地之间的经济交往和民商事合作，构建四地区皆能适用的法律冲突规范十分必要。具体做法是，从四地区立法以及司法权相对独立的基本事实出发，加强各地区之间的协商与合作，制定出一部专门适用于规制内地、港澳台四地间区际法律冲突的法律规范，确立起能在四地广泛适用并行之有效的区际性法律冲突规则。同时，加强四地间的司法协助，协调彼此间的管辖权规定，避免并减少冲突。构建适用于四法域的全国统一的法律冲突规范是一种较为理想的解决各地区间诉讼竞合的方式。第一，从目标上看，解决区际法律冲突是各地区的共同要求，满足各地区自身的利益需求；第二，从可实行性上看，统一区际冲突法并不会影响各地区之间存在着根本分歧的实体民商法领域，因而实行阻力小；第三，从各区域法律冲突规范自身看，制定同时适用于四地的法律冲突规范，可以避免不同法域法院对同一个民商事案件的判决相互矛盾，进而对当事人随意对法院进行挑选现象加以限制。当然，具体实践过程中，对四地涉外民商事法律规定进行调整规范是很困难的。要想将理论真正运用于实际，我们必须积极努力，加深理论研究并作出实际行动。

(二) 确立不方便法院原则

不方便法院原则，是法院为拒绝对某一案件进行管辖而作出的自由裁量，有的国家称之为非方便法院或不便管辖原则。它指的是在处理国际民商事纠纷过程当中，一国法院依据国内法或国际条约可以对民商事纠纷进行管辖，但是如果法院对此案件进行管辖将给当事人和司法程序造成很多不方便，进而使司法的公正性得不到有效保障，同时也会影响争议的顺利解决，而这种时候由对该案件具有管辖权的另一国法院审理更为合适，那么由法官根据自己的意志作出裁量，主动放弃审理的一种制度。我国目前法律上没有关于不方便法院原则的规定，这就使得我国法院对一些由其审理并不方便的案件行使了管辖权，对法院及当事人都不利。作为解决区际诉讼竞合问题行之有效的措施，在我国建立并适用该项原则非常必要。鉴于我国四地间十分特殊的法律关系，以为当事人提供诉讼便利，利于各地法院的管辖审理，避免或减少诉讼竞合问题为目的，应该允许不方便法院原则在我国适用，并促使其成为解决诉讼竞合问题之有效手段。

不方便法院原则是预防国际民商事诉讼竞合的一项重要法律制度。由于祖国大陆与香港、澳门、台湾之间特殊的地域关系，从避免区际诉讼竞合，方便当事人诉讼，便于人民法院进行审判的角度出发，应当将不方便法院原则引入四地之司法制度当中，将其作为规制我国区际诉讼竞合问题的主要办法。在区际冲突上，适用该原则的基本含义是四地法院对某个涉及四地中的两地或两地以上区域的案件，自己具有管辖权，但是法院认为由它对案件行使管辖权不方便或不公平，而应由相对较为合适的另一区域的法院审理更为方便时，受诉法院可以拒绝行使管辖权。此种情况祖国大陆法院及台湾法院已有判例。如陈淑霞等人申请继承被继承人林应葵位于金门县的不动产案。① 林应葵 1931 年出生于金门县，1946 年至福建省厦门市定居并与陈淑霞结婚。后林应葵在厦门去世，陈淑霞及其五个子女于 1993 年 9 月 17 日向福建省厦门市思明区人民法院提出继承林应葵在金门遗产的诉请。关于思明区人民法院作为被继承人死亡时住所地法院能否对金门的不动产继承案件进行管辖，产生了两种不同看法。一种意见认为大陆法院

---

① 颜映红：《陈淑霞为人申请继承在金门的遗产一案的法律思考》，《台湾法研究专刊》2002 年第 1 期。

对此类案件具有管辖权,另一种意见是大陆法院不能受理此类案件。最终福建省厦门市思明区人民法院裁定对此案不予受理。裁定的理由是,依据我国《民事诉讼法》第34条第1项规定,因不动产纠纷提起的诉讼,由不动产所在地人民法院管辖。虽然该条第3项规定"因继承遗产纠纷提起的诉讼,由被继承人死亡时住所地或者主要遗产所在地人民法院管辖",但不动产继承遗产纠纷提起的诉讼,应依不动产的特别法律规定,即专属管辖第3项的规定只适用于动产的继承。台湾是中国的一个行政区域,在处理涉台案件时应遵循我国有关立法精神,据此,人民法院对此案没有管辖权。台湾法院也有此方面原则的判例。如厦门新动服装有限公司诉李天财(台湾居民)股权转让纠纷案。① 1994年9月,原告厦门新动服装有限公司与被告李天财在台湾签订一份企业股权及其所属土地转让契约书。契约签订后,原告向被告交付了公司的有关证照及征地的各种批文和领线图。但被告未依约支付全部价款。原告向台湾桃园县地方法院提起诉讼,要求追究被告的违约责任,后桃园县地方法院以标的物在厦门,不便审理为由,决定不予受理。

研究不方便法院原则在我国四地的适用,还应注意一个特别的问题。应当说不方便法院原则的适用在祖国大陆、香港、澳门是不存在法律障碍的,但是在台湾就另当别论。受台湾现行法律政策的影响,其禁止大陆居民以民商事诉讼(起诉、应诉)的方式进入台湾地区,如果原告是大陆居民,其在台湾地区提起诉讼就不方便并且诉讼权利很难得到有效的保障。因此,我国人民法院在审理涉台民商事纠纷时,是否适用不方便法院原则是应相当慎重的,否则将有损于我国大陆居民的合法权益的保护。

(三)尊重当事人对管辖法院的协议选择

协议管辖是指当事人以意思自治的方式选择特定法院管辖在

---

① 林春容:《对一起涉台民事案件的思考》,《厦门审判研讨》1995年第3期。

他们之间发生的民商事纠纷。允许当事人通过协议的方式选择受诉法院，也就是说当事人不仅可以根据法律的规定在对某一案件有管辖权的法院进行诉讼，还可以对管辖法院进行选择，协议指定管辖法院。在四地复杂局面下，当事人对受诉法院进行协议选择对解决诉讼竞合有很大的优势：首先，它是尊重案件当事人意思表示的体现，能促使争议在其自由选定的法院得到解决；其次，赋予当事人选择法院的权利，会调动其参与的积极性，促使当事人在选择之前先去了解受诉法院所适用的法律规范，增加诉讼结果的可预见性；再次，当事人更容易信服自己所选择的法院作出的判决，并且更愿意自觉履行该判决。在规制诉讼竞合问题的实践中，此方法被国际社会广泛接受并适用，具有较强的可行性。

协议管辖具有排他性的特点，尊重当事人协议选择管辖法院，相应地就使管辖法院由法律规定的有管辖权的法院变成了协议约定的特指法院。这样也就避免由于管辖权的积极冲突而产生的区际平行诉讼问题。在四地关系的现状下，尊重协议管辖有利于保护四地当事人的正当权益，使涉案当事人可以根据案件所涉及的各方面情况选择他们认为最合理、最方便的法院解决他们之间发生的民商事纠纷。但是，尊重当事人的协议选择并不等于放任这种选择而使协议管辖选择变得毫无约束。参考国际社会和我国对当事人协议选择的法律规制，为避免区际平行诉讼问题的产生，防止当事人利用协议管辖来规避强制性法律规定，谋取不正当利益，造成法院内部管辖的混乱，对当事人的这种协议管辖应考虑以下限制：①从纠纷的种类看，协议管辖应限于合同或财产权益方面的纠纷；②当事人协议管辖不得违反专属管辖和级别管辖的规定；③协议选择的法院应与案件有实际联系，这种联系包括当事人的营业地、合同签订地、合同履行地、标的物所在地等因素。

（四）确立首先受诉法院

首先受诉法院原则即首先受诉原则。英国通过布鲁塞尔公约的规定使首先受诉原则得以确立,用以解决本国法院与他国法院间的管辖权冲突。我国四地间的管辖权冲突虽然是区际性的,但是该原则依然有适用的空间。我国《民事诉讼法》第35条规定,对于存在多个管辖法院的民商事案件,原告可以选择一个法院进行管辖;原告同时在两个以上有管辖权的法院提起诉讼的,由首先受诉法院管辖。这是我国民商事法律当中,对该原则作出的一般性规定。由此可见,首先受诉法院原则的适用需要满足几个条件,包括存在多个有管辖权的法院,受诉法院必然有先后顺序等。在实践中,在区际法律冲突中,特别是在一些涉港的诉讼中,先受诉法院原则得以广泛应用。

(五) 设立适应四地关系现状的待决诉讼制度

从复合法域国家的立法和司法实践看,处理一国内部不同法域之间的平行诉讼主要有四种不同的做法。一是在其他法域已经受理同一诉讼的情况下,本法域拒绝行使管辖权或中止诉讼。其一是把平行诉讼作为适用不方便法院原则的一个考虑因素而中止本法域的诉讼;其二是适用先受理法院管辖原则;其三是以在其他法域进行的诉讼有可能作出本法域承认的判决为由而中止本法域的诉讼。二是禁止在其他法域进行的诉讼,以法院作出禁诉命令的方式进行。三是允许诉讼继续进行。四是由当事人自行选择法院。①

在四地法院都有管辖权的情况下,应当确认先受诉法院原则。内地与香港、澳门之间应通过三地友好协商的方式,避免平行诉讼,具体规定可以表述为:"相同当事人之间就同一诉因在内地、香港特别行政区、澳门特别行政区起诉时,首先受诉法院以外的其他法院应主动放弃管辖权,由首先受诉法院审理。"在大陆与台湾之间应另作规定。从我国现行法律而言,最高人民法院对海

---

① 王建源:《关于两岸民商事平行诉讼问题及解决对策的调研报告》,《人民司法》2006年第4期。

峡两岸之间的平行诉讼是采取既允许又限制的做法。1998年5月最高人民法院发布《关于人民法院认可台湾地区有关法院民事判决的规定》，该规定允许平行诉讼的一面表现在：①案件虽经台湾地区有关法院判决，但当事人未申请认可，而是就同一案件事实向人民法院起诉的，应予受理；②对人民法院不予认可的民事判决，申请人不得再提出申请，但可以就同一案件事实向人民法院提起诉讼。限制平行诉讼的一面表现为：①人民法院受理认可台湾地区有关法院民事判决的申请后，对当事人就同一事实起诉的，不予受理；②人民法院作出民事判决前，一方当事人申请认可台湾地区有关法院就同一案件事实作出的判决的，应当中止诉讼，对申请进行审查。经审查，对符合认可条件的申请予以认可，并终结诉讼；对不符合认可条件的，则恢复诉讼。最高人民法院上述司法解释的调整对象是审结后的平行诉讼，而对于受理后审结前的（待决诉讼）则未涉及。如果由最先受理的法院行使审判权，首先受诉法院以外的其他法院主动放弃管辖权，则对涉台平行诉讼案件来讲，是不合适的。因此，针对台湾地区的问题，有必要在上述规定的基础上进一步明确受理后审结前的待决诉讼的处理问题。具体思路可以为："在台湾地区法院与大陆人民法院对相同当事人之间就同一诉讼标的提起的诉讼均正在审理过程中，如果大陆人民法院受理在先，或者人民法院不行使管辖权、当事人的正当权益就无法得到保护的，人民法院应当对同一诉讼行使管辖权。"之所以这样考虑，是基于两岸关系的现状。如前所述，由于台湾当局的现行政策法令不允许大陆居民以民商事诉讼的方式进入台湾地区，大陆居民在台行使诉权受到了不合理的限制，因此，现阶段在海峡两岸有条件地允许平行诉讼有其合理性。

我国目前正出于经济快速发展的时期，而内地、港澳台是我国统一主权下的不可分割的四个部分，四地间能否和谐共处、加强交流与合作直接影响着我国经济发展的大局。然而，由于四地分属不同的法域，适用不同的民商事法律规范与法律冲突规则，这样就产生了四地间的诉讼竞合问题,不仅影响到各地当事人的诉讼利益,更阻碍了四地间经济活动的开展。

为解决我国四地间的区际诉讼竞合问题,首先,应该对诉讼竞合有一定的了解,找出我国区际诉讼竞合产生的原因。其次,经济交往过程中产生的大多是民商事案件,所以还要明确四地民商事法律制度当中对涉外民商事管辖权的规定。再次,在解决四地间区际诉讼竞合问题时注意吸收借鉴世界各国的成功经验,结合我国"一国两制四域"的法律大背景,完善相关法律制度,确立规制方式并在司法实践中进行检验。

第七章 我国规制国际民商事诉讼竞合的立法选择

随着我国对外开放程度的提升，国际交往范围的进一步扩大，涉外民商事案件在数量和种类上均呈现出大幅度增加的发展趋势，因而国际民商事诉讼竞合问题也日益受到广泛关注。正如前文所述，在综合考察我国关于诉讼竞合问题的立法及司法实践之后，可以发现，现有的关于国际民商事诉讼竞合规制的法律制度仍存在许多不足之处，其中多数规定与当前国际社会的普遍规定、司法实践不尽一致。因此，对于实践中存在的国际民商事诉讼竞合问题，我国应结合自身的特点，借鉴外国的经验，对现行相关法律制度进行适当的调整。对此，笔者提出如下观点。

第一节 遵循国际民事诉讼法的基本原则

国际诉讼法的基本原则是为大多数国家所公认的，具有普遍的立法和司法指导意义的根本性原则。国际诉讼法的基本原则主要有国家主权原则、平等互惠原则、条约信守原则、国民待遇原则、便利当事人诉讼和便利法院司法原则。[①] 因此，在涉及国家主权和安全及社会公共利益时，尽量以国内民事诉讼法规定的专属管辖为主，如果外国法院的判决侵犯我国司法主权，我国可以拒绝承认和执行。同时，对我国缔结或者参加的国际条约，也应当

---

① 李双元：《国际私法》，北京大学出版社，2000，第338页。

认真遵守和履行，不可任意违反和放弃，但是我国声明保留的条款除外。在发生国际民商事纠纷时，应当综合考虑各方面因素，给当事人最大程度的方便，尽量保护其合法权利。

国际民事诉讼法的基本原则旨在确保国家司法主权的同时，倡导各国尽可能地对本国和外国当事人给予平等的对待，在国际诉讼程序中，国家之间应当在尊重条约的基础上，尽可能地使司法协助的程度最大化。这在一定程度上体现了国际礼让原则，有利于维护国家主权，协调国家之间的关系，保护当事人的合法权利。因此，我国在解决国际民商事诉讼竞合问题时，应当遵循国际民事诉讼法的基本原则，以国际司法协助为原则，不宜过分强调国家主权。

在国际民商事诉讼中，之所以会出现多个国家对同一纠纷同时拥有管辖权，就是因为国际民商事诉讼管辖权是行使国家主权的表现之一，因此各国会尽量扩大本国的管辖权，规定属地管辖原则、属人管辖原则、普遍管辖原则，保证发生在本国领域内的所有纠纷以及本国人与外国人发生的所有纠纷都由本国法院来管辖。在国际民商事纠纷中，许多当事人与外商签订合同时，都会把适用本国法作为首选，认为只有本国法对自己有利，这种对外国法的不信任在一定程度上也加速了国际民商事诉讼竞合的产生。

第二节　以国际民商事诉讼竞合的规制根据作为出发点

一国对国际民商事诉讼竞合的规制主要是以诉讼经济、防止滥诉、防止相矛盾的判决为出发点。[①] 双重诉讼不但给法院增加负担，造成不必要的司法资源浪费，还会使当事人支出双倍的开销，加重了当事人的负担，产生矛盾与冲突的判决。

---

① 李旺：《国际诉讼竞合》，中国政法大学出版社，2002，第170页。

一 诉讼经济

在重复诉讼中,由于原告在一国甚至多国都提起了诉讼,原告要支出更多的费用,被告也要被迫向多个国家的法院应诉,这将加大被告的经济负担,对原被告双方来说都是不利的。目前大多数大陆法系国家基本上都以成文法的形式确立了外国法院判决的承认与执行制度,如果外国法院的判决能够得到承认和执行,那么也就没有必要在内国法院进行诉讼了。

二 防止滥诉

在原被告相同型诉讼中,原告可以在多个国家提起诉讼。其之所以向多个国家提起诉讼,基本有以下原因:①原告提起的诉讼在一国法院已经作出了判决,但是该判决在另一国法院得不到承认和执行;②原告在诉讼中发现还存在其他对自己有利的法院地,如果第一次诉讼对自己不利,就可以再次向其他有管辖权的法院提起诉讼来得到对自己有利的判决;③原告在几个国家都提起诉讼是为了增加被告的负担、刁难被告,来达到对自己有利的和解目的。

原被告逆转型诉讼的提出有以下两点原因:①第一审对被告不利,所以被告挑一个对自己有利的法院再次起诉;②被告想通过逆转来增加原告的负担达到对自己有利的目的。

综上,如果放任平行诉讼,当事人可以随心所欲地提起诉讼,难免会产生滥用诉讼权利的动机,因此防止滥诉也是需要考虑的一个方面。

三 防止相矛盾的判决出现

由于各国都有不同的法律制度,如果放任双重诉讼,极有可能导致相互矛盾的判决出现,所以这一点也是需要考虑的因素。

四 外国法院判决的承认与执行的均衡

规制国际民商事诉讼竞合还应当考虑本国法院的判决能不能在外国法院得到承认与执行,如果法院已经作出了判决,在外国法院却得不到承认与执行，那么诉讼就没有任何意义了。以上四点规制根据，也是我国需要考虑的问题。要从诉讼经济的角度考虑是我国法院合适还是外国法院合适，比如当事人要支出的费用、方便程度等。对当事人为了自己的利益而滥诉也要作出相关规定，查清当事人除了在我国起诉还有没有在外国提起诉讼，在诉前告知当事人滥诉的后果和要承担的法律责任。同时，也要借鉴德国瑞士的可能性预测说，考虑我国是否与外国签订了相关条约，如果我国法院对案件作出了判决，那么在外国能否得到承认和执行。应当综合各方面因素，作出一个评判来决定我国法院是否需要行使管辖权。

第三节　坚持涉外民商事诉讼管辖权的国际协调，合理确定国际民商事诉讼管辖权的标准

综合考察我国立法及最高人民法院相关司法解释，可以总结出我国确立的国际民商事诉讼管辖权根据主要有住所地、经常居住地、被告代表机构所在地、诉因发生地（合同签订地、合同履行地、侵权行为地）、诉讼标的物所在地、可扣押财产所在地、当事人协议和专属管辖。从最高人民法院《关于适用〈中华人民共和国民事诉讼法〉若干问题的意见》第306条的规定可以看出，我国承认当事人享有法律上的正当利益并允许进行平行诉讼，而不是像大陆法系国家那样，严格恪守僵硬的一事一诉原则，因为法律的工具性、形式性而牺牲了法律的目的性。从现有的立法和司法解释看，我国未采用当事人的国籍和被告人的出现作为国际民商事诉讼管辖的根据。虽然以当事人国籍为根据的管辖立法和实践已经落伍，甚至已有有关国际条约将其明确排除，但是被告人的出现或者有关送达则是英美法系国家长臂管辖的一个主要根据。从理性的角度出发，英美法系国家的这个办法应受到限制和

排除，因为其不利于防止和解决国际民商事诉讼竞合的问题。但是考虑到国家主权和法律传统因素的影响，限制或遏制这一管辖权的可能性非常小，而且现今各国都在极力争夺司法管辖权是一个非常突出的法律问题。鉴于上述原因，结合我国的立法现状，笔者认为就我国国际民商事诉讼管辖权的标准，解决国际民商事诉讼竞合的问题可以有以下考虑。

（1）以居所或惯常居所取代住所。以被告住所作为确定管辖的根据为国际社会所普遍采用，但各国对住所的规定各不相同。按照英美法系国家的理论，住所的认定取决于主观上的意图和客观的事实。我国则以当事人的户籍所在地作为确立住所的标准。我国《民事诉讼法》第20条规定，对公民提起的民事诉讼，由被告住所地人民法院管辖；被告住所地与经常居住地不一致的，由经常居住地人民法院管辖。最高人民法院《关于适用〈中华人民共和国民事诉讼法〉若干问题的意见》第4条规定，公民的住所地是指公民的户籍所在地。户籍制度是我国独有的一项制度，其他国家没有相应的法律概念。从我国现行户籍制度的发展趋势而言，这个制度有弱化趋势，并有被取消的可能，因而以户籍地为管辖根据将会失去依据。关于经常居住地的概念，按照最高人民法院《关于适用〈中华人民共和国民事诉讼法〉若干问题的意见》第5条的规定，其为公民离开住所地至起诉时已连续居住一年以上的地方，但公民住院就医的地方除外。同样地，按照我国民事诉讼法的规定，如果住所地与经常居住地不一致，以经常居住地为准。为此，假如被告在一年即将届满更换经常居住地，法院如何来确定管辖权呢？而原告又以何证据证明被告在不存在户籍的情况下居住满一年或不满一年的事实？

国际社会从20世纪50年代开始，在管辖权的根据上逐渐形成以居所或惯常居所取代住所的趋势。戴西和莫里斯认为，作为住所和国籍之间的折中办法，或者至少作为对于国籍的一种选择来使用，惯常居所的概念对于普通法和民法传统的法学家而言，似乎正在成为一个可被接受的概念。① 有鉴于此，我国应当在住所问题上对现行立法和司法解释进行修正，以居所或惯常居所取代住所。

（2）规范专属管辖的规定。专属管辖在各国的国际民商事诉讼立法中占据着重要位置，它是国家主权原则在国际民商事案件管辖权上的体现。各国关于专属管辖的规定主要体现的是各自国家的政治利益、经济利益或国家公共政策。对这类案件，世界各国的规定是相对一致的。比如不动产案件，各国普遍的规定是涉及不动产的案件，由不动产所在地法院管辖。我国的规定也是如此。但其实各国关于专属管辖的规定并不完全相同，专属管辖的事项有宽窄之分。专属管辖过宽，势必导致国际民商事诉讼案件管辖权的积极冲突，从而不可避免地产生国际民商事诉讼竞合的问题。就我国而言，专属管辖的规定就比较宽。我国《民事诉讼法》第33条规定："下列案件，由本条规定的人民法院专属管辖：（一）因不动产纠纷提起的诉讼，由不动产所在地人民法院管辖；（二）因港口作业中发生纠纷提起的诉讼，由港口所在地人民法院管辖；（三）因继承遗产纠纷提起的诉讼，由被继承人死亡时住所地或者主要遗产所在地人民法院管辖。"第266条规定："因在中华人民共和国履行中外合资经营企业合同、中外合作经营企业合同、中外合作勘探开发自然资源合同发生纠纷提起的诉讼，由中华人民共和国人民法院管辖。"对此规定，结合国际社会的普遍规定和我国的司法实践情况，笔者认为，可以将港口作业案件和继承案件排除在专属管辖的范围之外。港口作业案件实际包含船舶、航空器和车辆进出港口所引发的装卸、驳运或侵权案件，这些案件与侵权案件多有重叠，在其他管辖规定当中也有所涉及。关于不动产继承，完全可以依据不动产案件专属管辖规定由不动产所在地法院管辖；有关动产法定继承案件和遗嘱

---

① 莫里斯：《戴西和莫里斯论冲突法》（上），中国大百科全书出版社，1998，第190页。

继承案件，可适用普通管辖的规定。这些内容规定在专属管辖当中实在是多此一举。此外，我国还规定了在中国境内履行的中外合资经营企业合同、中外合作经营企业合同、中外合作勘探开发自然资源合同的专属管辖权。当初作出此种规定是出于对国家利益的考虑。现在看来，仍将中外合资经营企业合同、中外合作经营企业合同规定在专属管辖范围之内，既缺乏合理性，也无太多的实际意义。加之有关国际条约和其他国家立法很难认可中国的这一种规定，因此应当将其从专属管辖中删除。另外有人曾提出将知识产权案件列入专属管辖事项，[①] 理由是知识产权案件确有较强的地域限制，而对知识产权的保护往往关系到国家利益，笔者同意此种观点。

第四节　建立最密切联系原则

相比国内民商事案件，国际民商事纠纷案件因涉及不同国家当事人、法律制度而显得较为独特。当今世界各国法律制度的制定都有其本土性，特别是在管辖权问题上，各个国家选择管辖权的依据各不相同，但存在一个共性即国内立法所选择的管辖权因素都较为单一且较为固定，这种模式在处理纷繁复杂的国际民商事纠纷时便显得过于僵硬。

最密切联系原则在处理平行诉讼问题时作为一种灵活的法律选择方法显示出它独特的优势。最密切联系原则的基本观点可概括为："在确定某一法律关系应适用的法律时，不应机械、呆板地根据该法律关系的本座确定准据法，而是要看哪一个地方或者国家与案件的事实和有关当事人有最密切的联系，根据特定法律领域中的多个连接因素，在充分考虑法院地的相关政策、有利益关系的其他州或国家的相关政策、当事人的合理期望、有关法律的

[①] 刘力：《国际民事诉讼管辖权研究》，中国法制出版社，2004，第280页。

目的以及判决结果的确定性、可预见性和一致性等方面以后,结合每一个具体案件,灵活地选择准据法。"①

最密切联系原则开创了一种解决国际平行诉讼问题的新理念,在这种理念的指导下,法院受理、审理、判决国际民商事纠纷案件不再是单纯地只考虑本国法院的管辖权,而要按照最密切联系原则的要求,将国内法院和外国法院放在平等的位置上进行权衡,更多地考虑案件当事人的住所、居所、国籍,公司所在地、营业地,合同签订地、履行地,行为发生地和结果地等众多因素的联系以及联系的密切程度,客观地对连接因素的数量和可行性进行分析,最终确立最为合适的审理案件的法院。

当然,法官在运用最密切联系原则认定最密切联系因素时,应当遵循哪些选择法律的原则和需要衡量的因素,我国现有的立法中并没有明确的规定,这在一定程度上为我们规制该问题造成了困难。同时,该原则的实施还取决于法官的整体素质和实践经验,以及对外国法律的查明、了解和熟悉程度。不可否认的是,目前我国法官的整体素质还有待提高,在处理涉外民商事纠纷领域案件方面还不够成熟,但是现实的不甚完善不能成为立法不前的借口和理由,法律的制定和完善并不能过分地受到现实的制约和牵绊,而是应当具有前瞻性和长远性。就像民法当中的"诚实信用原则",它要在司法实践中进行量化和细化着实困难,但这一核心性的和理念性的基本准则却成为民事法律审判实践中的精髓,并在长期的司法实践中逐渐内化为法官审理民事案件的本质性原则,最终成为民事法律关系中的帝王条款。笔者认为,因最密切联系原则是一种开放性的、灵活性的解决国际民商事纠纷的方法,且与法官的自由裁量权有甚为密切的关系,因此在引入我国的司法实践时应当慎重地考虑,既能最大限度地发挥

---

① 肖永平:《国际私法原理》,法律出版社,2003,第46页。

其灵活性，又不引起当下中国法官自由裁量权的滥用。在我国建立最密切联系原则时，应当更多地借鉴大陆法系国家以及一些国际条约中的经验，由立法机关运用该原则为审判机关设定冲突规范，以立法权规制司法审判权，从而确保法官正当地行使自由裁量权。

第五节　采用国际礼让原则

在世界各国经济联系日益密切，经济交往日益频繁的今天，发生国际民商事纠纷的几率也大大增加。一旦出现平行诉讼纠纷，若各国都仅从本国的主权、司法管辖权和本国当事人的利益出发争夺管辖权的话，只会产生各个国家各执一词，各自判决，最终导致出现各不相同的判决书，增加判决冲突的可能性，这无疑会给判决的承认与执行带来诸多不便，使诉讼当事人本能实现的利益成为可望而不可即的事情。

应当明确的是，国际礼让原则与国家主权原则并不矛盾。一个国家主权存在的前提是对他国主权有对等的尊重，而这种尊重就要求主权国家有自我约束的义务，其实质就是国家在交往时相互之间要遵守一定的礼让原则。国际礼让原则不是国家主权的让与，而是国家主权的主动行使，是法院在考虑国家关系和国家利益的基础上，为了实现管辖权的国际协调而主动进行的自我约束，这是独立的国家人格的体现。国际礼让原则为我们解决国际平行诉讼问题提供了一种新的视角，它不仅要求审理法院要考虑到本国法院的实际需要，而且要为国际民商事争议的解决创造出良好的国际环境。这一原则为我们处理平行诉讼问题设立了一个大的框架，在这个框架之内，国际民商事案件的管辖权纷争会逐渐淡化。超出了这个范围，本国的判决不仅不会得到应有的承认与执行，更有甚者会招致外国法院的报复，使得国际民商事案件管辖权冲突愈演愈烈。

第六节　将可能性预测与先受诉法院原则相结合，确立先受诉法院原则和未决诉讼命令制度

可能性预测说主要是被德国、瑞士等大陆法系国家所采纳的，我国作为大陆法系国家之一，也应当将这一制度纳入我国的法律。同时，我国在实行这一制度时，应当将其与先受诉法院原则相结合，也就是说先受诉的外国法院的判决在我国能得到承认与执行时，我国法院应当对案件不予受理或者对已经受理的案件中止受诉。我国在实行这一制度时，应当考虑以下条件。

（1）我国与先受诉外国是否签订了双边或者多边司法协助条约，如果有条约存在，则应当积极地履行条约规定的内容，这也是效果最佳的解决方式；如果没有条约，就要对先受诉法院的判决能否在我国得到承认与执行进行预测，预测时可以考虑多方面的因素，比如国民待遇原则、对等原则、最惠国待遇原则等。

（2）先受诉外国法院的诉讼程序是否公正，如败诉方的权利是否得到保障，有没有对其依法传唤，若是外国法院没有做到诉讼程序公正，即使存在双边司法协助条约，我国法院也不予承认和执行。

（3）案件是否违反我国专属管辖的规定、是否与我国公共利益相抵触。对属于我国专属管辖的案件，由于涉及国家主权问题和我国的社会公共利益，此类案件必须由我国法院来管辖。

以上三点就是我国对先受诉法院的判决能否在我国得到承认与执行的可能性进行预测时应当考虑的问题，以此来决定是否要中止我国法院正在进行的诉讼。

先受诉法院原则是解决国际民商事诉讼竞合的基本原则，其对完善我国涉外民商事诉讼制度有着重大的参考价值。此制度不失为国际民商事诉讼竞合问题的一种有效的解决办法。此项原则在我国《民事诉讼法》第35条和《中华人民共和国国际私法示范

法》第54条中已经得到了贯彻。《中华人民共和国国际私法示范法》第54条的规定，虽然仅是示范法，但足以反映学术界对此问题的倾向性意见，由此可以看出我国将由完全肯定诉讼竞合过渡至一般禁止诉讼竞合的趋势，应该说是一大进步。但正如前所述，此规定也存在一些法律问题，比如由于我国《民事诉讼法》及有关司法解释没有明确"受理"的时间标志，如何理解"首先受理"存在着多种解释。

《中华人民共和国国际私法示范法》第54条的规定采用了承认预期理论。如果中国法院预期该外国法院判决能够得到中国法院的承认与执行，则可以不行使管辖权。但该条作出的规定又同时确立了中国法院受理在先时的优先地位，即对我国法院受理在先的涉外民商事诉讼，可以行使管辖权。所以先受诉法院原则在这里并没有得到彻底的贯彻。为避免国际民商事诉讼竞合的发生，若外国法院先受理某一涉外民商事诉讼，起决定作用的是判决能否在我国法院得到承认而非"先受理"这个因素，若我国法院先予受理，起决定作用的则非"先予受理"这一时间因素。考虑到上述问题，有关先受诉法院原则或者说是采用承认预期理论的具体法律条文规定建议为，"除中华人民共和国缔结或参加的国际条约另有规定外，依外国法，某一纠纷在外国法院已经作出判决或先于我国法院受诉的情况下，依中华人民共和国法律该纠纷是相同当事人间就同一诉标的进行的同一诉讼的，若预测外国法院能正常审理，或其判决能够得到中华人民共和国法院的承认，中华人民共和国法院不行使审判权。但中华人民共和国受理在先，或不行使管辖权，当事人的合法权益无法得到保护的，中华人民共和国法院应另行使管辖权；依前款规定，如当事人向中华人民共和国法院提起诉讼的，中华人民共和国法院可中止诉讼。在外国法院作出判决后，中华人民共和国法院应终止诉讼；依第二款规定，中华人民共和国法院中止诉讼的，如外国法院没有正常审理，或其判决得不到中华人民共和国法院承认时，或外国法院在中华人民共和国法院中止诉讼后其又决定不行使管辖权，中华人民共和国法院应恢复诉讼。依第二款规定，中华人民共和国法院中止诉讼后，外国法院在合理期限内未能审结，造成诉讼迟延，不利于当事人利益保护的，应当事人申请，中华人民共和国法院可以恢复案件的审理"。

上述建议的理由如下。①某一纠纷是否提起诉讼因属于程序问题，依外国法判断不会产生歧义。②确定了中止诉讼后的恢复诉讼，此规定的依据是我国《民事诉讼法》。根据我国《民事诉讼法》第 150 条第 5 款，本案必须以另一案的审理结果为依据，而另一案尚未审结的，可以中止诉讼。中止诉讼的原因消除后，恢复诉讼。恢复诉讼存在的意义在于可以避免审理案件的外国法院长时间地迟延损害当事人的利益，可以保证在外国法院拒绝管辖的情况下，防止出现诉讼无门的情况。同时，可以在诉讼违背我国的公共秩序或法律的基本原则时维护我国的司法主权（国际协调是在不损害我国司法主权的前提下进行的，如果有事实证明外国诉讼的进行将损害我国的公共利益，我国则没有必要以牺牲司法主权为代价来追求国际协调）。③是确定终止诉讼的结果。外国法院作出判决后，我国就没有继续审理的意义，终止诉讼既可以节省司法资源，又有利于国际司法协助的进行。

但是，应当注意的一个问题是，由于涉外民商事诉讼竞合存在着一定的复杂性，先受诉法院原则不可能成为解决我国涉外民商事诉讼竞合问题的唯一方式。仅仅运用单一的方法来解决诉讼竞合将可能导致一些不良后果，应当结合其他原则来处理诉讼竞合的问题。

第七节 适用"不方便法院原则"

"不方便法院原则"主要是英美法系国家司法实践的产物，它作为本国法院拒绝或放弃本应行使的对国际民商事案件的管辖权，从而实现消除管辖冲突的一项原则，体现了国际民商事诉讼领域的国际协调精神。从理想的角度而言，"不方便法院原则"是作为解决国际民商事管辖权冲突的一种积极方式被肯定的。此原则或制度本身其实强调的是国家司法主权的自我抑制。从法律基础而言，"不方便法院原则"是在有着法官自由裁量权传统的英美国家建立和完善起来的。从司法实践角度而言，英美国家的法官独立是作为一项制度被肯定的，法官的高薪制、终身制确保了法官才智得到充分发挥。在实践中，法官根据原告的外国国籍，并参考其他因素，而决定本国法院审理某个国际民商事案件是不方便的。

在国际社会，支持在适当的情况下适用"不方便法院原则"有很明显的趋势。笔者认为，其"作为文明司法体制的标志"（美国法官法兰克福特语），同样也应适用于中国的法律体系，在我国法律上有必要增设"不方便法院原则"的规定。①适用"不方便法院原则"符合我国民商事诉讼中确定管辖的"两便"原则即方便当事人诉讼和方便法院审理。涉外民商事诉讼程序作为民事诉讼法的一个组成部分，应受民事诉讼法原则的指导。"不方便法院原则"的目的是追求诉讼的最大便利以实现真正的司法公正，不受原告选择的约束，其实质是对原告诉权加以限制，防止由于原告挑选法院及对法院选择权的滥用而导致被告权益受损并阻碍司法公正的实现，以此来维护被告的诉讼利益，保持原告、被告诉讼权利的均衡。同时，这一制度的行使使得不方便法院主动放弃了管辖权，避免了由于案件与该国缺乏必要的联系，在调查取证、当事人及证人出庭、判决执行等方面的困难，这对于当事人和受诉法院而言，无疑都是极为有益的。②适用"不方便法院原则"有利于国际司法协助。国际经济的发展和合理公正的国际民商秩序的建立，要求各国在国际民商事管辖权的确定和行使上坚持国际礼让，进行司法协助。而从我国规定上看，其过于强调国家主权，不利于我国的对外交往。为了发展与其他国家的友好关系，树立良好的国际形象，我国在司法管辖权问题上必须从强调国家主权转为强调国际协调。"不方便法院原则"本身就体现了这种国际协调的精神,我国应当借鉴。须强调指出的是,适用"不方便法院原则"不会损害我国主权,原因是"不方便法院原则"的行使是法院在权衡诉讼便利、司法公正及国家利益的基础上自由裁量某一涉外民商事诉讼管辖权的归属,主动放弃部分涉外民商事管辖权,其正是我国行使主权、独立处置本国事务的具体体现。"不方便法院原则"的适用不仅不会影响我国的司法主权,相反,其他国家将会本着互惠的原则,尊重我国司法主权并对我国的司法适用予以协助。

实际上,在我国的涉外司法实践中已经有了适用"不方便法院原则"的案例。例如,蔡文祥与王丽心离婚案,[1] 赵碧琰确认产权案,日本公民大仓大雄与中国公民朱惠华离婚案,等等,虽然没有从概念上体现出"不方便法院原则"的字眼,但实质上的结果就是在适用"不方便法院原则"。而且在专家立法上及最高人民法院的理论研讨会上也有此方面的体现。《中华人民共和国国际私法示范法》(第六稿)第51条的规定为,对本法规定中华人民共和国法院享有管辖权的诉讼,如中华人民共和国法院认为实际行使管辖权对当事人及案件的审理极不方便,且有其他法院对该诉讼的审理更为方便时,经被告申请,可以决定不行使管辖权。根据此规定,我国适用"不方便法院原则"的条件是:①本院行使管辖权对当事人及司法均不方便;②存在其他可替代法院且由该法院审理更为方便。另外,在2005年6月,最高人民法院组织召开的第二次全国涉外商事、海事审判工作会议上,对此问题作出了纪要(征求意见稿)。该纪要第12条规定,我国法院在审理涉外商事纠纷案件过程中,如发现案件存在不方便管辖的因素,认为当事人向外国法院提起诉讼更方便的,可以根据"不方便法院原则"裁定驳回原告的起诉。"不方便法院原则"的适用应符合下列条件:①受理案件的我国法院对案件享有管辖权,且被告提出

---

[1] 施适、滕梅:《不方便法院原则在中国的发展现状》,《法律适用》2003年第7期。

适用"不方便法院原则"的请求，或者提出管辖异议，而收案法院认为可以考虑适用"不方便法院原则"；②当事人之间不存在选择我国法院管辖的协议；③案件不属于我国法院专属管辖；④案件不涉及我国公民、法人或其他组织的利益；⑤案件争议发生的主要事实不在我国且不适用我国法律，我国法院若受理案件在认定事实和适用法律方面存在重大困难；⑥外国法院对案件享有管辖权且审理该案件更为方便。此是我国司法机关第一次提出适用"不方便法院原则"。虽然这个征求意见稿尚未启动实施，但它确实表明了一个方向，表明了要把"不方便法院原则"写进我国司法制度的一种趋势。笔者认为，在我国适用"不方便法院原则"，在立法时要考虑以下条件。

（1）我国法院对案件具有管辖权。受诉法院对原告所提起的诉讼具有合法的管辖权。这是适用"不方便法院原则"的一个前提。

（2）必须存在有管辖权的替代法院。适用"不方便法院原则"的另一个前提是必须存在一个替代法院。

（3）替代法院审理案件更为便利。替代法院的存在只是适用"不方便法院原则"的前提，能否适用"不方便法院原则"，仍须进一步对在受诉法院与替代法院诉讼的便利性进行比较才能最后确定。只有通过比较，表明替代法院诉讼更为方便时，才可能促成受诉法院放弃管辖权。在比较两个法院的便利性的时候，应当考虑下列因素：①案件与法院的联系点的基数多少，也就是将国际民商事案件中与法院有实际联系的因素进行量化处理；②原告的利益（具体而言就是考察原告选择法院的动机，是否存在故意诉讼、规避外国诉讼、拖累被告诉讼等情形）；③被告参与诉讼的便利性；④证据材料取得的便利程度，包括法院的调查取证以及证人出庭作证的便利程度；⑤判决的域外承认和可执行力；⑥法院地国司法资源的保护；⑦法院地国与有关国家法院的对等互惠或者司法协助状况；⑧是否存在专属管辖和协议管辖的情形；⑨解决纠纷的实体法选择。

（4）案件处理结果与我国利益关系不大。适用"不方便法院原则"虽然是一种积极主动的礼让，但毕竟是放弃对某一涉外民商事诉讼案件的司法管辖，因此，这种管辖权的自我抑制必须是有限度的，那就是不能以牺牲本国利益为代价。

从启动"不方便法院原则"的程序上讲，应遵循以下规则。①须由被告方提出申请，人民法院不可主动适用"不方便法院原则"。理由是受诉法院享有对诉讼的管辖权，而"不方便法院原则"旨在维护被告的诉讼利益，是否运用"不方便法院原则"提出管辖异议，是被告的一项民事诉讼权利，法院不应越俎代庖，主动适用"不方便法院原则"。[①] ②提出异议的期限。考虑到不方便法院的异议实际上是管辖权异议的一种情况，根据我国《民事诉讼法》规定，被告应当在提交答辩状期间提出。③在举证责任的承担上，按照最高人民法院《关于民事诉讼证据的若干规定》，本着谁主张谁举证的原则，应由被告举证证明我国法院为不方便法院和外国存在一个明显的更为方便的替代法院。④裁定。人民法院受理被告适用"不方便法院原则"的申请，经审查符合适用条件的，作出驳回原告起诉的裁定。告知当事人向更适合的法院提起诉讼。对该裁定，当事人可以提起上诉。[②]

但是，即使如此，我们还应当注意到另外一种情况。因为"不方便法院原则"本身固有的自由裁量权的特性，此制度在中国的实施将是较为艰难的。其面临的不仅是一个现有法律、制度的变化问题，更是一个观念转化的问题。中国的法律传统是成文法，我们国家没有赋予法官更多的自由裁量权的传统和意识，中国法官如何在没有成文法规定的前提下进行"不方便法院原则"适用的自由裁量，这将是一个亟须制定出制度的问题。因此，在现实中，不仅存在着要将"不方便法院原则"纳入我国民事诉讼程序立法当中的问题，还存在着对法官自由裁量权的法律认同和树立

---

① 凌祁漫：《非方便法院原则及其适用》，《人民司法》1996年第11期。
② 江伟、孙邦清：《〈中华人民共和国民事诉讼法〉修改建议稿》第436条。

法官独立的一种法律制度和信仰的问题。在任何国家，法官的职业本身就要求法官要满足英才化的要求，我国也是如此。但是从我国以往的法官的来源和构成来看，来源的途径颇为广泛，包括法律院校的毕业生、部队转业干部、其他机关和企事业单位的干部。除法律院校的毕业生之外，大多没有经过正规的法律专业教育。现存法官的平均业务素质不能适应工作要求。虽然近些年来，最高人民法院针对队伍素质不高的问题采取过一些措施，比如，任用法官必须通过全国司法统一考试，法官晋级要进行晋前培训等，但是，仅靠这些办法解决法官素质的问题，要见到效果还得在若干年以后。而且，受我们国家体制的影响，这种全国司法统一考试的法官任用制度的贯彻也不够彻底，任用各级法院副院长以上的法官就无须通过全国司法统一考试。如此之法官的业务素质，何以能保证适用"不方便法院原则"的法官自由裁量权的正常运用？这些问题都有待于在法律的意识形态领域和司法机关的人员管理机制等问题上进行更加深入的研究和探讨。

第八节　规范协议管辖

协议管辖是以"当事人意志"为基础的管辖，是指涉外民商事诉讼的双方当事人在争议发生之前或之后，用协议的方式来确定他们之间的争议应由何国法院来管辖，从而使被选择的法院对双方争议的案件享有排他性管辖权的制度。当事人间另有约定外，只有被选择的某个法院或某几个法院享有管辖权。就其协议管辖本质而言，它是当事人意思自治原则在国际民商事诉讼管辖权问题上的体现。协议管辖在解决国际民商事诉讼案件管辖权的积极冲突、抑制国际民商事诉讼竞合问题上有着巨大的效能。如果管辖协议具有排他性，则将当事人间的纠纷置于一个没有争议的唯一具有管辖权的法院之下，此不仅可以消除和避免诉讼竞合，而且由于是当事人协商一致的结果，更易得到当事人各方对诉讼的参与。我国现行法律是承认当事人协议管辖效力的。原《民事诉讼法》第 244 条规定："涉外合同或涉外财产权益的当事人，可以用书面协议选择与争议有实际联系的地点的法院管辖。选择中华人民共和国人民法院管辖的，不得违反本法关于级别管辖和专属管辖的规定。"笔者认为该规定存在着比较大的缺陷。

（1）协议管辖的事项太窄且不严谨。按照此条的规定，协议管辖的事项仅限于涉外合同和财产权益纠纷，这与现今多数国家的国内立法和相关国际公约日益放宽对当事人意思自治限制的规定存在很大差异。1968 年欧共体布鲁塞尔公约，明确排除了下列事项的适用：自然人的身份或能力，夫妻财产制遗嘱或继承；破产、清偿协议及其他类似程序；社会保障；仲裁等。而我国的此项法律规定就显得不够严谨，对于既涉及身份、能力，又涉及财产权益的涉外离婚案件、继承案件、破产案件等缺乏明确的导向。同时，对一些事项具体涵盖的内容也不明确。例如，如何界定涉外合同纠纷，婚姻关系是否属于一种特殊的合同关系，也都未作规定。同时，根据我国《民事诉讼法》的此项规定，协议管辖的范围仅仅扩张到涉外财产权益纠纷，而当今世界关于协议管辖的立法趋势之一就是协议管辖的宽泛化。一些国家如捷克等就将协议管辖的适用范围扩展至有关金钱债务纠纷。因此，我国也应顺应这一立法趋势，扩大协议管辖的范围。将协议管辖的范围扩展到合同案件、财产权益案件和对人身权案件具有财产性质的争议。只要不属于专属管辖的范围，都允许协议管辖，而不宜将协议管辖限定在财产性质的争议上。

（2）我国法律要求当事人协议确定管辖法院必须采取书面形式。此规定从司法操作上易于掌握，但对形式的要求过于严格。1980 年我国在加入《联合国国际货物销售合同公约》时也提出"书面形式"的保留这个条款。[①] 这种"严格形式"的做法不符合

---

① 按照公约规定，国际货物销售合同无须以书面订立或书面证明，在证明方面不受其他条件的限制。

当前形式宽松的要求，与当今电子科技的发展不符。多样化的协议形式不仅使得管辖协议的形成简单化，而且也更易以协议管辖途径解决当前国际民商事诉讼管辖权的积极冲突。《布鲁塞尔条例》第23条第1款规定，当事人约定管辖协议应该：①是书面的或有书面证明；②符合当事人之间业已确立的惯例形式；③在国际贸易或商务中，符合双方当事人意识到或应该已经意识到的通常做法的形式。并且，在这类贸易或商务中，此种形式已为该类特定贸易或商务中相同类型合同的当事人广泛知晓并被遵守。第2款规定，任何能对协议提供持续性记载的电子方式的通讯往来，应该等同于书面。我国1999年10月1日开始实施的《合同法》也将合同的形式扩展到书面形式、口头形式和其他形式，书面形式包括合同书、信笺和数据电文等可以有形地表现所载内容的形式。①既然合同形式呈现宽松的趋势，包含在合同当中的管辖条款或独立的管辖协议等完全可能，也完全可以以多种形式存在。因此，我国应放宽对协议管辖形式要件的要求，允许当事人通过合同书、信件、数据电文以及口头等形式约定管辖法院。

（3）不必要规定管辖协议的排他性原则。目前，我国法律规定当事人选择法院须与争议有实际联系，这与法国、墨西哥等国的做法相一致。1964年海牙《协议选择法院公约》也有与此相同的规定。但是，现在已有越来越多的国家如英国、美国、瑞士等不再以协议管辖法院与争议之间存在实际联系作为协议管辖的限制条件。我国学者也认为："订立契约进行贸易的法律主体，不论是自然人或法人，通常属于不同国籍的国家，这些法律主体通常倾向于维护其各该本国的司法制度的威望，而对于对方的司法制度未免抱有不信任感。要求选择与争议有实际联系地点的法院管辖就是排除选择中立法院的可能性，其结果可能是双方当事人因

---

① 《合同法》第10条第1款规定："当事人订立合同，有书面形式、口头形式和其他形式。"第11条规定："书面形式是指合同书、信件和数据电文（包括电报、电传、传真、电子数据交换和电子邮件）等可以有形地表现所载内容的形式。"

此不能达成国际贸易的契约，而对国际经济往来的发展不利。"[①]笔者倾向于认同此观点，理由是：①采用非联系说，不考虑协议管辖法院与案件本身的实际牵连性，符合意思自治的原则；②我国现行立法中采用的"实际联系"一词概念模糊，且确定的有实际联系的范围内的法院是否具备中立性和公正性，并不能确定；③我国的相关法律已有专属管辖以及公共秩序保留制度的规定，这些规定能够杜绝"非联系"的不良后果。但同时，在管辖协议的排他性效力上我国法律还应作出明确规定，这是法律透明、确定、可预见性的需要，也有利于推进协议管辖进程，彻底根除国际民商事诉讼竞合问题，更有利于提高我国在国际上的法律威望和影响力。但是我们国家在此问题上理论界和立法界的观点始终是不一致的。在2005年最高人民法院组织召开的第二次全国涉外商事、海事审判工作会议中所形成的会议纪要（征求意见稿）第12条就协议管辖规定，"涉外商事纠纷案件的当事人协议约定外国法院对其争议享有非排他性管辖权时，可以认定该协议并没有排除其他国家有管辖权法院的管辖权。如果一方当事人向我国法院提起诉讼，我国法院依照《民事诉讼法》的有关规定对案件具有管辖权，可以受理"。这个规定应当说符合当事人约定管辖时的意愿，但是，这种不具有排他性的结果，无法起到抑制国际民商事诉讼竞合的作用。

同时，我国民事诉讼法律的涉外协议管辖规定不得违背我国社会公共利益。在现有的民事诉讼法律中，没有关于协议管辖不得违背我国社会公共利益的规定。维护社会公共利益、公共秩序是现代各国通例。在各国涉外民商事诉讼法律制度中，维护本国的社会公共利益或公共秩序，通常是作为维护国家主权原则的条款加以规定的，在选择适用外国法律和协议选择外国法院管辖等方面均作为禁止性条款，规定当事人不得违背社会公共利益或公

[①] 李浩培：《国际民事程序法概论》，法律出版社，1996，第64页。

共秩序。如土耳其1982年颁布的土耳其国际私法和国际诉讼程序法第31条规定：有关涉外合同事项的争议，只有在不违反土耳其专属管辖和公共秩序的前提下，才允许当事人协议选择外国法院管辖。我国《民法通则》第150条明确规定了根据涉外民事法律关系当事人的选择或冲突规范的指向，"适用外国法律或者国际惯例的，不得违背中华人民共和国的社会公共利益"。而我国《民事诉讼法》对涉外合同或涉外财产权益纠纷当事人协议选择外国法院管辖，并未作出"不得违背中华人民共和国的社会公共利益"的规定，应当说也是一个明显的缺陷。弥补这个缺陷，可以为人民法院在涉外民商事诉讼领域更有效地维护我国国家主权和社会公共利益提供法律依据。

随着经济全球化的发展，国际民商事诉讼竞合的出现不可避免。国际民商事诉讼竞合虽然有其存在的合理性，但从总体上来说弊大于利，其在一定程度上会造成司法资源的浪费，给当事人增加不必要的经济负担，而且有可能导致相矛盾的判决。国际民商事诉讼竞合对国际民商事经济的发展和国家之间关系的发展从长远上看都是极其不利的，所以各国也在寻找解决这一问题的方法。

英国、美国在长期的积累和实践中，总结出来一系列规制国际民商事诉讼竞合的方法，这些方法主要包括不方便法院原则、先受诉法院原则、国际礼让原则、未决诉讼和禁诉令，而德国、瑞士等大陆法系国家只规制其本国诉讼，并不对外国法院的诉讼加以干涉。目前，这些方法在规制国际民商事诉讼竞合问题上都发挥着重要作用，同时也为我国解决此问题提供了重要的理论依据。

我国长期对平行诉讼持放任态度，这一做法显然不符合我国作为一个法治大国的形象，所以必须对该问题予以解决。目前我国存在的问题主要是过分强调国家主权、相关立法不足、签订的国际条约有限而且存在欠缺。解决这些问题，需要立足我国国情，在立法上对规制国际民商事诉讼竞合问题作出明确规定。同时，在不违反我国专属管辖的情况下，可以适当放开涉外管辖权的范围，引进先受诉法院原则、不方便法院原则等。当然，解决平行诉讼还需要各国的共同努力，建立一个有效的、统一的国际协调机制。

第九节　强化国际司法协助

由于涉及的法院和当事人分属不同国家，涵盖的利益因素复杂，国际平行诉讼问题不是靠单个国家的力量就能解决的，它有赖于国际社会的通力合作。世界经济体系中的各个国家都应当保持应有的司法克制，在相互尊重的基础上综合考虑多重利益，最终达到国家间、当事人之间利益的平衡。同时，要积极加入相关的国际条约，尤其是国际民商事案件管辖权方面的公约以及判决的承认与执行方面的公约，从而减少国际平行诉讼的发生。

结　论

　　国际民商事诉讼竞合从形式上看，是相同当事人就相同事实提起的两个或多个诉讼之间的冲突，但就本质而言，是超越冲突主体间的利益而有一定制度相支撑。其作为一种法律现象，有深刻的经济根源，是经济杠杆产生作用的结果，表面上体现了不同国家的法律冲突，其实真正起作用的是不同国家的利益冲突。

　　关于国际民商事诉讼竞合问题，现有各种理论的优点和缺点是显而易见的。到目前为止还未形成一个普遍被接受的理论。因此，本书也只是对国际民商事诉讼竞合所涉及的一些问题进行粗浅的探讨和研究。但是，随着全球经济一体化进程的发展，各国之间的民商事交往日趋频繁，强化国际民商事诉讼管辖权的协调与统一，规制国际民商事案件诉讼竞合的问题已成为时代的要求，国际社会需要一个公平且可预见的诉讼机制。但即使如此，我们还是要正视国家本位思想膨胀的现实，应当看到有很多国家都在力行管辖权扩张的立法和实践，而放任国际民商事诉讼竞合的问题。因此，这个问题需要国际社会的共同努力，在国际礼让、自我抑制的前提下，通过"不方便法院原则"的适用，坚持一案不能两诉的原则，允许和规范当事人的协议管辖，尊重当事人的意思表示，确立最密切联系原则和首先受理诉讼原则，使各国在国际民商事案件管辖权问题上逐步达到认识上的一致，形成国际社会普遍认可的国际民商事诉讼统一规范或公约，从根本上杜绝国际民商事诉讼竞合问题的出现，这是国际社会的共同任务。

参考文献

一 中文部分

[1] 李双元:《中国国际私法通论》,法律出版社,1996。

[2] 徐冬根:《国际私法趋势论》,北京大学出版社,2005。

[3] 沈木珠:《国际法最新问题研究》,法律出版社,2005。

[4] 李双元主编《国际民事诉讼法概论》,武汉大学出版社,1990。

[5] 韩德培:《国际私法新论》,武汉大学出版社,2003。

[6] 韩德培:《国际私法》,高等教育出版社、北京大学出版社,2000。

[7] 李双元主编《国际民商事诉讼程序导论》,人民法院出版社,2004。

[8] 李旺:《国际诉讼竞合》,中国政法大学出版社,2002。

[9] 刘卫翔主编《中国国际私法立法理论与实践》,武汉大学出版社,1995。

[10] 法学教材编辑部编写组:《罗马法》,群众出版社,1983。

[11] 林准:《国际私法案例选编》,法律出版社,1996。

[12] 杜新丽:《国际私法实务中的法律问题》,中信出版社,2005。

[13] 吕伯涛主编《中国涉外商事审判热点问题探析》,法律出版社,2004。

[14] 李双元:《国际民商事诉讼程序概论》,人民法院出版社,2004。

［15］中国现代国际关系研究所：《国际政治新秩序问题》，时事出版社，1992。

［16］刘力：《国际民事诉讼管辖权研究》，中国法制出版社，2004。

［17］徐卉：《涉外民商事诉讼管辖权冲突研究》，中国政法大学出版社，2001。

［18］韩德培主编《国际司法教学参考资料选编》，武汉大学出版社，1991。

［19］罗荣渠：《现代化新论》，北京大学出版社，1993。

［20］齐湘泉：《涉外民事关系法律适用法》，人民出版社，2003。

［21］赵相林主编《国际民事诉讼与国际商事仲裁》，中国政法大学出版社，1994。

［22］赵相林：《中国国际私法立法问题研究》，中国政法大学出版社，2002。

［23］徐冬根主编《国际公约与惯例（国际私法卷）》，法律出版社，1998。

［24］李玉泉：《国际民事诉讼与国际商事仲裁》，武汉大学出版社，1994。

［25］郑远民主编《国际私法－国际民事诉讼法与国际商事仲裁法》，中信出版社，2002。

［26］黄进主编《当代国际私法问题》，武汉大学出版社，1997。

［27］林欣主编《国际私法理论诸问题研究》，中国人民大学出版社，1996。

［28］陈桂明：《诉讼公正与程序保障——民事诉讼程序之优化》，中国法制出版社，1996。

［29］张茂：《美国国际民事诉讼法》，中国政法大学出版社，1999。

［30］罗结珍：《法国新民事诉讼法典》，中国法制出版社，1999。

［31］张卫平主编《法国民事诉讼法导论》，中国政法大学出版社，1997。

［32］柯泽东：《国际私法》，元照出版公司，2001。

［33］李双元等：《海峡两岸法律冲突及海事问题研究》，山东大学出版社，1991。

［34］江伟主编《民事诉讼法》，中国人民大学出版社，2000。

［35］费宗伟主编《中国司法协助理论与实践》，人民法院出版社，1992。

［36］韩德培主编《美国国际私法导论》，法律出版社，1994。

［37］李旺：《国际私法新编》，人民法院出版社，2001。

［38］李双元主编《国际民商新秩序的理论建构》，武汉大学出版社，2000。

［39］沈涓：《冲突法及其价值取向》，中国政法大学出版社，1997。

［40］石静霞：《跨国破产的法律问题研究》，武汉大学出版社，1999。

［41］王常营主编《中国国际私法的理论与实践》，人民法院出版社，1993。

［42］屈广清：《国际民事程序统一法研究》，中国经贸出版社，2001。

［43］吕世伦主编《西方法律思想源流论》，中国人民公安大学出版社，1993。

［44］沈达明：《比较民事诉讼法初论》（上、下），中信出版社，1991。

［45］李浩培：《国际民事程序法概论》，武汉大学出版社，2000。

［46］肖永平：《中国冲突法立法问题研究》，武汉大学出版社，1996。

[47]〔德〕马丁·沃尔夫:《国际私法》,李浩培、汤宗舜译,北京大学出版社,1988。

[48] 徐宏:《国际民事司法协助》,武汉大学出版社,1996。

[49]〔美〕博登海默:《法理学——法哲学及其方法》,邓正来等译,华夏出版社,1987。

[50]〔法〕勒内·达维德:《当代主要法律体系》,漆竹生译,上海译文出版社,1987。

[51]《马克思恩格斯选集》,人民法院出版社,1972。

[52] 杨良宜、杨大明:《禁令》,中国政法大学出版社,2000。

[53] 周道鸾主编《外国法院组织与法官制度》,人民法院出版社,2000。

[54]〔英〕莫里斯主编《戴西和莫里斯论冲突法》,李双元等译,中国大百科全书出版社,1998。

[55]〔英〕莫里斯:《法律冲突法》,中国对外翻译出版公司,1990。

[56] 袁泉:《荷兰国际私法研究》,法律出版社,2000。

[57]《德意志联邦共和国民事诉讼法》,谢怀栻译,中国法制出版社,2001。

[58] 邵景春:《欧洲联盟的法律与制度》,人民法院出版社,1999。

[59] 中国国际私法学会:《中国国际私法与比较年刊》(第三卷),法律出版社,2000。

[60] 曹建明主编《国际经济法概论》,法律出版社,1995。

[61] 李双元主编《中国与国际私法统一法进程》(修订版),武汉大学出版社,1998。

[62] 刘振江:《涉外民事经济法律研究》,中山大学出版社,1991。

[63] 刘铁铮:《国际私法论丛》,三民书局股份有限公司,2000。

［64］〔美〕沃森：《民法法系的演变与形成》，李静冰译，中国政法大学出版社，1992。

［65］李双元：《走向21世纪的国际私法——国际私法与法律趋同化》，法律出版社，1999。

［66］高凤仙：《美国国际私法之发展趋势》，台湾商务印书馆股份有限公司，1990。

［67］〔日〕谷口安平：《程序的正义与诉讼（增补本）》，王亚新译，中国政法大学出版社，2002。

［68］徐昕：《英国民事诉讼与民事司法改革》，中国政法大学出版社，2002。

［69］马汉宝主编《国际私法论文选辑》，五南图书出版公司，1984。

［70］谢石松：《国际民商事纠纷的法律解决程序》，广东人民出版社，1996。

［71］徐卉：《国际民商事平行研究》，载《诉讼法论丛》，法律出版社，1998。

［72］杨长海：《论国际民商诉讼竞合的两种解决方法——析我国涉外民商事诉讼相关制度及其完善》，《山西省政法委管理干部学院学报》2002年第2期。

［73］肖永平：《最密切联系原则在中国冲突法中的运用》，《中国社会科学》1992年第3期。

［74］莫世健：《香港"更合理诉讼地"原则浅议》，《政治与法律》1993年第3期。

［75］盛勇强：《涉外民事诉讼管辖权冲突的国际协调》，《人民司法》1993年第9期。

［76］白红平、王占明：《大陆与香港地区民商事管辖权冲突与协调问题探析》，载《中国国际私法与比较法年刊》，1998。

［77］陈华、陈明：《涉台商事司法管辖权探讨》，《台湾法研究学刊》1990年第4期。

[78] 刘卫翔：《国际民事管辖权的根据及限制》，《比较法研究》1996 年第 4 期。

[79] 刘卫翔、郑自文：《国际民事诉讼中"不方便法院"原则论》，《法学评论》1997 年第 4 期。

[80] 张兰兰：《国际民事诉讼协议管辖制度的发展趋势》，《法学杂志》2000 年第 3 期。

[81] 徐冬根：《欧洲当代国际私法研究热点评析》，《法学杂志》1994 年第 5 期。

[82] 谢石松：《论对外国法院判决的承认与执行》，《中国社会科学》1990 年第 5 期。

[83] 李刚：《论国际民事诉讼中的诉讼竞合》，《法律科学》1997 年第 6 期。

[84] 肖永平：《英国诉讼竞合制度之判例研究——兼论〈布鲁塞尔公约〉第 21 条的内涵与外延》，《河南省政法管理干部学院学报》2001 年第 4 期。

[85] 〔英〕劳伦斯·凯治：《司法管辖权与电子商务纠纷》，《国外社会科学文献》2000 年第 11 期。

[86] 伯麦恩：《国际诉讼中禁诉命令的适用》，《哥伦比亚法律翻译杂志》第 28 卷第 3 期。

[87] 徐伟功：《不方便法院原则在中国的适用》，《政法论坛》2003 年第 2 期。

[88] 张茂：《国际民事诉讼中的诉讼竞合问题探讨》，《法学研究》1996 年第 5 期。

[89] 胡永庆：《不方便法院原则比较研究》，载《诉讼法论丛》（第 4 卷），法律出版社，2000。

[90] 郭玉军主编《欧盟〈民商事管辖权及判决承认与执行条例〉介评》，《法学评论》2002 年第 2 期。

[91] 栗烟涛：《法国法院在重复诉讼中的管辖权》，《法国研究》2000 年第 2 期。

[92] 侯宁:《内地与港澳地区区际民商事平行诉讼问题研究》,武汉大学法学院硕士学位论文,2004。

[93] 程晓莲、吕国民:《国际民事管辖中的选购法院与选择法院》,《河北法学》1998 年第 5 期。

[94] 〔日〕海老泽:《外国法院的诉讼系属和双重起诉的禁止》,《青山法学文集》第 8 卷第 4 号,1967。

[95] 沈宗灵:《评法律全球化的理论》,载《国际经济法论丛》第 4 卷,法律出版社,2001。

[96] 王建源:《关于两岸民商事平行诉讼问题及解决对策的调研报告》,《人民司法》2006 年第 4 期。

[97] 边沁:《道德与立法原理》,载《西方法律思想史资料选编》,北京大学出版社,1993。

[98] 颜映红:《陈淑霞等申请继承在金门遗产一案的法律思考》,《台湾法研究学刊》2002 年第 1 期。

[99] 刘仁山:《意思自治原则在国际商事合同法律适用中的限制》,《武汉大学学报》(哲学社会科学版)1996 年第 4 期。

[100] 林春容:《对一起涉台民事案件的思考》,《厦门审判研讨》1995 年第 3 期。

[101] 施适、滕梅:《不方便法院原则在中国的发展现状》,《法律适用》2003 年第 7 期。

[102] 凌祁漫:《非方便法院原则及其适用》,《人民司法》1996 年第 11 期。

[103] 刘萍:《国际平行诉讼的成因与对策分析》,《河北法学》2004 年第 11 期。

[104] 徐伟功、黄鹏:《简析美国国际平行诉讼中的禁诉命令》,《河南师范大学学报》(哲学社会科学版)2005 年第 5 期。

[105] 乔慧娟:《论国际民事诉讼中的"诉讼竞合"问题》,《北方工业大学学报》2004 年第 2 期。

[106] 董四化、杨戬:《国际诉讼竞合及其规制——兼论我国

民事诉讼法修改建议稿》,《南华大学学报》(社会科学版) 2005 年第 6 期。

[107] 郭树理:《国际民商事管辖权冲突及其救济——对中国实践的考察》,《法学》2000 年第 7 期。

[108] 王翰、李广辉:《中国国际私法诉讼竞合探究》,《法律科学》(西北政法学院学报) 2004 年第 2 期。

[109] 张淑钿:《论国际诉讼竞合的认定》,《杭州商学院学报》2004 年第 2 期。

[110] 屈广清:《程序公正——未来国际私法价值的新取向》,《法商研究》1996 年第 1 期。

二 外文部分

[1] Gary B. Bon & David Westin, *International Civil Litigation in United States Courts*, 2nd ed. (Kluwer 1992).

[2] Morris, *The Conflicts of Law*, 12th ed. (1993).

[3] Charles A. Wright & Arthur R. Miller, *Federal Practice and Procedure* § 1360, 2nd ed. (1990 & Supp. 1995).

[4] Takaaki Hattorl & Dan F. Henderson, *Civil Procedure in Japan* (1985).

[5] Lawrence Collins, *Essays in International Litigation and the Conflict of Laws* (Clarendon Press, 1994).

[6] George A. Berman, "The Use of Anti-injunctions in International Litigation", *Columbia Journal of Transnational Law*, Vol. 28, No. 3 (1999).

[7] Harod G. Maier, "Interest Balancing and Extraterritorial Jurisdiction", *American Journal of Comparative Law*, Vol. 3, 1983.

[8] Cheshire and North, *Private International Law*, 1979, 10th ed.

[9] S. W. Hoyle, *Private International Law: Cases and Materials* (London: The Laureate Press, 1982).

[10] J. H. F. Friendeuthai, M. K. Kane & A. R. Miller, *Civil Procedure*, 2nd ed. (1993).

[11] Roscoe Pound, *Social Control of Law*, 2nd ed. 47. (1954).

[12] *Hilton v. Guyot*, 159 U. S. 113 (1895).

[13] Dicey and Morris, *The Conflict of Laws* (Stevens and Sons Limited 1993).

[14] Fawcet, *Declining Jurisdiction in Private International Law* (Clarendon Press, 1995).

[15] Peter E. Herzog, Brusseis and Lugano, "Should You Race to the Courthouse or Race for Judgment?" *The American Journal of Comparative Law*, Vol. 43 (1995).

[16] R. W. R, "Anti-suit Injunctions and International Comity", 71 *Va. L. Rev.* 1039.

[17] Michael David Schimek, "Anti-Suit and Anti-Anti-Suit Injunctions: A Proposed Texas Approach", 45 *Baylor L. Rev.* 499.

[18] James P. George, "Parallel Litigation", 51 *Baylor L. Rev.* 769.

[19] Andreas F. Lowerfeld, "Forum Shopping, Antisuit Injuctions, Negative Declarations, and Related Tools of International Litigation", *The American Journal of International Law*, Vol. 91 (1997).

图书在版编目(CIP)数据

国际民商事诉讼竞合问题研究/刘乃忠,顾崧著.—北京:社会科学文献出版社,2016.9
ISBN 978-7-5097-8914-8

Ⅰ.①国… Ⅱ.①刘… ②顾… Ⅲ.①国际法-民事诉讼-研究 Ⅳ.①D997.3

中国版本图书馆 CIP 数据核字(2016)第 056913 号

国际民商事诉讼竞合问题研究

著　　者 / 刘乃忠　顾　崧

出 版 人 / 谢寿光
项目统筹 / 芮素平
责任编辑 / 李娟娟　关晶焱

出　　版 / 社会科学文献出版社·社会政法分社 (010) 59367156
　　　　　　地址:北京市北三环中路甲 29 号院华龙大厦　邮编:100029
　　　　　　网址:www.ssap.com.cn
发　　行 / 市场营销中心 (010) 59367081　59367018
印　　装 / 三河市尚艺印装有限公司

规　　格 / 开　本:787mm×1092mm　1/16
　　　　　　印　张:15　字　数:202 千字
版　　次 / 2016 年 9 月第 1 版　2016 年 9 月第 1 次印刷
书　　号 / ISBN 978-7-5097-8914-8
定　　价 / 69.00 元

本书如有印装质量问题,请与读者服务中心 (010-59367028) 联系

▲ 版权所有 翻印必究